经济发展中的法律问题研究

杨力 著

吉林人民出版社

图书在版编目（CIP）数据

经济发展中的法律问题研究 / 杨力著. － 长春 ：
吉林人民出版社, 2021.8（2025.1重印）
ISBN 978-7-206-18367-6

Ⅰ. ①经… Ⅱ. ①杨… Ⅲ. ①法律－研究－中国
Ⅳ. ①D920.4

中国版本图书馆 CIP 数据核字(2021)第 162772 号

经济发展中的法律问题研究
JINGJI FAZHAN ZHONG DE FALV WENTI YANJIU

著　　者：杨力
责任编辑：孙一　　　　　　　　封面设计：吴志宇
出版发行：吉林人民出版社(长春市人民大街 7548 号　邮政编码：130022)
印　　刷：三河市悦鑫印务有限公司
开　　本：710mm × 1000mm　　　1/16
印　　张：12.5　　　　　　　　　字　　数：183 千字
标准书号：ISBN 978-7-206-18367-6
版　　次：2022 年 1 月第 1 版　　　印　　次：2025 年 1 月第 2 次印刷
定　　价：79.00 元

如发现印装质量问题，影响阅读，请与出版社联系调换。

前　　言

改革开放 40 多年来，我国经历了从计划经济到社会主义市场经济的重大转型，经历了从建设社会主义法治国家到全面推进依法治国和建设法治中国的深刻变革。中国特色社会主义市场经济体制和中国特色社会主义法治道路，犹如车之两轮、鸟之双翼，缺一不可，相辅相成。

改革开放以来，中国的经济发展和法律制度建设被统合在"改革"这一时代主题之中，改革不仅包括经济改革，还包括以法律制度建设为主要内容的政治改革；依法治国、建设法治中国不仅是法律改革的目标，还是政治经济社会改革的目标和基本途径。因此，本书选取法律制度体系中的一个部分，研究经济法律制度与中国经济发展之间的关联性，具体从市场规制法律制度、宏观调控法律制度两个层面研究改革开放以来经济法律制度与中国经济发展的互动机制；从国有经济、民营经济两个重要层面，分析相关法律制度与经济发展的关系；分析金融法律制度在金融市场中的作用，以及证券法律制度对资本市场发展的促进作用。

经济建设是一切建设的基础，当前，我国的经济体制改革已进入深水区，要实现经济体制改革的稳步、有序推进，需要通过法治来凝聚改革共识、规范改革程序、保障改革成果。法治是市场经济的内在要求，没有成熟的法治就不会有完善、有序的市场经济，市场经济依赖于一套明确、稳定和具有约束力的法律规范来确立，市场秩序需要严格依法执法、公正权威司法的法律实施机制来维持。

全面深化改革，必须立足于我国长期处于社会主义初级阶段的最大实际，坚持发展仍是解决我国所有问题关键的重大战略判断，以经济建设为中心，发挥经济体制改革牵引作用，推动生产关系同生产力、上层建筑同经济基础相适应，推动经济社会持续健康发展；紧紧围绕使市场在资源配置中起决定性作用，深化经济体制改革，坚持和完善基本经济制度，加快完善现代市场体系、宏观调控体系、开放型经济体系，加快转变经济发展方式，推动经济更有效率、更加公平、更可持续发展。

在全面深化经济体制改革和全面推进依法治国的背景下，经济发展与法律制度建设之间的联系更加紧密，经济领域的法治化水平也在不断提高。但是，也应当看到仍然存在制约经济发展的法律制度，市场经济领域的一些法律制度严重滞后于经济发展水平。总体而言，社会主义市场经济体制确立之初制定的有关市场秩序的竞争、价格、产品质量等领域的市场规制法律制度已经滞后于市场经济，国家经济规划、政府投资、财税政策、货币金融政策等领域的宏观调控法律制度

经济发展中的法律问题研究

依然缺位，国有经济、民营经济存在两套法律制度的弊端还有待进一步改善，金融创新、金融风险、互联网金融发展与金融法治化水平的关系尚需进一步理顺，证券法律制度对资本市场中的内幕交易和操纵交易的规范水平以及对中小投资者的权益保护都需要进一步加强。

本书共分六章对经济发展与法律的关系进行了探讨，在充分对经济与法律理论的发展历程、经济与法律的关系以及主要经济领域的法律问题进行探讨的基础上，从不同的经济发展模式对我国经济发展过程中遇到的问题进行了分析，比如共享经济、低碳经济等。由于时间和精力有限书中难免存在一些错误和不足，希望广大读者积极指正。

作　者

目　录

第一章　经济发展与法律制度理论回顾及历史演变

第一节　经济发展法律制度回顾

一、马克思主义的法律与经济发展理论

马克思主义理论对经济和法律进行过大量的研究，尤其从经济基础与上层建筑的辩证关系中研究了法律制度与经济发展。在马克思主义理论中，有关经济发展与法律制度变迁的核心理论体系是经济决定法律和法律反作用于经济。在马克思主义的基础上，列宁发展了经济决定论，并将马克思主义基本原理同苏联实践相结合，在苏联实践并发展了马克思主义的经济与法律理论。我国的经济建设和法律制度建设也遵循着马克思主义理论，同时也结合我国实践，进一步发展了马克思主义的法律与经济发展理论，在从法律工具主义理论到法治国家理论的转变中，对法律在经济发展中的基础性作用的认识开始被广泛接受。

（一）马克思主义经济决定论

马克思在解释经济发展的动力时，批判地继承了亚当·斯密的理论。斯密认为，最终推动经济发展的因素是社会分工、生产工具的改进、生产规模的扩大和技术进步等。马克思历史唯物主义认为，法律是社会经济发展到一定阶段和程度的必然产物，在经济基础和法律上层建筑的关系中，经济基础决定上层建筑，上层建筑反作用于经济基础，经济与法律之间存在互动作用的辩证关系。从经济关系中演化而来的法律规则，既是经济发展内在逻辑的具体体现，也是经济发展的外在表现形式，同时还是经济发展的逻辑前提条件。法律规则使经济活动得以运行、经济秩序得以维护、经济效率得以提高。在《共产党宣言》中，马克思系统地阐述了历史唯物主义的法律观，他认为社会制度的任何变化，所有制关系中的每一次变革，都是新的生产力同旧的所有制在不相适应的条件下发展的必然结果。进而，生产力的发展是法律变化的根本动因，生产力变化经由生产关系的变化引发了法律上层建筑的变化，即经济基础决定着法律的形成和发展。在经济对法律作用形式问题上，马克思历史唯物主义认为，政治、法律、哲学、宗教、文学、艺术等的发展是以经济发展为基础的，但是，它们又都互相影响并对经济基础发生影响。因为，在法律制度变革的进程中，经济条件归根到底还是具有决定意义的，它构成一条贯穿全部发展进程并唯一能使我们理解这个

发展进程的红线。

经济发展决定着法律的发展与变迁，不同的经济基础决定着与之相适应的法律制度，而法律制度对经济发展也具有反作用。法律制度对经济发展的反作用有两种可能的情形：一种是法律制度对经济发展发挥积极作用，另一种是法律制度对经济发展发挥消极作用。从法律对经济发展的积极作用看，法律对经济发展起着引导、促进和保障作用，适合的法律制度可以促进经济发展的速度和水平。从法律对经济发展的消极作用看，法律对经济发展则具有阻碍甚至破坏作用，从而导致经济发展方向的改变和经济发展的停滞或倒退。所以，遵循经济规律而制定的法律才能促进经济发展，如果制定的法律违背了经济规律，就会成为经济发展的阻碍因素。在这种意义上，马克思指出，立法者应当把自己看作一个自然科学家，不是制造法律，发明法律，而仅仅只能表述法律，把精神关系的内在规律表现在有意识的现行法律之中。所以，在马克思经济和法律理论中，法律并不是完全隶属于经济，而是将法律看作经济发展不可缺少的要素，在肯定了经济关系最终决定法权关系的同时，还承认法律上层建筑对经济基础的反作用。

从法律的起源看，由经济关系决定并生成的法律关系会对其赖以存在的经济基础产生作用，当法律适应经济基础时，就会促进和维持经济发展，反之则会成为经济发展的阻碍。当然，理解马克思关于经济与法律关系的论证时，需要注意两个方面，即经济对法律的决定作用具有终极意义和必然意义。从终极意义上而言，经济因素不是决定法律产生的唯一因素，还要同其他因素相互作用，政治、文化等因素对法律的产生和发展也具有显著作用；从必然意义上而言，经济对法律具有决定作用，法律对经济也具有反作用，作用与反作用是必然性与偶然性的统一，但这种必然性并不排除在特定情形下法律制度对经济发展的决定性作用。然而，由于马克思主义从宏观上概括了经济与法律的关系，在辩证唯物主义的意义上强调物质和经济的第一性，着重强调经济基础对法律上层建筑的决定作用，但很少关注法律上层建筑对经济基础的反作用，以致马克思主义的理论被过于僵化地理解，甚至一度导致出现经济决定论绝对化的倾向，从而妨碍了人们全面深入地理解马克思主义的法律与经济理论。

恩格斯在晚年时，已经意识到了过于强调经济的决定性、忽视法律对经济的反作用的现象及其所产生的弊端，并开始丰富和发展马克思的这一理论。恩格斯认为，意识形态和其他社会现象之所以具有相对的独立性，是因为有必要的社会分工为其物质基础。随着人的认识和实践的发展，社会必然产生出某些新的意识形态，而执行这些意识形态职能的人便形成社会中的一个新部门，它是一种新的独立力量，是附属于经济发展而发展的，但由于它本来具有的即它一经获得便逐渐向前发展了的相对独立性，又反过来对生产的条件和进程发生影响。因此，法律作为上层建筑的组成部分，一旦形成就具有了相对独立性。当然，承认这一点并没有否认经济基础对法律的决定作用。因为政治、法律等意识形态领域的认识提升是以经济发展为基础的，但二者又互相影响，进而对经济基础产生影响。事实上，并不是只有经济状况才是原因，才是积极的，而其余一切都不过是消极的结果。归根到底这是在不断为自己开辟道路的经济必然性基础上的互相作用。同时，法律的相对独立性与法律最终由经济决定是辩证统一的，在经济和法律的相互作用中，经济具有本源性，它始终对法律具有决定性作用。尽管法律是经济政治和社会运动到一定阶段之后的产物，但是它一经产生就逐渐获得了相对独立性，可以反作用于经济基础和其他上层建筑。

恩格斯在晚年写的《关于历史唯物主义的通信》(以下简称《通信》)，是马克思主义哲学史上极为重要的文献，在这些书信中，恩格斯重新解释和阐发了关于经济基础和上层建筑在历史发展中的作用原理，特别是上层建筑的相对独立性及其对经济基础的巨大反作用，驳斥了资产阶级学者和庸俗马克思主义者对历史唯物主义的伪造和歪曲。在《通信》中，恩格斯充分肯定了经济基础对上层建筑的归根结底的决定作用，同时，着重阐述了上层建筑诸因素的相对独立性及其对经济基础的反作用。从社会分工的角度看，社会产生着它所不能缺少的某些共同职能，而执行这些职能的人成为具有独立地位的人，并且有了自己的特殊利益追求。从这个角度来讲，国家、法律等上层建筑机构一经产生，就获得了相对的独立性，具有了和社会相脱离的性质。恩格斯驳斥了对马克思唯物史观的歪曲理解，"如果有人在这里加以歪曲，说经济因素是唯一的决定性因素，那么他就把这个命题变成毫无内容的、抽象的、荒诞无稽的空话。经济状况是基础，但是对历史斗争的进程发生影响并且在许多情况下主要决定着斗争形式的，还有上层建筑的各种因素……各种法权形式以及所有这些实际斗争在参加者头脑中的反映，政治的、法律的和哲学的理论，宗教的观点以及他们向教义体系的进一步发展"。恩格斯的这些观点对理解法律对经济发展的积极作用至关重要，因为在早期的马克思主义法律理论中，对法律在促进经济发展上的作用，认识不够全面，恩格斯的理论弥补了只强调经济决定法律而不注重法律促进经济的缺陷，使马克思主义法律与经济发展的理论更加丰富和完善。

从逻辑上讲，法律能否促进经济发展，从根本上取决于这种法律是否符合经济发展的规律，只有符合经济发展规律的法律才能促进经济发展，否则不但不会促进经济发展，而且还会阻碍经济的发展。因此，法律对经济发展的效果的影响存在着几种可能性，其中与国家权力的行使有关。按照马克思主义理论，在政治权力对社会独立起来并且从公仆变为主人以后，它可以朝着两个方向起作用，或者按照合乎规律的经济发展精神和方向起作用。在这种情况下，它和经济发展之间就没有任何冲突，经济发展加速了。当然也可能会违反经济发展而起作用，除去少数例外，它照例总是在经济发展的压力下陷于崩溃。可见，国家权力等最初是由社会产生的，但它一经产生，就成了社会内部分工的一个新部门，进行着一种特殊的活动，并追求这种活动所决定的特殊利益。国家权力凌驾于社会之上并同社会相对立，对社会的生产活动和进程发挥着极其巨大的反作用。这种反作用大致有三种情况：第一，沿着与经济发展同一方向起作用，在这种情况下它会得到较快的发展；第二，沿着与经济发展相反的方向起作用，在这种情况下它或迟或早都要遭到崩溃；第三，阻碍经济发展沿着某些方向运动，而推动它沿着另一种方向运动。实际上，第三种情况仍然跳不出前两种情况中的任意一种。但是在第二种和第三种情况下，政治权力可能会给经济发展造成巨大的损害，从而引起大量的人力和物力的浪费。法律也是如此，恩格斯以资产阶级的法为例作了说明，法律的基本特点是：一方面，它必须适应并且表现总的经济状况；另一方面，它作为一种特定的社会意识形态，必须保持体系内部的和谐一致，不至于因体系内部的自相矛盾而自己反对自己。国家和法的产生都是社会分工的必然结果，它们也像商品贸易和金融贸易一样，最初是伴随着经济运动的，但是它们一经产生就具有了相对独立性，并反过来对经济的运动和进程发生影响。这样就形成了两种力量之间的交互作用，一方面是经济运动的决定作用，它必然替自己开辟道路，另一方面是政治运动的反作用，即国家权力以及和它同时产生的反对派的运动的反作用。

关于法律在经济发展中的作用，虽然马克思恩格斯也没有通过实证分析的方法来验证经济对法律的决定作用和法律对经济的反作用，但马克思主义理论所认为的法对经济具有反作用，是一个高度概括和抽象了的理论命题。从马克思关于社会主义及共产主义优越于其他类型的社会制度的理论命题看，其中包含着社会主义法律制度优越于其他社会制度的观点，即社会主义法律制度对经济社会发展具有促进作用。尽管马克思主义理论并没有详细地论证法律对经济发展发挥作用的微观机制，但法律对经济发展具有积极意义则是马克思主义法律理论的基本内容之一。

（二）列宁对法律与经济发展理论的实践

列宁的法律思想是在继承和捍卫马克思主义法学基本原理的基础上产生的，也是马克思主义法学理论同苏联社会主义革命和社会主义法制建设实践相结合的产物。在列宁的经济思想和法律思想中，并没有专门论述法律与经济发展的相互关系，而是通过考察法律关系与社会物质关系之间的联系，继承和发展了马克思主义法学的基本理论，即法律关系是社会物质关系的上层建筑，法律关系由物质的社会关系所决定。法律如同任何政治的上层建筑一样，归根结底是为生产服务的，并且是由该社会的生产关系所决定。在论述法律关系与社会关系变动时，列宁认为，随着经济基础的变更，庞大的上层建筑也会或慢或快地发生变革。事实上，苏维埃社会主义法律的制定和实行，对于建立和维护以生产资料公有制为基础的社会主义经济制度，调动生产者的积极性，促进生产力的迅速发展发挥了积极作用。

列宁不仅从理论上肯定了经济与法律的辩证关系，而且还用实际行动实践了马克思主义的经济基础与法律上层建筑的理论。十月革命胜利后，列宁在领导布尔什维克党建立和巩固苏维埃政权的同时，还制定了一系列法律和法令，开始了社会主义经济制度建设和发展国家经济的工作，通过制定和推行土地法令、银行国有化法令等实施土地制度、银行制度改革。在实行新经济政策期间，列宁认为，新经济政策的实施必须利用法律手段来推行和保障。为了通过法律措施保障新经济政策的实施，1920 年颁布了《关于实行租让的一般经济条件和法律条件》等法令，希望通过法律来抑制新经济政策的一切消极方面。在法律与新经济政策关系的认识上，列宁强调，法律调控是实施新经济政策的不可或缺的主要手段，要加强立法，用法令的形式把政策设想迅速告诉普通的工人和农民。可以看出，列宁的法律与经济发展思想具有较强的实践性。

20 世纪 20 年代末 30 年代初，苏共为了实现工业化，放弃了新经济政策的实践，开始推行计划化和集体经济体制，但是法律与经济的关系在实践层面上并没有出现较大的冲突。新经济政策时期颁布的各种法典在 30 年代中仍将继续有效。一大堆不同性质的条款已逐渐对这些进行了修改与补充，尤其是对苏联生活中的新问题做了规定。苏联法律不是被削弱了，而是不断地变得更加丰富、更完善。但是，随着对斯大林的个人崇拜和国家职能的强化，出现了将法律作为国家政治工具的政统压制有所增加，作为社会主义特殊利益保证的法律受到了限制。从此，法律在苏联蜕变成了加强国家强制和长官意志的工具，而不是经济发展的保障。导致法律规范的创制在一定程度上遵从"行政手段、指示和命令、本位主义和官僚形式主义的标准"，并使"以国家强制为保障的各种具有禁止、限制和允许性质的规则充当了法"，而且把"凡是不准许的都是禁止的或法不禁止但也不允许的都是不自由的"作为原则，无视公民的基本权利和自由，以及其他的合法权益。

从列宁和斯大林早期在苏联的经济建设和法律制度建设的经验看，在苏联社会主义的早期阶段，自从列宁实行新经济政策以来，市场机制还发挥着重要作用，苏联经济取得了恢复和快速发展的局面。在经济发展的同时，以立法为主要内容的法律制度建设也取得了显著的成就。当 20 世纪 30 年代西方国家正在经历资本主义经济危机的时候，苏联社会主义国家建设却取得了巨大的成功，在经济快速增长的同时，人民的生活水平也得到了改善，法律制度建设也获得了发展，立法和司法建设都有较大发展，并奠定了社会主义的法律基础。如果单纯从经济发展与立法、司法等衡量法律制度建设指标的数量关系角度看，苏联社会主义建设时期的经济发展与法律制度建设之间存在着高度相关。这种现象从实践的层面表明了经济发展与法律制度之间的相关性。

二、西方国家的法律与经济发展理论

在西方经济学传统中，比较注重研究法律制度在经济发展中的作用，但不同时期的经济学理论，以及不同的经济学流派在对待法律制度的态度上存在着差异。在各种理论观点中，古典自由主义和现代自由主义经济学都是从自由贸易和反对政府干预的立场看待法律在经济发展中的作用。历史视角的观点则从历史线索中寻找法律制度对于促进经济发展的证据。制度经济学将制度作为经济发展的关键因素，法律经济学分析方法则注重用经济学原理来分析法律制度的效率，以便寻求更加有效率的法律制度。现代法治主义强调法治在经济发展中的重要性，并试图通过推行法治来实现经济发展。

（一）自由主义经济学的法律与经济发展理论

1. 古典自由主义经济学的理论

自从亚当·斯密经济学理论创建以来，法律和经济发展的关系一直是学术争论的热点问题之一。作为古典经济学的代表人物，斯密从自由放任主义立场出发认为，法律和国家干预并不能从根本上促进经济的良性运行，而私人的自利打算才是决定资本流向的最主要因素。斯密强调，"用不着法律干涉，个人的利害关系与情欲，自然会引导人们把社会的资本，尽可能按照最适合于全社会利害关系的比例，分配到国内一切用途"，[①]即使有法律，法律应该让人民自己按照各自的利益来活动，人民是当事人，定然比立法者更能了解自己的利益。[②]实际上，斯密所强调的法律制度是保护私有财产权的法律制度，因为私有财产权不仅是对个体积极努力的根本性激励，还是形成并维护社会秩序的根本动力。从斯密的自由放任主义经济思想来看，他十分反感通过法律来干涉人们的自由经济活动，认为国家和法律的干预不仅不能更好地促进经济的发展，反而在许多方面做了蠢事，并且很危险。但是，斯密并没有完全否定法律的作用，而是事先假设在自由经济中存在一套完善的法律制度。他所主张的自由放任经济是以法律制度为基础，以自由为追求财富的手段，只不过法律在经济增长中的主要作用在于通过保护财产权、维护社会秩序和竞争秩序等间接途径来实现推进经济增长，斯密所反对的法律是

[①][英]亚当·斯密. 国民财富的原因与性质研究[M]. 郭大力等译. 北京：商务印书馆，1974：199.
[②][英]亚当·斯密. 国民财富的原因与性质研究[M]. 郭大力等译. 北京：商务印书馆，1974：102.

通过国家干预自由市场的法律。

2．现代自由主义经济学理论

现代自由主义理论家哈耶克对法律与经济发展的基本判断是："现代法律的发展在很大程度上是由错误的经济学支配的"，因为，"至少在休谟和斯密的时代以后，经济学家对法律规则系统重要意义的认识就再也没有得到过发展，尽管他们的论辩以一种默认的方式预设了法律系统规则的存在"。[①]他批判道："他们（干预主义者）不仅没有以一种能够对法律理论家极有助益的形式来阐释他们对自生自发秩序的认识，反而极可能与那些法律人一样，在不知不觉中对整个社会秩序从自生自发的状态转向组织的状态一事出力甚多。"[②]同时，哈耶克在《自由宪章》和《法律、立法与自由》两书中极力推崇普通法在经济发展中的作用。他曾指出，"个人自由的理想似乎主要是在——至少在很长时期内——那些以法官造法为主的民族中繁荣发展起来的"。而且，面对技术和制度的迅速变化，普通法似乎更为灵活。因为普通法是一种"法官造法"的制度。相反，在成文法系中，立法活动是法律实践的主体内容，一切法律活动首先取决于法典，立法者试图为所有人的行为提供一个普遍的模式，而法官只是机械地适用法律，即使成文法规很荒唐，也必须执行。而在普通法中，法官才是法律活动的主体，法官的主要任务是解决纠纷。为了解决纠纷，法官必须寻找各种各样的规则，其中当然包括成文法，但并不仅限于成文法。由此可见，普通法的法律生成机制能够更加适应人们追求利益的目标，从而更加有利于促进经济增长，而成文法往往滞后于经济发展的需要。通过比较普通法与成文法对经济发展的作用，可以发现法律制度对经济发展具有重要影响，法律制度与经济发展之间存在着某些必然联系。

（二）历史视角的法律与经济发展理论

除了理论分析之外，从历史的角度研究法律与经济发展的关系也是一种十分重要的研究视角。因为，尽管在短期内法律具有稳定性特征，经济发展未必与法律制度存在显而易见的联系，但从长期来看，因法律制度和经济发展都处于变动状态，从而可以更加清晰地观察二者的联系。历史视角的研究不仅可以通过长时间段来观察经济与法律制度之间的互动关系，而且还可以总结法律与经济发展的具有规律性的特征。所以，历史学家和法律史学家都注重从历史的角度看待法律与经济问题，并留下了大量的文献资料。从历史脉络看，马克斯·韦伯和布罗代尔对法律制度与经济发展的研究为我们认识二者的联系提供了帮助。马克斯·韦伯对法律在经济发展中的作用进行了深入的研究，并从欧洲资本主义兴起的原因

---

①[英]哈耶克. 法律、立法与自由[M]. 邓正来等译. 北京：中国大百科全书出版社，2000：103.
②[英]哈耶克. 法律、立法与自由[M]. 邓正来等译. 北京：中国大百科全书出版社，2000：104.

中揭示了理性法律制度在经济发展中的重要性。法国年鉴史学派的布罗代尔提出了发展为什么只在欧洲传播，而没有扩展到世界其他地方的问题。除了历史学家的贡献之外，美国法律史学家伯尔曼、泰格等人从西方法律传统形成的角度，研究法律制度对经济发展的作用。

1. 韦伯的法律与经济发展理论

韦伯是较早提出法律与经济增长有直接联系的学者之一，通过对近代西方法律发展过程的研究，他注意到了法律与社会政治、经济形态之间的互动关系。这种互动首先体现在学术界，韦伯深切地感受到法学本身的研究方法受到了来自经济学、社会学等其他社会科学方法的冲击，在 1895 年弗赖堡大学经济学教授就职演讲时指出：经济学看问题的方式已经深入到法学领域，甚至在法学最神圣的领地，即查士丁尼的《学说汇纂》研究领域，经济学的幽灵也已经开始出入，而在法庭的判决书中，我们也经常可以发现，每当法律概念难以解释时，所谓经济学理由就成了印证的根据。[①]他认为，在近代法律发展的过程中，一个决定性的因素是市场的复兴和商业贸易的发展。[②]在回答为什么资本主义经济在欧洲发展起来，为什么这些条件会促使发展的问题时，韦伯认为，法律的作用尤其是欧洲法律的独特属性是其主要原因。在韦伯看来，理性的法律制度是资本主义发展的原因，而欧洲的法律制度是一种具有逻辑的、形式的、普遍的理性的法律制度体系，其他制度不具备这些特征，所以，欧洲大陆先于其他地区进入现代社会。他不赞同法律现象是由经济力量所决定的观点，而是认为欧洲法律制度的独特性只能用法律职业的内在需求、政治组织的需要等非经济因素来解释。他认为，经济因素，即资产阶级的经济需求，在欧洲特定的法律制度形成的过程中具有重要意义，但不是决定性的因素。韦伯肯定了形式理性化的法律与资本主义发展之间的关系，并注意到了理性法的发展是促进资本主义发展的重要内在因素。在韦伯看来，欧洲的法律制度为市场主体提供了对投资收益的可预见性和确定性，因为理性的法律制度能够更加便于个人从事交易活动，而交易活动的频繁是经济繁荣的前提。韦伯强调："任何法律保障都是直接地为经济利益服务的，没有国家的法律秩序，经济制度，尤其是现代经济制度是不可能存在的。"[③]在其经济社会学理论中，韦伯重点从两个方面强调了法律对于资本主义经济发展的重要性：一是法律的可计算性的；二是法律制度具备了能够发展出为市场体系的功能发挥所必需的实质性条款的能力，这些条款主要指的是那些与契约自由有关的规范。从韦伯的经济法律观可以看出，资本主义需要一个具备高度可计算性的规范秩序，而根据他的法

[①][德]韦伯. 民族国家与经济政策[M]. 甘阳译. 上海：三联书店出版社，1997：94.
[②][德]韦伯. 经济与社会[M]. 林荣远译. 北京：商务印书馆，1997：650-750.
[③][德]韦伯. 论经济与社会中的法律[M]. 张乃根译. 北京：中国大百科全书出版社，1998：33-35.

律类型学研究，只有现代的、理性的法律才能够为资本主义发展提供必要的可计算性。法治（legalism）为资本主义的发展提供了一个稳定的、可预测的环境；而资本主义也支持了法治的发展，因为资产阶级意识到了他们自己对这种类型的统治结构的需要。

按照韦伯的论证，一种形式化、逻辑化和理性的法律制度与西欧资本主义的兴起之间的逻辑关系为：以市场为基础的资本主义的运行有赖于参与经济活动主体的动机以及经济机制所提供的激励，经济主体对于在经济活动中获得经济利益的期望是经济增长的动力，而理性的法律制度能够为人们的获利预期提供保障，从而激励人们参与经济活动，为经济活动提供可预测的形式化、逻辑化和理性的法律制度，只有通过国家公权力来制定。通过形式化、逻辑化和理性的法律制度为经济活动的后果所能提供的可预测程度或可计算程度，要比其他类型的法律制度更加有利于资本主义的发展。因此，这种类型的法律制度构成了对资本主义更为有利或近乎必要的条件。然而，韦伯的观点也受到了诸多批评，批评者大都认为这种法律与经济发展观明显具有欧洲中心主义背景，而且也遭到了来自不同国家和地区实践的挑战，譬如，韦伯所论证的形式理性的法律与资本主义发展之间相辅相成的关系，却遭到了来自英国案例的挑战。因为，英国法律在概念体系上并没有达到大陆法系那样的形式理性的高度，而英国仍然孕育出资本主义，这个矛盾便构成了韦伯学说上的著名的"英国问题"（England Problem）。再如，被韦伯归类为实质理性的儒家社会，如中国，其法律制度能否促进经济发展，又构成了一个韦伯学说上的"中国问题"。尽管韦伯的理论与个案之间存在一定的出入，但韦伯的法律制度与经济发展之间存在密切联系的观点无疑具有重大理论意义。

2. 布罗代尔的"钟罩"理论

尽管世界上多数国家采用了市场经济体制，但市场经济体制却像是一座钟罩，它只对少数国家带来了增长和繁荣，而没有将大多数国家的大多数人带出贫困，到底是什么因素制约和限制了能够带来繁荣的市场机制向所有人类社会扩展，这就是法国历史学家布罗代尔提出的发展之谜。布罗代尔的疑问是："关键问题是要弄清，那种我毫不犹豫地将之称为资本主义的社会部门为什么好像生活在一个与世隔绝钟罩里？它为什么无法扩展而占领整个社会？……（为什么）资本快速形成只可能在某些部门中发生，而没有能够发生在当时的整个市场经济中？"布罗代尔关于市场经济被诸种社会因素和机制所阻断和隔膜的社会安排，被经济学家德．索托称为"布罗代尔钟罩"。布罗代尔对地中海和15—18世纪的世界物质文明的研究表明，15—18世纪的欧洲法制向现代法制的转型与当时商业贸易的繁荣和商人阶层的兴起存在着密切关系。在此期间，以荷兰和英国为首的西欧国家出现了新的国家形态、生产组织和相应的法律制度，而且，当时的法律转型与经济转型同步进行。布罗代尔把人类生活划分为三个层次：第一层次是不进入交换领域的物质生活，即人们的日常生活中存在的大量分工和交换几乎都是在熟人之间完成的，这些领域不遵循讨价还价的价格机制和优胜劣汰的竞争规则；第二层次是市场经济，此时的市场交换表现为小规模、短距离、低利润，以农村集贸市场和小商贩为典型；第三层次是资本主义，由资本雄厚的大商人经营的大规模、长距离、高利润的垄断贸易。这三个层次的经济活动在任何时期以不同的方式和程度而存在着。不同的阶段，人们交往所适用的规则机制也存在差别，当人类社会进入高级的阶段，对法律制度的需要就越明显。根据布罗代尔的研究，制约市场经济扩展和人类合作秩序形成的"钟罩"就是适应市场经济的法律制度。

3. 西方法律传统与经济发展的理论

伯尔曼研究了西方法律传统的形成及特点，认为 11 世纪末至 13 世纪末是西方法律传统的形成时期，以教皇革命为开端，宗教与世俗两大系统的重大变革构成了西方法律传统产生的基础。在伯尔曼的理论中，法律和宗教代表了人类生活的两个方面：法律意味着秩序，宗教意味着信仰。他强调政治、经济、法律和宗教、思想之间存在着互动关系。宗教理想是了解西方法学传统的关键因素，而格列高利革命是 11−12 世纪以后教会法、王室法、商人法、城市法等法律制度发展的动力。这些现象之所以与法律有关，是由于西方社会共同体的各种传统象征首先是宗教和法律方面的。伯尔曼在研究西方法律传统的形成时发现"农业本身的发展是城市发展的一个先决条件"，西方商法在 11、12 世纪的发展也应该在农村贸易的场合下被看待，而不应该只是在城市贸易的前提下被看待，在论及西欧新的商法体系产生的经济背景时，伯尔曼强调"把法律总是作为社会经济变化的一种结果，而不是这种变化的一个组成部分和在这种意义上的原因是危险的"[①]。并由此认为，西方宗教革命以后形成的法律制度和法律传统是西方资本主义兴起和发展的关键因素。

此外，泰格等人也将西方法律传统与 11−19 世纪资本主义的兴起紧密联系起来，论证了商人（包括零贩、远洋贸易、银行家、工业家等各种类型的商人）对法律体系的影响乃至改造。他们认为，西方法律传统与资本主义兴起之间关系密切。这是因为，随着商业资本的扩张，商人阶级的经济实力壮大，他们与封建领主之间在政治经济方面的冲突日益加剧，而这种冲突最终通过法律而得以妥协解

---

① [美]伯尔曼. 法律与革命——西方法律传统的形成[M]. 贺卫方等译，北京：中国大百科全书出版社，1993：413，415.

决。同时，随着商人阶级经济实力的壮大，他们作为一个阶层与封建地主之间在政治和经济利益方面产生了冲突，而这种冲突和紧张关系最终被法律上的妥协所消弭。因此，商业资本与法律制度之间存在必然联系，法律制度是商业资本有序运作的基础，当然这些法律制度不仅包括国家颁布的成文法，而且还包括商人自治法、商业惯例等商业交易规则。

（三）制度经济学的法律与经济发展观点

在经济学流派中，一般把制度经济学分为旧制度经济学和新制度经济学两个阶段，以凡勃伦和康芒斯为代表的旧制度经济学认为，经济学的研究对象应该是人类经济生活中的各种制度，以及这些制度的起源和演变。以科斯和威廉姆森为代表的新制度经济学在很大程度上继承了康芒斯的理论传统，而诺斯的制度变迁理论在某种程度上受到马克思的理论影响，他更加强调产权制度、国家和意识形态对经济发展的重要作用。制度经济学把法律视为一种特定的制度，不仅对其他制度有规范作用，而且其本身对于经济发展具有重大作用。

1. 早期制度经济学的观点

凡勃伦从社会心理学的角度把制度定义为大多数人所共有的某些固定的思维习惯，制度伴随着环境的变化而变化，它的内容主要包括用来满足人类物质需要的生产技术制度和私有财产制度。在社会发展的不同阶段，这两种制度具有不同的表现形式，例如，在资本主义社会中，其具体表现形式是"工业技术制度"和"企业经营制度"，工业技术制度的目的是生产出无限多产品，而企业经营制度的目的是实现利润最大化，所以，这两种制度在资本主义社会中存在冲突，并导致了经济危机的周期性爆发。

康芒斯从法律制度的角度来解释社会经济关系，他认为经济关系的本质是交易，而整个社会就是由无数的交易组织在一起的有机体。由于交易者都在追求自己的利益，所以，在交易中容易产生利益冲突现象，而利益冲突只能依靠法律制度来解决。康芒斯尤其强调法律制度对经济制度变化发挥的作用，并且以法律上所有权的交易关系为制度分析的基础。在所有权的基础上，他认为所有权转移的交易关系先于物质转移的交易关系，并推导出了法律先于经济而存在的结论。康芒斯还从英美法院的判决出发，在探讨了法院的判决所称的"合理价值"的内涵后，发现法院是资本主义制度具有优势的基础。康芒斯看到了资本主义法律制度运作的功能性细节，他将法律制度与未来性和预期联系起来，使得法律制度成为联系过去和未来的纽带，也使法律制度成为人类作用于经济活动的重要领域。

2. 新制度经济学的观点

在新制度经济学中，制度被理解为界定和限制个人选择集的规范体系。诺斯将制度的功能界定为：通过建立一个人们交往的稳定的结构来减少不确定性。[①]新制度经济学关于法律与经济发展关系的一个基本共识是二者之间存在相关性，据此，经济发展的前提就是存在一个保护产权和执行合同的法律体系，这样的法律体系是保障交易结果的关键。如果缺乏市场经济发展的基本法律制度，就会导致极高的交易成本，从而会导致市场的萎缩和经济发展的停滞。在新制度经济学研究中，有的研究还通过个案来分析具体的法律制度与经济增长之间的关系，从而将抽象的理论研究转化为实证研究，并通过实证研究来验证理论前提。

诺斯在研究了许多国家长期经济绩效的差异后得出的结论是，那些具有产权保护和解决合同纠纷的可预见性规则的国家要比没有这些机制的国家能够为经济增长提供更好的环境。诺斯强调，为了促进经济发展，必须对财产权利做出明确的划分和有效保护，以减少经济交易中的不确定性，而且还要建立合同有效执行的机制，防止或者及时解决合同纠纷，降低交易成本。因为产权约束了最高统治者，限制了国家的剥夺，能够有效执行合同的法律防止了私人的侵占，所以，通过法治对财产权的严格保护和合同的有效执行具有重要意义，而法治是"长期经济增长"的一个必要条件，他认为法治的不足构成对第三世界国家不发达原因的部分解释。由此可以看出，诺斯对资本主义兴起的解释中包含着从对实体性规范的可预见性转向对执行合同的可预见性的变化。

在兰斯·戴维斯（Lance Davis）和道格拉斯·诺斯所著的《制度变革与美国经济增长》一书中提出了一个理论模型，他们假定制度响应变化中的私人需要或因制度而获利潜力，得到发展，正是在现存的制度安排结构中不能够获得利益的可能性导致形成新的制度安排（或者旧的制度安排的变异）。进而，相似的制度变革模型被一些美国法律史学家采用，例如，劳伦斯·弗里德曼和威拉德·赫斯特认为，只能通过围绕经济、政治和社会环境等来理解法律。这些环境塑造了法律，并且随着环境的变化，迫使法律制度发生变化。弗里德曼把这个观点与戴维斯—诺斯模型紧密联系起来，他认为在任何一个时候彼此竞争的利益集团都是法律性质的基本决定因素。法律制度变革的这种观点与法律史的普通法传统形成鲜明的对照，后者把法律看作是一种世世代代相传的独立制度，即一种从社会塑造经济、政治和社会影响的制度。有学者从实证研究的角度，对美国西部矿产权产生过程进行了分析，认为19世纪下半叶是美国西部经济和法律激烈变革的时代，这种变革是由于人口和资源价值的迅速增长对现存的法律制度，尤其是产权产生了压力，

[①][美]康芒斯. 制度经济学下册[M]. 于树生译. 北京：商务印书馆，1962：348-362.

迫使新的所有权结构出现，从而导致了采矿权法律的明显进步。

（四）法律经济学的法律与经济发展理论

法律经济学研究认为，法律对经济发展起着重要作用，尤其是在市场经济趋于成熟阶段时，法律与经济发展之间的正相关性更加突出。作为法律经济学理论基础的交易成本理论认为，"在零交易成本的条件下，法律规定无关紧要，因为人们可以在没有交易成本的条件下就如何取得划分和组合各种权利进行谈判，其结果总是能够使产值增加。在这样的世界里，构成经济制度的体制既无实质内容也无目的"。[①]从经济效率的角度看，按照科斯的理论，在交易成本为零的情况下，权利配置给任何人都不会降低效率，因为权利主体可以通过无成本的交易来达到资源配置的最佳效果。但是，如果从交易成本为零的世界转向交易成本大于零的世界，则法律制度至关重要。因为，从法律的角度看，在市场上交易的东西不是经济学家常常设想的物质实体，而是一些行动的权利和法律确立的个人拥有的权利。所以，法律制度就对经济体系运作产生了深远的影响。按照科斯的交易成本理论，权利是一种稀缺资源，要实现这种资源配置的产出最大化，就应该实行权利转让机制，将权利转让给那些能够最具生产性地使用这些权利并有激励他们这样使用的动力的人。但是，权利的确定与转让通常需要交易成本，甚至有时候交易成本非常高，所以，为了降低交易成本，要发现和维持这种权利分配，就应该通过法律来清晰界定权利的边界。因此，能够实现权利转让的法律制度的繁简程度与交易成本的大小有关，简易明确的法律制度会使得权利让渡的成本更低。法律经济学将法律制度视为降低交易成本的关键性因素，所以，通过合理的法律制度设计，可以降低交易成本，从而提高经济效益。

除了法律制度及其所确认和保障的权利与交易成本的高低有关之外，按照法律经济学的理性人和自我合理利益最大化假设，法律对于经济发展的促进作用主要体现在两个方面：一是法律能够为经济活动的当事人提供有效的协商条件，因而法律是市场交换不可缺少的工具；二是法律对于交易的事后救济机制可以消除交易的障碍，补充市场的缺陷。当然，在法律对经济发展的作用机制方面，法律经济学内部也存在着不同的理论主张和派别，其中以波斯纳为首的芝加哥学派认为，市场交换的失败是一种偶然的例外情形，因此，法律对市场交易的补充和完善作用很小。该学派中的激进观点甚至主张法律在市场经济中是多余的，因为当事人之间可以通过自由协商，从而使得交易的结果能够实现效益最大化和利益最大化。另一派以纽黑文大学的学者为代表，不同于芝加哥的法律经济学派对市场机制的重视，纽黑文学派强调市场失灵以及政府干预的重要性，他们认为，管制

[①][英]科斯．企业、市场与法律[M]．盛洪译．上海：上海三联书店出版社，1990：14-15.

过程和行政法在现在福利社会中发挥的作用越来越重要了，而国家干预和司法判决在促进自我利益最大化方面具有积极作用。[①]

在理论研究的基础上，近年来有学者将法律与经济发展之间关系的研究应用到资本市场发展中，通过实证研究得出的基本观点是，先有资本市场的形成和发展，之后才有可能出现以股东中心主义为理念的法律变革，法律变革进一步推动了资本市场的深入发展，而不是先有完备的法律制度再发展经济。这种观点是建立在对历史上资本市场与法律变革关系的考证基础上的，因为从 17 世纪中期就出现了证券交易所，这一时期的交易只限于债券交易，直到 19 世纪中叶，随着个人财力的增强，在英国和美国出现了股权分散的现象。但这些分散的股东在当时缺少法律的保护，只有到了资本市场进一步发展后，才出现了保护证券投资者利益的法律制度。除了经济发展程度对法律制度变革的影响之外，科菲（Coffee）还从政治秩序的角度解释了经济发展先于法律变革的原因，他认为，只有形成了最有动机推动法律变革的利益群体，并且这些利益群体意识到通过法律变革才能有效保护自己的利益时，法律变革才有可能在这些利益群体的推动下实现。

（五）其他视角的法律与经济发展理论

1. 法治主义的法律与经济发展理论

法律以及法治对经济增长是否有作用，在实践层面有两种观点。1997 年世界银行的一份报告认为：一个国家如果具有有效的政府、可预知的法律变动方式、有保障的产权以及强有力的司法体系，就会比缺乏这些制度的国家取得更大的投资和增长。而批评这种观点的意见主要有两类，即一般性的批评和针对中国国情的质疑。一般性批评对断言法治导致经济增长的理论与经验的依据提出了质疑；而中国国情论者即便是承认法治通常为经济发展所必需，但也对法治在过去近 30 年的中国经济增长中的作用程度提出了疑问，并认为中国也许是一个相对于普遍原则的例外。对于经济增长而言，市场制度是必需的，而现代法律是市场产生和有效运作的基本因素。现代法律鼓励人们从事创新的经济活动，并保障和维护这种活动的成果，于是法律便把个人从特殊集团的中解脱出来，并保证个人的决策由国家权力赋予强制执行力，其所得也应当免受他人的侵犯。通过契约和私人财产权等制度安排，现代法律促进了市场的发展并强化了经济增长。

除了世界银行等国际金融组织的观点之外，亚洲开发银行的研究也关注于法律与经济改革和经济发展问题。1997 年，在亚洲开发银行公布的一项研究中，分

[①] [美]尼古拉斯·麦考罗，等. 经济学与法律——从波斯纳到后现代[M]. 吴晓露等译. 北京：法律出版社，2005：64-109.

析了亚洲经济体（中国、印度、日本、韩国、马来西亚等国家和地区）在1960—1995年间的法律与经济发展情况。该研究考察了法律改革与经济发展之间的关系，得出的结论是：政府在过渡中和正在放松的经济中实行法律改革的一个基本前提是法律鼓励私营部门的发展，尤其是金融和资本市场的发展对整体经济发展至关重要。该研究还指出，随着经济活动的增加，对法院的需求也在增加，人们也更多地诉诸法院来解决争端，并且通过法院诉讼制约政府的恣意行为。法治之所以是经济发展的必要条件就是建立在这样的观点之上，即要实行市场经济，就必须承认和保障财产权和契约的执行。法律体系可以通过保护和管理私人财产的交易，以及强制执行契约，并保证法律对所有人的权利和财产加以平等保护。而法律体系提供的可预测性和在争议解决方面具有的显著优势，减轻了经济交易中的风险和降低交易成本。依据法治主义理论，法治对经济发展具有促进作用的具体原因是：第一，法律保障财产权，安全的财产权是确保人们安心从事生产和交易的基本保障。第二，契约自由及其强制执行是确保财产安全转移和增值的保障。第三，市场交易的法律是维持交易秩序的保证。第四，公平高效的法院系统能够保证纠纷的顺利解决。

2. 博弈论视角的法律与经济发展

博弈论是研究多人策略问题的现代经济学分支学科，所谓博弈是指一些人或组织在一定的条件下和规则下，同时或先后、一次或多次地从各自的行为选择集或策略中进行选择并加以实施，从中获得相应结果的过程。[①]根据博弈论，假定经济系统中的每个人都拥有一个策略或行动集，每个博弈局中人所得到的收益有赖于所有局中人选定的策略，这通常被称为策略组合，而支付是用来表示博弈所有局中人都从自己的策略集中选择了一个策略之后，某个局中人从这一状态中所得到的净收益，概括每个局中人从每种可能的策略组合中所能得到的收益的规则，被称为收益函数。法律之所以可以通过改变局中人的收益函数来改变经济系统，是因为法律能够改变个人在某些行动中的预期收益。如果从博弈论视角看，法律对经济发展的也具有重要作用，之所以法律对经济发展具有直接的作用，因为通过法律可以改变人的行为选择集，从而影响人的行为。按照博弈论的观点，由于经济系统中的每个参与者都是博弈过程的决策者，他们可以采取一系列相互依赖的行为，而经济活动的最终结果有赖于每个参与者的行为选择，而且参与者的"收益"都依赖其他人的行为选择。法律之所以重要，就是因为法律能改变个人选择的策略集或者个人的"收益函数"，法律在博弈中的作用在于通过限制或者改变参与者的行为策略，从而改变了参与者的个人收益和社会收益。当法律禁止或限制某些行为，或者对行为的后

---

①谢识予. 经济博弈论[M]. 上海：复旦大学出版社，1997：3.

果实施制裁时，个人在实施某种行为时，其所希望的利益就与没有法律禁止或限制时大不一样了，如果决定违法，其违法的不利后果就成为了实施行为的一项成本，即违法成本。正是从这个意义上，贝尔德等人注意到了通过改变收益来发现法律规则的变化，以及法律规则的变化如何改变对行为人的激励。

第二节　经济发展与法律制度的历史演变

在对经济发展和法律制度建设的关系研究中，除了理论上的抽象之外，从历史和现实的角度去观察二者的相互作用，是认识其关系的另一种方法。基于此，本研究从历史和现实的视角选取了三个时间段，以此来观察经济发展与法律制度的在较长时期的关系，即第一阶段是 1500－1900 年的 400 年间西方世界经济发展与法律制度的演进，用来观察二者的关系；第二阶段是"二战"以后出现的"东亚经济增长奇迹"，这是观察经济发展与法律制度的一个区域性样本；第三阶段是改革开放以来的中国和转轨中的俄罗斯，这是观察经济发展与法律制度的国别样本。

一、法律制度与世界贫富格局的逆转

西方世界的兴起是指 10 世纪到 18 世纪之间西方世界由相对落后的地区变成世界霸主的历史进程。其中包括经济、政治和军事的变革，也包括制度变迁中心的转变——即从处理自然环境的不确定性转到处理日益复杂的人类环境的不确定性。[①]历史学家们普遍把 1500 年看作是中世纪和近代的分水岭，该阶段最初的两个世纪是有这样一些不同的历史事件联系在一起的，即价格革命、商业革命、宗教革命、文艺复兴、航路的发现、向新大陆移民、世界贸易的发展以及政治国家作为欧洲政治组织的主要形式而出现。[②]这一时期，在欧洲出现了文艺复兴、罗马法复兴和宗教革命等重大的历史事件，这一系列的运动既是欧洲商品经济发展的结果，又是进一步推动欧洲经济发展和社会进步的重要条件。经济史研究表明，西欧从 1500 年以后开始出现经济增长，英国和美国从 1700 年才开始出现经济增长，到 1800 年经济增长加速。按照麦迪逊的研究，在 1700－1820 年间，世界主要经济体的经济发展速度很慢，但中国是个例外。因为，即使从宋朝（1000－1250 年）以后经济一直处于相对长期停滞状态，当时的中国经济增长速度也高于欧洲国家。在西方国家中，只有新兴的美国经济发展速度较快。到了 18 世纪中期，中国是当时世界上最富有的帝国，人口数量占世界人口总数的 1 / 3，粮食产品和工

[①][美]诺斯. 理解经济变迁过程[M]. 钟正生等译. 北京：中国人民大学出版社，2008：113.
[②][美]诺斯·托马斯. 西方世界的兴起[M]. 张炳九译. 北京：学苑出版社，1998：140.

业产值占世界的 1 / 3。但是，从 1820 年左右开始，中国与欧洲的经济发展速度开始拉开了距离，在 1820－1952 年间，中国的国民生产总值比欧洲国家少了一倍多，人均国民生产总值也出现了负增长。在 1952－1978 年间，中国的经济发展速度才出现了与欧洲同期基本持平的增长速度，而人均增长速度仍然严重低于欧洲和美国等发达国家。1978 年后，在世界平均经济增长速度放慢的情况下，中国的国民生产总值出现快速增长，成为世界上经济增长最快的国家之一。是什么因素在制约或者促进了经济的增长，不同国家在不同的历史时期，为什么会出现经济增长时快时慢的现象，这些问题都是经济学和历史学家们所关心的问题，不同研究领域的学者对这种现象进行了大量的研究，并由此形成了多种解释。

(一) 对世界贫富格局逆转的解释

历史学家和经济学家从各自研究的角度对世界经济增长速度存在巨大差异的现象进行了深入分析，也对产生这种现象的原因作了多种解释，例如普遍将科技革命视为工业化和世界经济发展的关键因素。在各种因素中，多数西方学者不愿提及的一个原因就是，近代以来西方列强对发展中国家的殖民侵略，对西方的经济增长与发展中国家增长长期缓慢，具有直接关系。在多种解释中，从制度的视角，尤其是从产权的建立和保护的角度对这些现象的解释，对于分析不同制度对经济发展的作用具有重要意义。在这些具有代表性的解释中，有些解释侧重从法律制度因素之外寻求西方世界兴起的原因，有些解释则将制度安排，尤其是法律制度作为西方世界兴起的决定性因素。从历史和法律制度变迁的角度看，13－18 世纪上半叶欧洲社会经历了漫长而曲折的发展过程，几个世纪的贸易和商业扩展为西方世界的兴起奠定了市场基础。而欧洲民族国家的形成及其法律发展为欧洲各国在 18 世纪的经济的发展创造了外部保障，从英国 1215 年签署《大宪章》到 1688 年的光荣革命，再到法国革命和签署《人权宣言》，在西方宪政制度基础上形成的私有财产保护法律制度，为西欧的经济发展奠定了制度基础。在这些私有财产保护制度基础上，到 18 世纪中叶，西欧各国，尤其是英国、荷兰和法国，确保其国际国内市场贸易、金融和信用体系运作的商事法律制度也基本上完善，适应于商业交易的票据、保险等制度也日臻完善起来。有的西方学者判断，只是到了这个时候，"英国的法院和法律才似乎成了促进英国商业发展的一个积极因素"。[①]实际上，早在 18 世纪，亚当·斯密就关注于中国经济停滞的现象，并从法律制度因素的角度做出了分析，他指出中国一向是世界上最富裕的国家，土地肥沃，耕作精细，人民最多且最勤勉的国家。然而，它似乎长久已经处于停滞状态了。……也许在马可·波罗的时代以前，

---

①[美]罗森堡·小伯泽尔著. 西方致富之路[M]. 刘赛力等译. 上海：上海三联书店，1989：130.

中国的财富就已经达到该国的法律和制度所允许的发展程度。[①]尽管，亚当·斯密明受到旅行者的偏见和信息不畅通等因素的影响，误认为中国的人口和经济增长处于停滞状态，但他把中国经济停滞的原因和法律制度联系起来，是一种非常具有洞察力的分析。近代以来，中外学者多从历史、经济和法律制度的视角对中西经济发展的分流现象提出了不同的解释，其中具有比较典型意义的观点主要有以下几方面：

1. 资源制约论

美国史学家彭慕兰在《大分流：欧洲、中国及现代世界经济的发展》一书中，从世界经济比较的角度，研究了西方世界的兴起与东方国家衰落的原因，认为像中国这样非常典型的东方国家之所以没有出现工业化，关键因素是经济增长受到了资源的制约，所以，在农村劳动力报酬递减、自由劳动力大量产生的情况下，只能采取更加劳动密集的社会分工来吸收社会的剩余劳动，从而失去了发展现代大工业，并且依靠大工业的发展来推动社会经济技术进步的可能性。按照这种解释，法律制度并不是经济发展的决定因素，引起西方世界和中国经济增长出现分流现象的主要原因是资源制约和劳动分工。但是，这种观点无法解释中国在 20世纪后期的快速发展的现实，因为改革开放以来农村劳动力没有立即转变为产业工人，而是在农村经济体制改革过程中，大量的劳动力从农业中解放了出来，为大工业提供了充足的劳动力。而建立在经济改革基础上的法律改革为劳动者提供了强有力的法律保护，从而促进了经济发展。

2. 世界体系论

伊曼纽尔·沃勒斯坦从现代世界体系的角度认为，政治因素和国家机器在世界经济发展中具有重要意义。他将政治因素和国家机器与经济发展联系起来，认为世界经济体系是一种等级制结构，导致这种结构的关键因素是西方世界走出中世纪后，便迅速发展起了一个强大的国家机器，而东方国家则由于地方群体的利益过于分散，导致国家机器非常弱小，而国家机器力量上的这种差距最终形成了世界范围内的等级制结构，并在 1640 年前后稳定下来。这种等级制结构的世界体系由处于中心位置的核心国家和处于外围或者半外围位置的边缘国家组成。核心国家利用其政治上的优势对处于相对劣势的边缘国家通过"不平等交换"式的"国际剥夺"而富裕起来。在这种世界体系之上形成的国际法律体系进一步为世界财富的创造和分配提供了依据，而主宰国际法律制定权的发达国家便可以通过自己制定的规则而强化这种不平等的国际贸易和投资体系。

[①][英]亚当·斯密. 国民财富的性质与原因的研究[M]. 郭大力等译. 北京：商务印书馆，1972：65.

3．制度缺失论

戴维·兰德斯在《国富国穷》一书中，将中国宋代之后经济停滞的主要原因归结为传统中国缺乏自由市场和法律上的财产权制度，这也是中国人的社会价值观与集权政府超强控制社会所导致的一种必然结果。诺斯和托马斯在《西方世界的兴起：一部新编经济史》一书中认为，新制度的建立对西方经济发展发挥了根本性的贡献，而在诸种新制度中，财产权制度是其中的关键。自从形成了财产权制度之后，西方传统的财产没收就被税赋制度所替代，这种变化使得财富的积累和经济增长成为可能。在没有建立财产保护制度的地区，由于财产的不确定性增加了财富增加的难度，人们一般不愿意进行投资和扩大再生产，从而阻碍了资本的流动和增殖。

4．制度颠倒论

最近，有学者通过历史比较发现，在 1500 年左右许多相对富裕的国家现在都变得相对贫困，而当时相对贫困的国家现在却变得很富裕。出现这种财富逆转的原因是欧洲殖民主义所带来的制度因素，正是由于欧洲人的干预制造了"制度安排的颠倒"，即在那些原来比较贫困的地区,欧洲人更多地引入了鼓励投资的制度，而在那些原来比较富裕的地区实施了财富掠夺的制度安排。正是由于制度颠倒，才使原本富裕发达的国家和地区变得贫穷落后，而那些贫穷的国家和地区在制度的作用下迅速积累起大量的财富。但是这种观点并没有解释为什么制度安排能够促进财富的增长，以及如何进行这样的制度安排，也忽略了殖民掠夺对欧洲现代制度形成的重要作用。

5．贫富逆转的中国案例

从另一个侧面比较,中国在 1500 年前后已经具备了当时世界上最先进的技术和优秀的人力资源以及经济发展所需要的资本积累，但是并没有出现如西方工业革命一样剧烈的社会变革和经济快速增长的局面。但改革开放之后，的中国在缺乏资本条件、技术水平低下和人力资本匮乏等不利条件下，通过调整经济发展策略，实现了生产力的革命性提高。对于出现这种现象的原因存在着多种解释，但是从制度和法律变迁的角度进行解释的说法，得到了多数经济学家和历史学家的认可。由于当时的中国还没有建立起有效保护产权的制度，没有建立起一套能够激发人们获利和追求幸福生活的积极性的产权制度和合同制度，而 20 世纪 70 年代末开始的经济改革的实质就是对原有的生产分配方式进行调整，使得鼓励交易与投资法律制度为创造财富提供了前提条件。尽管从改革初期的制度背景看，最初的法律制度在整个制度中所占的比重较低，大量的制度表现为党和国家的文件来落实的经济政策，作为正式制度的法律制度则居于次要地位，但是这些政策文件实际上具有法的特征和功能，它们为人们参与生产活动等经济活动提供了比较稳定的预期，增加了人们从事生产活动和其他经济行为的信心。

（二）法律在经济发展中的作用

法律作为制度因素，对在经济发展中的具体作用，还缺乏一种比较成熟的实证分析框架，但在理论分析上，已经有经典的论述。其中马克斯·韦伯创立的理论分析框架具有较大的影响。韦伯认为，在西方现代化的各种动力因素中，法律和行政机关的理性结构具有毋庸置疑的重要性。因为，近代的理性资本主义不仅需要生产的技术手段，而且需要一个可靠的法律制度和按照形式规章办事的行政机关。没有它，可以有冒险性的和投机性的资本主义以及各种受政治制约的资本主义，但是，绝不可能有个人创办的、具有固定资本和确实核算的理性企业。这样一种法律制度和这样的行政机关只有在西方才处于一种相对来说合法的和形式上完善的状态，从而一直有利于经济活动。①韦伯把法律制度同西方社会结构中的其他要素区分开来，强调法律在西方现代化形成中的重要性。他尤其强调法律制度在个人和企业的理性投资中具有关键作用。韦伯还进一步解释了现代西方法律渊源与西方特有的理性主义之间的关系，在追问这种法律从何而来时认为，如在其他情况下一样，资本主义利益毫无疑问地也曾反过来有助于为一个在理性的法律方面受过专门训练的司法阶级，在法律和行政机关中取得统治地位铺平道路，但是资本主义利益绝非独自地促成了这一点，甚至在其中也没有起主要作用。因为这些利益并没有创造那种法律，各种全然不同的力量在这一发展过程中都曾发挥过作用。②在论述了西方资本主义与理性法律关系中，韦伯提出了为什么资本主义没有在中国创造出理性法律，为什么科学的、艺术的、政治的或经济的发展没有在中国也走上西方所特有的那种理性化道路的问题。对此，他并没有直接研究制约东方社会进入现代化的原因，而是断言西方社会早于东方社会进入现代化的原因是西方文化所特有的理性主义。

在考察西方现代社会的形成条件及其发展过程时，韦伯把西方法律与理性主义联系起来，提出了两种类型的合理性，即形式合理性与实质合理性。资本主义的合理性是一种形式合理性，而形式主义原则是一切资本主义法律的重要特征，之所以现代法律体系和行政管理是高度合理的，就是因为它是纯粹的形式主义。在《儒教与道教》中，韦伯分析了中国不同于西欧的社会结构和法律结构，他将自秦朝以来的社会制度称为家产官僚制，并从这种社会结构出发认为，如果从纯粹的经济角度来说，传统中国也存在着一些有利于工商业资本主义形成和发展的

①[德]韦伯. 新教伦理与资本主义精神[M]. 于晓等译. 上海：三联书店，1987：14.
②[德]韦伯. 新教伦理与资本主义精神[M]. 于晓等译. 上海：三联书店，1987：15.

因素。这些制度因素有 17 世纪以后贵金属的剧增以及由此带来的货币经济的巨大发展、人口的增加、商业行会自治机制、土地的自由买卖，以及人口的自由迁徙和选择职业的自由等，这些因素都有利于资本主义的形成和促进经济发展。但是，从法律结构出发，韦伯认为，在传统中国家产官僚制下，工商业资本主义发展所必须的那种理性的、可预测的管理与法律机能并不存在，而管理与立法的家产官僚制妨碍了工商业资本主义的形成和发展。[①]

工商业资本主义在西欧产生和发展的原因，在很大程度上是基于西欧合理的法律结构，因为工商业资本主义的发展所需要的是可靠的法律，这种法律类型的典型特征就是形式主义。在西方法律制度的历史演进中，形式合理性法律的典型就是罗马法。罗马法是自治的城市商业活动的产物，这种商业活动需要一套固定的起诉范式，它的形成是法律自由职业阶层理论技巧理性化的产物，也是东罗马帝国官僚政治的产物。[②]正是由于罗马法的形式理性特征适应了资本主义的发展，所以，当罗马法复兴的浪潮与西欧资本主义的兴起相呼应时，为近代形式理性法律的产生创造了有利条件。在传统中国，家产官僚制国家对形式理性的法律持有排斥态度。在立法的内在形式中，"以伦理为取向的家产制，无论在中国还是在其他各地，所寻求的总是实际的公道，而不是形式法律"；在司法中，传统中国的法官以彻底家长制的方式来判案，即不是根据形式的法律一视同仁地进行审判，而是按照神圣传统所允许的原则和范围来审理案件。[③]因此，传统中国的立法追求的是一种实质公道，司法也停留在非理性状态，而资本主义更关注严格的形式法与司法程序，倾向于使法律在一种可计算的方式下运动。

然而，一个不可忽视的事实是，随着 15－16 世纪西欧商品经济的发展和海上贸易的频繁，欧洲区域贸易不断发展，地区市场逐渐扩大，与近代自由市场经济体制在欧洲确立过程同时的是西欧大陆国家出现了法典化潮流，法典化的私法制度符合理性法律的特征。伴随着西欧国家的早期殖民活动，全球贸易不断扩大，欧洲、美洲和亚洲的经济活动逐渐连接起来，形成了以西欧为中心的早期全球市场体系。经济交易的繁荣迫切要求法律为其提供统一的交易规则和保障，市场经济交往的需要导致出现了大规模法律的创制过程。这些经济交往规则除了来源于商人在长期的贸易实践中形成的交易习惯、惯例之外，欧洲大陆各主权国家也纷纷制定了成文法典，用来统一国内市场交易规则。该时期西欧的经济和商业往来日益频繁，适应经济交往和海上贸易发展需要的商法和海商法迅速发展，各种商业交易规则逐渐统一，欧洲大陆国家普遍制定了商法典、海商法典，例如，法国

①[德]韦伯. 儒教与道教[M]. 洪天富译. 南京：江苏人民出版社，1995：120.
②[德]韦伯. 儒教与道教[M]. 洪天富译. 南京：江苏人民出版社，1995：173.
③[德]韦伯. 儒教与道教[M]. 洪天富译. 南京：江苏人民出版社，1995：122.

于 1673 年制定的《商法典》和 1681 年的《海商法典》，瑞典于 1667 年制定的《瑞典克里斯提安十一世海商法典》等。这些法典体现了新的经济关系，也对资本主义经济的形成和发展起到了极大的促进作用，并成为此后西欧大陆国家商法典和英国的普通法中的商法规范的重要法律来源。16 世纪以后，随着民族国家的出现，这些商法规范逐渐与城市法、市民法等融合成为近代资本主义市场经济法律体系，促进了西欧近代市场经济的发展。

西方国家经济发展和法制进程实践表明，法律与经济发展之间存在着密切的联系，人们追求利益的动机产生了经济交往的需求，而经济交往的扩大需要建立利益保障、合作与纠纷解决机制，这些机制的建立和运行产生了对法律的需求。市场交易法律制度的建立和完善成熟，也是经济交往的必然结果，没有成熟的市场经济，也就没有完善的法律制度，经济发展速度也相对缓慢；法律的完善可以为经济交往提供可预测性，并为各个利益主体提供保障机制，进而维护和鼓励着人们追求利益的动机和行为，并以此促进经济发展。

二、东亚经济增长与法律制度改革

法律与发展理论把法律和法治视为经济发展的前提条件，在该理论中，产权保护、合同执行和司法公正是持续经济发展的关键，如果缺乏这些法治要素，经济增长将会变得缓慢。但"二战"后东亚经济增长的经验表明，法律和法治并不是经济可持续增长的前提，因为许多国家和地区在法治薄弱的情况下取得了显著的经济增长。要验证理论的正确性，需要从东亚经济增长的特定因素入手。

理论界一般把自从"二战"以来几个东亚国家和地区较长时期的高速经济增长现象称为"东亚奇迹"，意指在世界范围内从来没有出现过一个地区的经济出现较长时期持续的高增长现象。学者们试图从各种视角来解释这种现象，从历史的视角进行的分析更具解释力。就经济增长的阶段，有学者把东亚的经济增长划分为三个阶段，即 1500－1820 年间持续增长的阶段、1982－1945 年间严重恶化的阶段和 1945 年以来再次实现快速增长的阶段。世界银行的研究也显示，在 1965－1990 年间，东亚 23 个国家和地区的经济增长速度高于世界其他地区，而这种成绩的取得主要归功于 8 个经济实体近乎奇迹般的增长。在 20 世纪 80 年代以来，当整个世界经济总体处于低增长阶段，尤其是当欧美国家的经济运行中出现了严重的"滞胀"现象之际，东亚地区的经济增长一直保持高速增长的势头。1981－1990 年间，世界经济增长速度为 3.3%，而东亚经济增长速度为 7.9%，20 世纪 90 年代期间，世界经济增长水平为 1.1%，而东亚经济增长速度高达 8.3%。世界银行前副行长斯蒂格利兹对东亚经济增长的成就给予了肯定，他认为，"东亚奇迹对亚洲经济的改造是历史上最杰出的成就之一，东亚奇迹使得国内生产总值大幅度增长，这体现在千百万亚洲人民生活水平的提高上，其中包括寿命延长、健康状况和发育水平提高，千百万人民摆脱贫困，现在过着更加充满希望的生活，这些成果是实实在在的"。在东亚经济的发展中，中国从1978年开始的30年时间里，出现了经济快速增长的势头，即使在全球经济不景气的时期，也能实现较高的增长速度，但是中国并没有从一开始就建立完备的法律制度体系。

（一）对东亚经济增长的解释

世界银行的研究表明，东亚的快速经济增长主要是较高的私人投资水平，人力资源素质的不断提高和劳动生产率的改善等因素发挥作用的结果。也有人将东亚经济快速增长的原因归结为地理因素、文化特质和历史背景等，但是这些因素都无法涵盖和概括所有的东亚经济体。一些经济学家对东亚经济增长的动力和原因进行了相对全面综合的分析。并把东亚经济的成功归因于以下几个方面：第一，稳定的宏观经济基础。主要包括稳定的商业环境，这种商业环境能够鼓励长期投资和固定资产积累，以及较低的通货膨胀率。谨慎而可持续的财政政策，并积极与其他政策配合，以便更多人更平等地享受高速经济增长的成果。可以维持出口竞争力的汇率政策。金融业的发展和逐步开放，最大限度地提升国内储蓄，促进资金的有效配置，与全球金融体系接轨。努力减少价格扭曲。积极支持初级和中级教育，努力创造一个拥有外向发展技能的阶层。

第二，强调政府在经济发展中的作用。多数学者认为"强政府"在东亚经济发展中具有十分重要的地位，所谓"强政府"，是指中央集权的、自上而下的政府。强调政府在经济发展中的作用，即这种"强政府"能够提供有利于发动经济增长和缓解随之产生的各种社会、政治、经济压力，并能够就长期规划做出值得信赖的承诺。

第三，东亚各国和地区政府采用积极参与经济活动的政策。这些政策措施加速了工业化的步伐，增加了工业产出中出口的比重等。通过外向型发展与汇率政策维持外部平衡、形成可加速国民生产总值增长的外部需求、迫使生产者吸收技术以及在竞争中生存。在工业化的努力下，东亚各国和地区政府选择性地使用关税保护和出口鼓励，以帮助其产业以更低的成本参与国际竞争。

第四，政府采用实用主义的发展战略。这种发展战略具有灵活性特征，如达不到目的就及时放弃，即如果有一个有限度的规划，就能够产生很好的结果，这是因为它在追求快速、高效发展的同时，兼顾了国家（地区）可以放弃不切实际的目标的灵活性。

除了这些政治经济方面的解释之外，还有学者将东亚经济发展的思想认识称为"亚洲价值观"，并将其概括为尊重国家权力、个人服从社会、步调一致、牢固的家庭伦理观念、勤劳节俭、重视教育等。有些学者注意到，在亚洲经济快速增长的国家和地区，在大多数公司，特别是由家族所控制的公司中，家庭成员之间的关系提供了企业发展所必需的信用和忠诚。[①]例如，在日本，商业关系网络把公司企业、金融机构、政府部门等机构的领导人以私人关系的形式联系起来，从而达到经济发展所需要的减少成本、促进沟通、保证信用和提高商业活动的可预期性，当面对外部市场的激烈竞争时，通过这些关系可以降低风险。也有学者认为，今天东亚之所以具有相对于西方的优势，是因为东亚的组织和思想都与西方不同：一是东亚人具有共同的生理特征；二是具有共同的文化，东亚所有的文字都是以借用中国古典文学为基础；三是具有共同的传统，即基于农业的家庭、中央集权体制中等级排列的组织。同时，他们还认为东亚社会植根于朴素的家庭基础之中，古代东亚人要求政府关心人民的共同福利；传统的东亚各国和地区政府是人治的政府，而不是法治的政府。这些研究分别从经济、政府干预、文化、关系机制等制度和非制度因素的角度来解释东亚经济增长的现象，可以说都具有一定的解释力，但并不完全是这些因素作用的结果，因为法律在东亚经济增长中作用还没有被仔细研究。

（二）东亚经济增长中的法律制度因素

如果在分析东亚经济发展的因素时，忽视法律制度，尤其是以维护市场交易秩序和规范国家经济调控行为的经济法在东亚经济发展中所发挥的作用，则是脱离实际的。如果法律制度在经济发展中不起作用，那么就难以解释日本、我国台湾地区和大陆伴随着经济高速增长而出现的大规模经济法立法现象。例如，"二战"以后日本的经济体制发生了重大变化，在经济恢复和发展过程中，日本非常重视通过法律手段来加强对微观经济的规制和对宏观经济的调控作用，先后制定了大量的经济法规范，在政府的主导下，国家经济的各个方面几乎都被纳入了政府经济统制体系和法制体系，经济法也成为战后日本发展最快的法律部门。由于国内巨大的财阀和卡特尔等垄断组织严重阻碍了日本的经济发展，在政府的主导下实施反垄断成了日本经济发展的前提，并通过制定《禁止私人垄断与公正交易法》（1947）来消除经济中的垄断和推进经济民主化改革。

从理论角度看，如果运用制度经济学理论和法律与经济发展理论来理解东亚的经济增长，则无法完全解释东亚经济增长的动力和源泉。制度经济学理论和法律与经济发展理论认为，经济增长需要正式的法律制度作为基本前提，东亚的经济增长并不是在依赖于法律制度的基础上实现的，而是在缺乏韦伯理论上的那种理性的、形式化和逻辑化的法律制度的条件下实现了经济的快速增长。人们开始

[①]朱景文. 比较法社会学的框架和方法[M]. 北京：中国人民大学出版社，2001：467.

意识到，这种现象可能是法律与经济发展理论的一个例外现象，人们更多地把经济增长的奇迹归因于政策、文化传统和习惯等因素，法治在经济增长中的显性或隐形的作用往往被忽略了。例如，通过合同法的实施来增进利益并不是传统亚洲法律制度的主要功能，在中国，法律被作为国家政治和社会统治的工具，而不是增进经济发展的动力。

从实践方面看，法律制度并不是东亚经济发展的主要因素。一般认为，国家在经济发展中的主导作用，以及法律之外的其他因素是东亚经济发展的主要原因。东亚的经济发展不是在自由放任的理念下实现的，而是通过政府的干预来引导和促进经济增长，例如日本实行的产业政策。中国由国家推行的强制性制度变迁所引起的经济增长表明，政府干预在经济增长中发挥了比法律制度更加重要的作用。这些经济体表现出与欧美经济发展不同的模式，尤其是在对法律制度的依赖程度方面有较大的差别。基于此，有些学者将欧美以法治为基础的资本主义发展模式称为"法治资本主义"，将日本、韩国、新加坡等亚洲经济体以"关系"为基础的资本主义发展模式称为"关系资本主义"。不同于法治资本主义，亚洲的关系资本主义所依赖的不是韦伯定义的形式合理化的法律体系，而是以孔子的儒教传统，即以忠孝、仁义礼智信、集体主义的价值观，以及和谐的人际关系对经济发展的重要作用。然而，这种"关系资本主义"甚至创造出了比西方法治资本主义更加快速的经济增长。西方学者对此的普遍解释是，西方的法治资本主义与韦伯所说的形式合理性和科层制理论相一致，即资本主义之所以首先产生于西方而不是东方，是因为西方的法律制度所具有的特征比其他文明社会中的法律制度更加有利于资本主义的发展。通过对法律制度在东亚经济发展中所发挥的作用的分析可以发现，法律制度的作用并非向其在西欧市场经济国家所发挥的作用那样显著。东亚特有的文化传统和社会心理在某种意义上发挥着法律制度的某些方面的功能，并促进了经济发展，但从长期经济绩效来看，以法治为核心的法律改革是东亚继续保持经济高增长的基本前提。

三、转型经济国家的经济发展与法律制度变迁

从计划经济体制向市场经济体制转型，尤其是以中国和俄罗斯为典型的两种转型模式以及其后果，是21世纪初期人类发展史上的重要政治经济事件，也是经济学和法学需要重点关注的问题。在经济转型前夕，围绕改革速度的争论在激进改革和渐进改革的拥护者双方展开，激进改革的拥护者们确信"人不可能分两次跃过深渊"，当陈旧的规章制度已经不起作用、新的规章尚未制定出来时，经济制度快速变革能够消除"不稳定"期。渐进改革的支持者则反对过早破坏原来制定的现行制度，反对取消以前的经济协调机制，直到新的规则被制

定出来。他们警告激进改革的拥护者认为制度的真空会导致生产出现灾难性的衰退。但是，中国的发展战略（即非国有经济从零起步，进而飞速成长）与大规模私有化相比具有更大的吸引力，在此基础上能够更好地保护个人权利。在经济转型初期，前社会主义国家逐渐开始保证自由权利，但这并不意味着能够完全保证法律的权威性。这些国家普遍用过剩的秩序补偿了法律上的不足，也就是用专制的方法补充了制度真空。他们在民主化进程开始后产生了"不自由"的民主，事实证明它们既不能支持"没有法律的秩序"，也不能支持法律基础上的秩序。结果在这些国家里呈现出的是一种特殊形态，权威政体在脆弱的法律程序规定下不能给经济带来什么好处，但平均来看却要比民主制度更好。换言之，拥有孱弱法律和秩序的集权政体对经济发展也是不利的，但平均来说总比没有法律保障的民主要好一些。然而，高速发展的中国不能涵盖在上述说明之中，因为中国不仅具有有利的初始条件，还善于保留有效的国家制度并能够实行理性的宏观经济政策。

由于俄罗斯的经济改革初期出现了经济增长缓慢的现象，而中国经济转型过程却伴随着持续高速的经济增长，这种现象被经济学界称为"中国之谜"，并引起了社会科学界的关注。当前，大多数研究经济转型问题的经济学文献侧重于转型的原因、转型方式和转型绩效。其中，渐进式转轨和激进式转轨之间的经济绩效的差异及其决定因素已经成为转型经济研究中的一个焦点问题，出现了"华盛顿共识""后华盛顿共识""北京共识""中国经验""中国模式"等概念，用来解释不同的经济转型方式和经济绩效。有学者在分析中国经济转型实践的角度，对"北京共识"和"中国模式"的合理性进行了解释。有人认为，由于各种经济体制之间存在着相互依存、相互制约的特征，目前在改革理论和政策讨论中流行的"循序渐进"并不能确切地说明经济转轨中出现的各种问题，提出了用"平行推进"的概念来解释中国的经济转轨实践。要理解中国经济转型的特征，以及对法律的依赖性程度等问题，一种有益的办法就是进行比较，通过与类似的国家经济转型过程的比较，从中分析法律制度在我国经济转型中的作用。

（一）中俄经济转型的主要差异

经济转型是后冷战时代世界格局变化的重要表现，在市场经济体制向全球推进的过程中，原计划经济国家都开始了经济改革，在从传统计划经济体制向现代市场经济体制转型的过程中，最具典型意义的是中国和俄罗斯这两个地区性大国。然而，中俄经济转型的目标和道路的差异，决定了法律制度的确立过程及其作用机制的差异，由此导致法律制度在经济改革和经济发展中所发挥的作用不尽相同，出现了不同的结果。

1. 经济转型的目标不同

从权力结构体系看，经济体制转型的过程是经济活动决策权的重新配置，也是经济发展、社会变迁和国际政治经济格局背景下经济资源配置的自然过程。这一过程表现为生产的决策权从政府向企业的转移，消费的自主权由政府、企业向消费者、社会转移的过程。从计划经济体制向市场经济体制转型的过程，是国内因素和国际因素共同作用的一种结果，中国和俄罗斯的经济转型目标和模式各不相同，从而导致了不同的结果。中国的经济转型目标不是直接对欧美自由市场经济体制的模仿和照搬，而是在逐渐学习和借鉴外国发达市场经济体制成功的经验和规则的基础上，结合中国历史文化和经济实践而内生的制度转轨，这种内生的市场经济体制是逐渐完成的。俄罗斯的经济转型较多地受到欧美自由市场经济理念和规则的支配，其明显的特征是以美国的市场经济模式为目标，是一种从外在社会直接移植市场经济体制来构建本国经济体制的经济转型模式，试图在短时间内实现经济体制的转型。

2. 经济转型与宪政转型的过程不同

中国的经济转型是在维持现行宪政体制的基础上，由执政党有计划地通过修改宪法的方式逐步推进的。市场经济的确立过程，是在承认和保留计划经济体制的前提下，通过"双轨制"改革，逐步对市场经济体制的成功经验进行学习和借鉴，最终实现有中国特色的社会主义市场经济体制的目标。在经济改革和法律构建进程中，将市场经济和社会主义思想、中国特色融合在一起，这种体制既有市场经济的基本特征，也具有社会主义的普遍性和中国自身的特色。中国在经济转型和宪政转型中，并没有急于从宪政转型开始，而是先从"体制"入手，在不改变现有宪政体制和意识形态的基础上，首先改革农村经济体制，然后逐步推进到包括工商业经济体制在内的其他经济体制。当经济体制改革遇到制度阻力时，便通过完善和修改法律制度，为经济体制改革提供法律保障。俄罗斯的经济转型是在宪政转型的基础上，或者至少与宪政转型同步进行，而且将西方的宪政体制作为其宪政转型的目标导向。为了防止宪政转型的失败，必须建立与之相适应的市场经济体制，自然而然地，欧美自由市场经济体制成了俄罗斯经济转型的首选目标，以私有化、自由化、市场化为导向的经济转型的观点支配了俄罗斯的经济改革。

3. 经济转型的立法进程不同

中国的经济转型没有可供参考和借鉴的历史，我国经济转型早期是依据在国家的宏观调控下进行的，但是随着我国对社会主义经济认识的日益深刻，这种以政策和政府文件为先导的改革策略正在逐渐发生改变。经济改革与立法是在循序渐进的方式下进行的，当经济改革进行一段时间后，再颁布法律法规，立法活动与经济改革通过三种途径协同进行。一是法律整合，即在立法中，先制定大量的效力层级较低的规章，然后根据经济转型的进程整合提升为效力层次更高的法规或者法律。二是法律修改，在"宜粗不宜细"的立法主导思想下，先制定比较粗线条的法律框架，然后在经济改革中不断细化和修改完善，逐步达到与市场经济相适应的程度。三是法律试行，即通过制定"暂行""试行"法规的方式，为经济改革提供急需的法律规范，这种具有权宜之计和实验立法的法律改革策略，使得政府在经济改革中具有较大的灵活性，通过牺牲法律的稳定性和可预测性来实现立法的成本最小化和减小法律执行的阻力。实践表明，这种立法模式在经济转型的初期阶段具有积极作用，避免了立法与经济改革之间的紧张关系。俄罗斯的经济转型过程以快速立法为前提，在短时间内制定了大批法律制度，而国民对此毫无感知，这种通过"瞬间立法"而快速私有化的经济改革方式并没有达到预期的经济目标。在经济转型中，这些法律的执行受到了不同利益集团的阻碍，第一阶段的方针是在较短的时间内建立一整套完善的、正式的法律和组织系统，这一系统涵盖了所有经济关系和经济组织形式，这一任务的完成要依靠法律手段的支持。第二阶段的最终目标是确保大多数人认同这些法律规范，这一阶段通过对正在实施的新的正式规范的经济关系和经济组织的支持，间接地影响到体制环境。俄罗斯的经济转型与立法进程同步，甚至先于经济转型的立法模式并没有促成二者的协同发展，这是由于国家没有能力系统地制定法律，既无力进行严格的执法和必要的监督，也无法保证经济活动无条件地接受所推行的市场法规。推行市场经济的大部分正式法律制度并没有在实现经济关系中得到巩固，或者已经完全走样，变成了一种新旧体制相互妥协的中间形式。法制环境的不稳定，调节经济活动的规则的复杂多样又相互矛盾，使市场关系更加不确定和动荡不安。譬如，在俄罗斯被调查的商人中有80%的人认为，缺乏正常法律制度已经成为这个国家企业经营活动发展的主要障碍，俄罗斯经济面临的战略目标要求建立一种能最大限度地激发企业积极性的法律体系。中俄经济改革与立法进程的比较表明，经济改革中的互法进程也对改革的效果具有重要影响。

（二）我国经济转型中的法律制度因素

通过对比中俄经济转型过程的差异及其在对待法律的不同态度，可以发现，不同于俄罗斯实行的激进式经济体制改革，中国并没有采取与俄罗斯相同的经济改革和法律发展战略，而是按照自己设计的经济改革和法律发展道路来实现经济转型，事实表明，渐进式经济改革对社会产生的冲击较小，在法律不完善的情况下，仍然可以实现经济转型和经济增长，而激进式改革模式会对社会产生较大的冲击，当法律不完善时，经济改革几乎在法律真空的环境下运作，经济秩序失控的可能性较大。根据马克思历史唯物主义理论，经济的变革必然要引起社会关系和社会结构的变化，从而引起作为上层建筑的意识形态、制度等的变化。中国1978年以来进行的渐进式改革具有明显的比较优势，它使以中央行政指令性计划为主体的经济体制逐渐被市场经济体制所取代。法律制度确立的最直接动力来源于中国经济变革和社会变迁，而社会主义市场经济的确立是中国法律制度建立和完善的基础，也是法律制度适应经济发展的逻辑起点。在加强"法制建设"的策略下，我国的法律制度得以迅速发展，无论在观念中的法制建设，还是实践中的法制建设，都取得了重大突破。政府推行的"以经济建设为中心"的基本国策也是法制建设的重要因素，法制"为经济建设保驾护航"成了法治之外的另一个重要的价值追求。在这种政治经济背景下，法律法规的立法数量开始大幅度增加，司法制度设施也逐步建立，法律在经济生活中的重要地位越来越得到认可。

从中国和俄罗斯经济转型过程中的经济表现和法律改革进程看，法律改革在经济转型中具有重要作用。法律改革不仅是经济转型合法性的依据，也是经济转型的工具和推动力量，法律对经济转型以及由此导致的经济发展存在着影响。

第二章 经济法律与经济发展的关系

第一节 经济改革与法律的关系

一、经济改革与经济法治的关系

改革也是"变法"的范畴：改变不适应生产力发展的生产关系，在法律上，就是改变约束人的自利行为的法律规则，或者通过限制政府权力、排除妨碍人们获取正当权益的制度和规范。我国的改革，尽管其初始阶段主要在经济领域，但是随着改革的深入，当经济领域的改革任务基本完成后，改革必然转向制约生产力发展的上层建筑——从法律制度层面着手，改革和完善不适应市场经济发展的法律规则，并以此促进市场经济的进一步发展和社会进步。可以说，我国的改革与法制具有内在的客观联系：改革奠定了实行法治的基础，法律为改革提供依据，法律在改革中具有特殊重要的作用。

在如何看待法的功能上，存在两种相互对立的观点：一种观点认为法律不仅是维护既定秩序的力量，更重要的是实现社会变革的工具；另一种观点认为，法律的主要功能是维护既定的社会秩序，而不在于变革。前者一般被称为"现代化范式"，后者被称为"本土化范式"。现代化论者认为，在现代化的过程中，统治社会的精英集团往往通过法律的制定与实施来实现社会的现代化变革与发展的目标，其中有法律先导论、法律干预论、法律主导论等观点。本土化论者反对法学界盛行的这种积极论法律功能观，主张重新理解法律的功能，认为"从社会学的角度来理解法律，可以发现，法律的主要功能也许并不在于变革，而在于建立和保持一种大致可以确定的行为预期，以便利人们的相互交往和行为。从这个意义上法律从来都是社会中一种比较保守的力量，而不是一种变革的力量"。在本土化范式看来，大量的实践已经证明政府运用强制力规制经济和社会的法制建设模式并不总是成功的，相反，一些初看起来并不激烈的甚至保守的法律制度变革却获得了成功。对于社会而言，频繁地变法不仅会打乱旧的秩序，甚至会打乱在现代化进程中可能正在形成和生长着的回应现代社会生活的规则，使社会生活无法形成秩序；"对于生活在变革时期的一个个具体的、生命有限的个人来说，他们的感受往往是，频繁地变法不是在建立秩序，而往往是在破坏秩序；频繁地变法不是在建立法治，而是在摧毁法治。"

（一）改革开放以来的重大经济改革进程

回顾 40 多年来的经济体制改革，在前四次重大改革中对改革突破口或重点任务的确定，是以五个直接与经济体制改革有关的三中全会为标志的，即以十一届三中全会、十二届三中全会、十四届三中全会、十六届三中全会和十八届三中全会为标志。

1978 年十一届三中全会回顾了新中国成立以来经济建设的教训，提出按照客观经济规律办事，国民经济就高速度地、稳定地向前发展，反之，国民经济就发展缓慢，甚至停滞倒退。针对经济管理体制中权力过于集中的严重缺点，提出让地方和工农业、企业在国家统一计划的指导下有更多的经营管理自主权的改革思路。确定了解放思想、开动脑筋、实事求是、团结一致向前看的指导方针，以农村土地改革为突破口和重点任务的；完成了党的思想路线、政治路线和组织路线的转变，是改革开放的开端，决定把党和国家的工作中心转移到社会主义现代化建设上来，明确提出实现现代化就是要大幅度地提高生产力。从此，中国历史进入社会主义现代化建设的新时期。由于当时作为国民经济基础的农业十分薄弱，发展生产力的首要任务是尽快把农业生产搞上去，加之农村经济管理体制是计划经济体制较为薄弱的部分，是改革易于突破的环节。因而，农村改革成为我国经济体制改革初始阶段的突破口和重点任务。

1984 年十二届三中全会通过的《关于经济体制改革的决定》，阐明了加快以城市为重点的整个经济体制改革的必要性、紧迫性，规定了改革的方向、性质、任务和方针政策，着眼于城市经济体制改革的全面推进，是指导中国经济体制改革的纲领性文件。《关于经济体制改革的决定》将"按照正确对待外国经验的原则，进一步解放思想，走自己的路，建立起具有中国特色的、充满生机和活力的社会主义经济体制，促进生产力的发展"确立为改革的基本任务；提出增强企业活力是经济体制改革的中心环节，发展社会主义商品经济、建立合理的价格体系、实行政企指责分开、建立多种形式的经济责任制等经济改革的措施。

1993 年十四届三中全会通过《关于建立社会主义市场经济体制若干问题的决定》，以此为依据展开的第三轮改革，确定以构建社会主义市场经济体制基本框架为突破口。此后，中国改革开放和现代化建设事业进入了一个新的发展阶段。该文件明确提出在 20 世纪末初步建立起新的经济体制，是全党和全国各族人民在新时期的伟大历史任务；并就加强法制建设进行了专门规定，提出"社会主义市场经济体制的建立和完善，必须有完备的法制来规范和保障。要高度重视法制建设，做到改革开放与法制建设的统一，学会运用法律手段管理经济。法制建设的目标是：遵循宪法规定的原则，加快经济立法，进一步完善民商法律、刑事法律、有关国家机构和行政管理方面的法律，20 世纪末初步建立适应社会主义市场经济的法律体系；改革、完善司法制度和行政执法机制，提高司法和行政执法水平；建立健全执法监督机制和法律服务机构，深入开展法制教育，提高全社会的法律意识和法制观念"。

2003 年十六届三中全会提出了以人为本，全面协调可持续的"科学发展观"，通过了《关于完善社会主义市场经济体制若干问题的决定》，以此为依据开启的第四轮改革，是以完善社会主义市场经济体制为突破口。该文件针对我国经济体制还不完善、生产力发展仍面临诸多体制性障碍的问题，提出深化经济体制改革，进一步巩固、健全和完善社会主义市场经济体制；确定了改革的主要任务是：完善公有制为主体、多种所有制经济共同发展的基本经济制度；建立有利于逐步改变城乡二元经济结构的体制；形成促进区域经济协调发展的机制；建设统一开放竞争有序的现代市场体系；完善宏观调控体系、行政管理体制和经济法律制度；健全就业、收入分配和社会保障制度；建立促进经济社会可持续发展的机制。提出完善经济法律制度，"全面推进经济法制建设。按照依法治国的基本方略，着眼于确立制度、规范权责、保障权益，加强经济立法。完善市场主体和中介组织法律制度，使各类市场主体真正具有完全的行为能力和责任能力。完善产权法律制度，规范和理顺产权关系，保护各类产权权益。完善市场交易法律制度，保障合同自由和交易安全，维护公平竞争。完善预算、税收、金融和投资等法律法规，规范经济调节和市场监管。完善劳动、就业和社会保障等方面的法律法规，切实保护劳动者和公民的合法权益。完善社会领域和可持续发展等方面的法律法规，促进经济发展和社会全面进步"。

2013 年党的十八届三中全会做出的《关于全面深化改革若干重大问题的决定》中，首次提出"全面深化改革的总目标是完善和发展中国特色社会主义制度，推进国家治理体系和治理能力现代化"。全会指出，经济体制改革是全面深化改革的重点，核心问题是处理好政府和市场的关系，使市场在资源配置中起决定性作用和更好发挥政府作用。全会对全面深化改革做出系统部署，强调坚持和完善基本经济制度，加快完善现代市场体系，加快转变政府职能，深化财税体制改革，健全城乡发展一体化体制机制，构建开放型经济新体制，加强社会主义民主政治制度建设，推进法治中国建设，强化权力运行制约和监督体系，推进文化体制机制创新，推进社会事业改革创新，创新社会治理体制，加快生态文明制度建设，深化国防和军队改革，加强和改善党对全面深化改革的领导。这些总体部署中，多项内容涉及经济法律制度与经济发展。在处理好市场配置资源的决定性作用和政府对市场的监管和对宏观经济的调控关系中都需要通过法律规则加以具体化、规范化，这些法律规则只要是规范政府经济职能与市场主体权利义务边界的经济法律制度。

2020 年中央全面深化改革委员会第十五次会议并发表重要讲话。他强调，加快形成以国内大循环为主体、国内国际双循环相互促进的新发展格局，是根据我国发展阶段、环境、条件变化作出的战略决策，是事关全局的系统性深层次变革。要继续用足用好改革这个关键一招，保持勇往直前、风雨无阻的战略定力，围绕坚持和完善中国特色社会主义制度、推进国家治理体系和治理能力现代化，推动更深层次改革，实行更高水平开放，为构建新发展格局提供强大动力。

（二）经济改革与法制变革的互动关系

改革开放以来，按照建立社会主义市场经济的总体要求，在经济法律制度建设领域初步建立了规范市场经济体制的法律体系。如在调整市场主体关系、维护市场经济秩序、保证公平竞争，改善和加强国家宏观调控、促进经济协调发展方面基本做到了有法可依。经济运行的市场化进程取得了举世瞩目的成就。在市场规制和宏观调控法律制度方面，取得了重要进展，一系列规范市场秩序的法律法规的制定，这些法律制度对协调经营者与消费者权利，平衡小企业与垄断企业地位，维护市场秩序，促进市场良性发展起了重要作用。与此同时，相关宏观调控法律的制定，为发挥政府宏观调控对市场的导向，使"无形的手"与"有形的手"结合，促进经济健康稳定发展提供了制度保障的功能，在财税、金融、外汇、投资等体制进行法制化改革，建立了与市场经济相适应的宏观管理体系。从经济法建设与经济改革的过程看，经济法实践与经济体制改革的步伐是基本一致的：一方面，经济改革的过程实际上也是经济法生成和发展的过程；另一方面，经济法实践也为经济改革提供了法律依据。可以说，改革开放 40 多年来的经济发展与法律改革以及法治国家建设表现出了更加复杂的现象：改革初期推动经济发展的主要力量并不是来源于推行法治的结果，甚至是相反，法律制度的建立和完善是在经济发展的推动下实现的，可以说，该阶段的法律制度是经济改革的产物。但是，在市场经济体制确立后，尤其是我国经济逐渐融入全球经济竞争后，法治在经济发展中的重要性毋庸置疑地加强了，法治将是我国长期经济发展的必然选择。

二、作为推进经济改革的经济立法

改革开放以来，中国开始有意识地将法律制度与经济改革和发展结合起来，重视法律制度在保证人民当家作主、发展经济和管理社会中的作用。意识到为了保障人民当家作主，必须加强法制；必须使民主制度化、法律化，使这种制度和法律不因领导人的改变而改变，不因领导人的看法和注意力的改变而改变。在这种法制思想指导下，确立了立法的步骤和方法：法律条文开始可以粗一点，逐步完善。有的法规地方可以先试搞，然后经过总结提高，制定全国通行的法律；修改、补充法律，成熟一条就修改补充一条，不能等待"成套设备"。总之，有比没有好，快搞比慢搞好。

就经济发展与法律制度建设而言，1978 年启动的改革开放为经济发展和法制建设创造了条件，从此在以"经济建设为中心"的方针下，开始了以吸引外资为开端的经济开放。为了稳定利用外资的政策和增强政策的可预见性和透明度，通过渐进式经济立法工作，为经济发展创造了基本法制环境，但当时的法律制度还不成体系。

经济领域的立法始于为了吸引外资参与中国经济发展而制定的"三资企业法"。授权立法成为改革初期经济立法的主要途径，在这些授权立法中尤其是全国人大关于授权国务院改革工商税制、发布试行有关税收条例草案的决定，该决定对经济法律制度的形成具有重要影响。当时认为，经济体制改革是一次全面性的、根本性的重大改革，牵涉范围很广，不仅涉及生产关系，而且涉及上层建筑，相当复杂。税制改革就是其中的一个重要问题。这样重大的问题，不先经国务院试验是不行的。法律只能解决成熟的问题，要能够行得通，有利于社会主义事业。试验性的、不成熟的，不能立法。这样，才能保持法律的稳定性。因此，授权国务院进行税制改革试验。

党的十二大提出"建设有中国特色的社会主义"的思想，明确了"计划经济为主、市场调节为辅"的原则。按照"以经济建设为中心"和"建设有中国特色的社会主义"的指导思想，立法机关推进了经济立法进程，先后制定了《民法通则》《全民所有制工业企业法》《经济合同法》《著作权法》《专利法》《矿产资源法》《土地管理法》《企业破产法（试行）》《全民所有制工业企业法》《中外合作经营企业法》《中外合资经营企业法》《外资企业法》等。

1992 年确立社会主义市场经济体制后，社会主义市场经济法律体系建设进程随之启动。党的十四届三中全会《关于建立社会主义市场经济体制若干问题的决定》指出："遵循宪法规定的原则，加快经济立法，进一步完善民商法律、刑事法律、有关国家机构和行政管理方面的法律，20 世纪末初步建立适应社会主义市场经济的法律体系"。这是党的有关文件中首次提出"初步建立适应社会主义市场经济的法律体系"的要求，为我国经济立法确定了方向。

在从计划经济体制向市场经济体制转换的关键时期，建立和健全市场经济法律体系是培育和发展社会主义市场经济不可分割的组成部分，而社会主义市场经济的发展必须有法律来引导、规范、保障和约束。当时国家最高立法机关意识到，社会主义市场经济法律体系的框架，包含的内容非常广泛，需要制定的法律很多。就当时情况看，急需出台的是以下几个方面的法律：一是规范市场主体的法律。必须用法律来保障和明确市场主体的权利和义务，确保它们能够自主经营、自负盈亏、自我发展、自我约束。二是调整市场主体关系、维护公平竞争的法律。市场交换关系，必须遵循自愿、公平、等价有偿、诚实信用的原则。这就需要规范市场主体的竞争行为，维护市场秩序。三是改善和加强宏观调控、促进经济协调发展方面的法律。市场有其自身的弱点和消极方面，必须改善和加强国家对市场经济的宏观调控。我国正处在机制转换的过程中，既需要解放思想，放手培育市场，充分发挥竞争机制的作用，也丝毫不能忽视国家对市场的宏观调控。四是建立和健全社会保障制度方面的法律。对市场竞争造成的破产、失业等，需要有相应的社会救济，减少社会震动。以上几个方面的立法，都是建立和完善社会主义市场经济体制所必需的。

　　我国经济法立法基本上能够涵盖社会主义市场经济所需要的基本法律制度，制定了对经济活动实施宏观调控的预算法、价格法、中国人民银行法，制定了企业所得税法、个人所得税法、车船税法、税收征收管理法等法律，以及增值税暂行条例、营业税暂行条例、消费税暂行条例等税收法规；在金融监管领域，制定了实施金融行监管的银行业监督管理法、反洗钱法等法律；在市场维护秩序领域，制定了保护消费者权益和保障产品质量及安全的消费者权益保护法、产品质量法、食品安全法、农产品质量安全法、农业法、种子法等法律；在公共产品供给领域，制定了重要行业实施监督管理和产业促进的铁路法、公路法、民用航空法、电力法等法律；在自然资源开发和保护领域，制定了土地管理法、森林法、水法、矿产资源法等法律，节约能源法、可再生能源法、循环经济促进法、清洁生产促进法等法律，制定了维护公平交易和市场秩序的反不正当竞争法、反垄断法等。然而，要实现与依法治国相匹配的立法工作，做到重大改革决策有法可依和良法之治，还有很多工作要做。

　　从改革开放初期提出的法制建设，到十五大报告首次提出"建立社会主义法治国家"战略目标，并据此以"形成有中国特色社会主义法律体系"为目标的法治建设具体目标，再到 2011 年建成中国特色社会主义法律体系，都是以经济改革为背景展开的。从 2013 年十八届三中全会提出的"法治中国"建设目标，到2014 年十八届四中全会通过《关于全面推进依法治国若干重大问题的决定》，形成了"全面深化改革与全面推进依法治国并驾齐驱的局面。从中国法治建设进程和改革开放的关系看，二者相伴而行：以建设社会主义市场经济为导向的经济改革催生了社会主义法治理念的形成和法律制度的构建，而社会主义法治理念和法律实践确认和规范经济改革，并进一步成为推动更深层次改革的基本保障。十八届三中、四中全会决定推出的一系列改革领域和改革举措大多数涉及对现行法律的修改、废止和制定新的法律。因此，改革措施应当在法律的框架内实施，重要改革措施需要得到法律的授权，改革措施与现行法律不一致的需要修改现行法律。

2021 年 1 月，中共中央印发了《法治中国建设规划（2020—2025 年）》，并发出通知，要求各地区各部门结合实际认真贯彻落实。该规划对我国未来一段时间的法制建设和法律体系完善进行了规划和布局，为统筹推进法治中国建设各项工作，制定本规划提供了依据和思路。

第二节　经济发展与商品市场法律制度建设

一、市场秩序与市场规制法

（一）市场经济与市场秩序

1．市场与市场秩序

市场是社会分工和商品经济发展的必然产物，同时，市场在其发育和壮大过程中，推动着社会分工和商品经济的进一步发展。狭义的市场是指商品交换的场所，是有形的市场；广义的市场是指交换关系的总和，包括有形市场和无形市场。市场是由诸多要素组成的，市场的要素包括市场主体、市场客体、市场行为和市场秩序等。按照不同的标准，可以将市场分为不同类型：按照交易的内容市场可分为产品（商品和劳务）市场、生产要素（劳动力、土地、资金）市场以及技术信息市场；按照市场进入的难易程度、价格决定方式和产品差别，市场可划分为完全竞争市场和不完全竞争市场；按照市场交易方式，市场可划分为现货市场和期货市场；按照市场供求状况，市场可分为买方市场和卖方市场即市场是某种物品或者劳务的买者和卖者。

市场经济是商品经济的一种，其基本特征是分工生产、平等交换和公平竞争。市场内在的客观规定性体现为市场秩序。市场运行的客观规定性必然要不同程度地上升为法律形式，使市场运行的内在要求法制化，从而转换为市场运行的法律规范。因此，通常所说的市场秩序，往往表现为规定市场运行的内在规定性的法律形式。一般而言，市场秩序是以明晰的产权为基本制度、以价格体系为资源配置的基本机制，以有效竞争为结构特点的市场经济体系在资源配置中所呈现出来的一种和谐、有序、稳定的运行状态。市场秩序的本质在于，它是一个"利益共享""正和博弈""利益和谐""合作""法治而富有道德""自由而富有创新活力""不断扩展""具有自我出清、自我纠错和自我维持"的秩序。市场秩序的内容主要有市场主体的准入和退出秩序、交易秩序和竞争秩序等。

秩序是市场在资源配置过程中所体现出来的一种运行状态，因此市场秩序会影响市场机制作用的发挥。符合市场运行规律和要求的市场秩序能够促进市场机制有效发挥作用。公平、公正、透明的市场秩序和统一、开放、竞争有序的现代市场体系是现代市场机制的基本要求。市场秩序具有规范的激励约束机制，透明的信息披露机制，良好的商业道德体系以及相应的交易秩序，可以减小交易成本。良好的市场秩序是市场机制发生作用的前提和保证，最基本的市场秩序是公平竞争，因为市场机制的作用是通过竞争实现的，价格机制、供求机制都离不开竞争机制。市场秩序依赖市场规则来维护，市场秩序将市场交易建立在法治与道德的基础上。

2. 现代市场经济与经济发展

一般认为，市场机制是迄今人类发现的最有效率的经济体制。市场经济是市场机制在资源配置中起决定作用的经济体制，资源配置是由市场导向决定的。市场经济的形成经历了三个阶段即形成时期、发展时期和成熟时期。然而，不同于早期市场经济和近代自由主义市场经济，现代市场经济是政府与市场互动的、有管制的市场经济——通过政府干预的手段克服市场失灵。在现代市场经济条件下，政府的作用已不限于维持秩序和法律，而是在很大程度上介入国民经济的生产、分配和流通的各个环节，通过采取市场监管和宏观调控等措施，维护市场秩序稳定，实现经济发展、社会公平、全体人民共同富裕的目标。当然，在现代市场经济中，市场机制仍然是资源配置的基础，经济运行必须遵循市场自身的客观规律，政府的干预、调节和计划可以在很大程度上弥补市场经济的不足。

3. 中国市场经济体制的确立

市场经济是大多数现代国家所倡导的经济发展方式。市场经济与不同的经济体制结合会呈现出不同的特征。中国市场经济既具有一般市场经济的一般特征，也具有中国特色社会主义特征。

从中国市场经济确立与发展的历程看，其具有渐进性特征，并在宪法层面加以确立。1978 年十一届三中全会提出改革过度集中的经济体制，开始了针对计划经济体制改革的进程。1982 年十二大提出“计划经济为主、市场调节为辅原则”，经济体制改革逐步展开。1984 年 10 月，十二届三中全会通过的《关于经济体制改革的决定》提出，社会主义经济是“公有制基础上的有计划的商品经济”，城市经济体制改革全面推进。1987 年 10 月，十三大进一步提出“国家调节市场，市场引导企业”的经济运行机制，进一步确认了市场机制作用的中枢地位。

1992 年 10 月十四大确认经济改革的目标是建立社会主义市场经济体制，实现了改革开放以来新的历史性飞跃。1993 年 3 月 29 日第八届全国人民代表大会第一次会议通过的《宪法修正案》，将《宪法》第 15 条“国家在社会主义公有制基础上实行计划经济。国家通过经济计划的综合平衡和市场调节的辅助作用，保证国民经济按比例地协调发展"修改为"国家实行社会主义市场经济"。从而在宪法上确立了社会主义市场经济的合法性。1993 年 12 月，十四届三中全会做出了《关于建立社会主义市场经济体制若干问题的决定》，全面阐明了建立社会主义市场经济的总体框架和具体任务。

2003 年 10 月，十六届三中全会通过的《关于完善社会主义市场经济体制若干问题的决定》，提出进一步完善社会主义市场经济体制的目标、任务和具体部署。2008 年，十七大报告提出，要着力构建充满活力、富有效率、更加开放、有利于科学发展的体制机制，为发展中国特色社会主义提供强大动力和体制保障。2013 年，十八届三中全会提出，要紧紧围绕使市场在资源配置中起决定性作用深化经济体制改革，坚持和完善基本经济制度，加快完善现代市场体系、宏观调控体系、开放型经济体系，加快转变经济发展方式，加快建设创新型国家，推动经济更有效率、更加公平、更可持续发展。2020 年《国务院关于新时代加快完善社会主义市场经济体制的意见》充分贯彻十九大和十九届四中全会关于坚持和完善社会主义基本经济制度的战略部署，指出要在更高起点、更高层次、更高目标上推进经济体制改革及其他各方面体制改革，构建更加系统完备、更加成熟定型的高水平社会主义市场经济体制。

中国市场经济的基本特征主要体现为：第一，与社会主义基本制度相结合的市场经济，这与西方资本主义国家的市场经济既有共同之处，又有本质区别，突出了市场经济的社会主义性质；第二，与公有制相结合的市场经济，坚持以公有制为主体，多种所有制经济共同发展；第三，坚持以按劳分配为主体，多种分配方式并存的分配方式，以实现全体人民共同富裕为最终目标；第四，政府管制与市场自由交易相结合的市场经济，不是完全自由放任阶段的市场经济；第五，旨在促进经济发展的经济改革应当在法治的框架内推进，离开法治的经济改革不符合社会主义市场经济的本质要求。

(二) 经济发展与市场规制

经济发展是指一个国家或地区随着经济的增长而出现的经济、社会和政治结构的协调与优化。在现代市场经济中，经济发展主要表现在以下几个方面：一是收入能够持续增长，人民生活水平和生活质量得到较快提高；二是产业结构不断协调、优化和升级；三是科学技术发展迅速，人类文明不断进步；四是社会总需求不断扩大；五是国际经济关系不断扩大；六是意识形态和价值观念发生变化。影响经济发展的因素包括生产要素的合理配置、产业结构的合理与优化、对外开放水平、教育投资及其水平和政治环境和社会文化。

现代意义上的经济发展不仅仅是单纯追求经济总量的增长，而是在经济总量增长的同时，注重经济发展质量的提高和经济结构的优化，经济发展的最终目的是要不断改善和提高人民的生活水平。现代经济发展与市场经济的联系密切．市场经济对经济发展的促进作用表现为以下几个方面：第一，市场经济是以市场机制为配置社会资源的基本形式，以往的经济发展证明市场机制配置资源能促进生产要素等社会资源的合理配置；第二，在市场经济条件下，市场能通过供求规律调配各种社会资源在各生产部门的流动，从而调节产业结构，使其合理化与均衡化；第三，市场经济是一个开放的经济体系，它要求全国甚至全世界统一的市场，因此对外开放是市场经济的应有之义，而对外开放又是经济发展的一个重要的影响因素；第四，经济发展的一个影响因素是教育投资及其水平，在市场经济条件下，市场经济的供求规律和竞争规律都要求市场主体不断地创新、不断地提高经营管理水平，而创新的源泉在于教育水平的高低，因此加大对教育的投资力度提高教育水平是市场经济条件下发展经济的一条重要的途径；第五，经济的发展需要稳定的政治环境和先进的社会文化，市场经济要求国家对经济的发展尽量少干预，更多地提供公共产品以维持社会秩序的正常运转；市场经济是法治经济，要求社会主体树立法治观念。因此，发展市场经济是经济发展的根本途径。

市场规制是国家依据法律法规，规范引导、监督、管理市场主体的行为，从而保障市场交易秩序，保护市场参与者的合法权益，促进经济发展。市场规制一般存在于微观经济领域，一般表现为制定和完善市场规则，禁止垄断，维护公平交易，监管产品质量，保护消费者权益等。

通常认为，市场规制具有以下特征：第一，规制主体的公共性。市场规制主体是居于市场之外的非营利性机构，主要是作为公共机构的政府或者其授权的社会组织，其目的是矫正或者改善市场自身存在的弊端。第二，规制角度的有限性。公共机构对市场经济活动的规制往往以消极限制为主，即为了维护公共利益，通过限制市场主体的意思自治，对阻碍市场机制发挥应有功能的现象加以限制。第三，规制工具的政策性。市场规制活动主要针对市场秩序，其工具一般采取具有较强灵活性的公共政策手段，这些公共政策往往表现为政府制定的法规规章和政策性文件。第四，规制政策的动态性。由于市场的不确定性，市场规制始终处于动态之中。作为经济政策的一部分，在规制对象、规制程度等规制政策的选择上，具有适应市场秩序变化的动态性特征。第五，规制内容的经济性不同于社会性规制，市场规制是以克服"市场失灵"为出发点的经济性规制，以维护公平竞争秩序和保护消费者权益为出发点，维护市场秩序。第六，规制范围的微观性。尽管市场规制会对宏观经济产生影响，但其直接对象是市场主体的经济行为，通过直接作用于具体的市场主体的经济活动。

(三) 市场规制与市场规制法

对交易活动的监管古已有之。现代市场经济条件下，由法律规定的具有监管职权的行政机关对市场主体的交易活动加以规范、限制、约束等规制是克服"市场失灵"的必然选择。现代市场规制以法律规范为前提,以规范、监管等为主要手段,通过公权力直接作用于市场主体的交易行为,从而产生维护市场秩序的目的。根据市场规制的对象、方式、目标等的差异,可以将市场规制分为对产品供求市场的规制和对作为交易媒介的金融证券等领域的规制。现代市场规制赖以存在和运行的基本依据是市场规制法,市场规制法是经济法的主要组成部分。

一般认为,市场规制法是指调整在国家权力直接干预市场、规范市场行为、维护市场秩序、保护和促进公平竞争的过程中产生的各种经济关系的法律规范的总称。从构成看,市场规制法是调整市场规制关系的法律规范的总称,可以分为调整产品市场的市场管理法和调整作为市场交易媒介的市场监管法。市场规制法主要通过规制市场垄断行为和不正当竞争行为,恢复和维护公平竞争机制,提高市场配置资源效率,保护经营者和消费者的权益;通过对产品质量的监管,防止因产品质量存在缺陷而产生的致害结果,维护产品供给市场秩序;通过为消费者提供法律保护,维护产品消费的稳定性与连续性,保护消费者权益。

从市场运行的基本规律层面看,供给与需求规律是使市场运行的力量,供给是作为市场主体的企业行为的基本内容,需求是消费者满足个体生理和心理需要的结果。供给与需求涉及生产者、消费者两方市场主体,就生产者与消费者的关系而言,生产者提供的产品必须具备满足消费者需要的基本条件。因而,针对产品市场的规则主要通过规范产品质量的法律制度和维护消费者权益的法律制度加以实现。在产品市场中,因经营者之间的竞争,需要维护市场竞争秩序的法律制度,对竞争秩序加以规制。此外,在交易媒介规制方面,一般通过制定特定的行业性的规制法律制度,实现维护市场秩序的目标。

基于现阶段市场经济的特征,市场规制法可以进一步分为市场规制一般法和市场规制特别法,其中市场规制特别法也称为市场监管法。市场秩序规制一般法主要包括:竞争法、产品质量法、标准化法、广告法、消费者保护法、价格法等。市场监管特别法主要包括货币监管法、金融市场监管法、房地产市场监管法等要素市场监管法律。

(四)市场监管立法的主要内容

市场监管立法主要包括规范市场主体的立法和规范市场行为的立法。规范市场主体的立法又包括企业形态的法定化制度和企业的市场准入制度。企业形态法定化制度主要有1993年颁布的《公司法》(2005年修订)、1997年颁布的《合伙企业法》、1999年颁布的《个人独资企业法》三部法律。这三部法律的划分是以出资形式和责任的承担形式为依据,改变了以往以所有制为划分标准的形式。企业的市场准入制度包含的法律法规主要有《企业法人登记管理条例》《个体工商户登记管理条例》《公司登记管理条例》。规范市场行为的立法主要有《合同法》《反不正当竞争法》（1993 年）、《消费者权益保护法》（1993 年）、《产品质量法》（1993 年制定，2000 年修改）、《广告法》《食品卫生法》（2008 年颁布《食品安全法》）、《药品管理法》《拍卖法》《反垄断法》（2007 年）等。这些法律的先后制定对规范市场主体的行为，形成良好的市场竞争秩序发挥了重要的作用。规范金融主体行为的法律法规包括《中国人民银行法》《商业银行法》《票据法》《证券法》《保险法》《担保法》《外资金融机构管理条例》《外资保险公司管理条例》《金融机构撤销管理条例》等。这些法律法规的颁布实施对我国金融市场、票据市场、证券市场、保险市场的建立和发展确立了法律制度和规则，为市场秩序的良性运转起到重要的作用。

（五）中国市场规制法立法的基本特征

1992 年社会主义市场经济体制确立以来，以市场规制法为主要内容的经济法立法取得的很大的成绩，呈现出以下主要特征：第一，市场监管立法的渐进性。我国市场经济体制的建立过程决定了市场监管立法的渐进性特征。在"成熟一个，制定一个"立法原则的指导思想下，针对市场秩序亟须的法律制度有选择的立法。在立法中，对于一些不适宜直接立法的领域通过制定试行法、暂行办法等方式，逐渐完善市场监管立法。第二，市场管理法立法的阶段性。1993 年颁布了市场秩序所亟须的几部市场管理法，2000 年以后制定和修改了与世界贸易组织规则相适应的市场管理法，2007 年以来制定了诸如《反垄断法》等完善社会主义市场经济体制的经济法律法规。第三，市场监管立法的层次性和多样化。根据《立法法》，我国的立法体系是由全国人民代表大会及全国人民代表大会常务委员会制定法律，由国务院及地方各级人民代表大会制定行政法规和地方法规，国务院各部委以及地方各级人民政府制定政府规章的多层次立法体系。市场监管立法属于经济立法重要的一部分，因此也具有立法层次多样化特征。第四，行政法规和部门规章是经济法制度的重要形式。在现阶段，除了国家立法机关制定的经济法之外，有关市场规制的法律制度主要表现为行政法规和部门规章。

（六）中国市场规制立法的内在动力

市场监管立法是我国经济发展的需要。在改革开放以前我国的市场基本没有建立起来，因此市场监管立法也就没有存在的必要。改革开放以后，开始把工作重心转移到经济建设上来，注重经济的发展。我国的经济体制从计划经济开始向市场经济过渡，而市场经济必须建立在公正、透明的游戏规则之上，因此市场经济乃是法治的经济。市场经济的发展离不开市场的发展和完善，而市场由于市场主体的有限理性以及市场本身的盲目性、自发性和滞后性等缺陷而出现市场失灵，市场失灵是需要国家对市场予以干预，国家干预的形式是经济法，而市场监管法是针对市场的失灵而制定的法律。因此，中国市场经济监管法是经济发展所必需的基础性法律制度，国家主导与市场主体利益相结合的经济发展模式，是市场规制立法的内在动力。

二、经济发展与市场竞争秩序法律制度

（一）竞争秩序与经济发展

1. 竞争秩序理论与实践

以新古典经济学为理论基础而构建的新古典自生自发演进观认为，市场秩序是内部规则和外部规则和谐的产物，作为市场秩序的核心内容的内部规则是社会在长期的文化进化过程中自发形成的规则，而外部规则是只适用于特定之人或服务于统治者的规则。通过立法程序制定的外部规则是有限的，它必须遵守市场秩序的一般规则，必须遵守宪法结构，否则就会导致出现公法代替私法、外部规则摧毁内部规则、市场秩序等市场秩序混乱的严重后果。

2. 市场经济与竞争秩序

市场经济是一种强调市场机制在资源配置中起决定作用的经济体制。市场机制作用的发挥，必须以良好的市场秩序为前提条件，良好的市场秩序取决于两个方面的因素：一是市场主体内在的自我调控与自我约束能力；二是对市场主体行为的外部规制。市场对经济发展的促进机制的本质在于竞争，市场配置资源的效率主要是通过竞争机制来实现的。但是，竞争本身有着向垄断和不正当竞争发展的趋向。由竞争引起的垄断和不正当竞争，反过来又必然妨碍、限制甚至消灭竞争，最终使市场机制遭到破坏。因此，市场经济要发展就必须建立有序的竞争秩序。

竞争秩序是人们在经济对抗、角逐中形成的一种特殊类型的经济合作模式，是社会秩序中的一种。竞争秩序不仅是思维的抽象物，也是历史范畴。竞争秩序依其历史发展可分为自由资本主义阶段的竞争秩序和垄断资本主义阶段的竞争秩序，或称为传统竞争秩序和现代竞争秩序。传统竞争秩序对应于自由竞争阶段的竞争秩序，而现代竞争秩序则是一种受管理的秩序，它表现在竞争秩序的建立与维持是在政府干预经济的一系列法令、政令下进行的，包括竞争立法。现代竞争秩序中的竞争不再是不受限制的竞争，而是法律下的竞争：通过约束私人经济势力的扩张及其滥用以保证市场在资源配置中的基础性地位，保证市场按照自身的法则运行，政府只是在市场失灵时才对经济运行加以干预。

市场经济体制是竞争秩序存在的依据，竞争秩序促进市场经济的发展。市场经济与竞争秩序共生共长，相辅相成。市场经济是市场机制在配置社会资源过程中起基础作用的一种经济体制，良好的市场机制的前提条件是要有良好的竞争机制，而在具有良好的竞争机制存在的社会必然有良好的竞争秩序。因此市场经济的发展离不开良好的竞争秩序。

3. 竞争秩序对经济发展的促进作用

现代竞争秩序中的竞争已经不再是完全自由放任、不受限制的竞争，而是法律规范和约束下的竞争。即通过约束私人经济势力滥用以保证市场在资源配置中的基础性作用，确保市场按照自身的价格机制和竞争法则运行，属于有管制的竞争。

当然，法律对竞争的规范和限制，其出发点是维护有序的、合乎法律和商业伦理道德的竞争，并非要扼杀市场竞争机制，而是在承认有序的竞争机制能够产生效率的前提下，维护竞争秩序。市场竞争秩序直接关系到市场在资源配置中的基础性作用，对于促进经济发展具有十分重要的作用。

竞争秩序对经济发展的促进作用，至少表现在以下几个方面：第一，竞争秩序通过有效地竞争机制淘汰掉了生产成本高于社会平均成本的企业，从而在整体上提高了社会生产率；第二，竞争秩序本身所具有的规则，剔除了经济人的不理性行为，使市场按照正常的机制运行；第三，竞争秩序提供的价格信号，为消费者提供了较为充分的、准确的信息，使消费者做出理性的选择以维护市场的价格体系，使市场发挥资源配置的作用；第四，竞争秩序本身排除行政垄断，制约政府对市场的不合理干预，使市场机制摆脱行政的制约。

（二）市场秩序与反不正当竞争立法

1. 中国反不正当竞争立法进程

十一届三中全会召开之前，实行中央高度集权的行政经济体制，社会生产、交换、分配消费均由国家实行计划管理，社会生产与销售中基本上不存在竞争。十一届三中全会后，实行改革开放政策，开始注重发挥市场的作用，引进竞争机制，培育社会主义市场体系。1980 年 10 月 17 日，国务院发布了《关于展开和保护社会主义竞争的暂行规定》首次提出了反垄断和反不正当竞争的问题。1987 年 9 月 11 日颁布的《价格管理条例》、1987 年 10 月 26 日颁布的《广告管理条例》，1988 年 10 月 3 日颁布的《关于清理整顿公司的决定》等都含有反不正当竞争的规定，但是尚不系统、不完备，不能有效地制止不正当竞争行为。1987 年 8 月，按照国务院指示，国务院法制局等七部门组成联合小组负责起草制止不正当竞争方面的法规。这一阶段是将垄断问题和不正当竞争行为问题合在一起考虑，起草了《反对垄断和不正当竞争暂行条例（草案）》。在 1989 年草拟的第五稿中，仅规定了不正当竞争。1991 年，随着改革的进一步深化，市场经济体制的建立引起人们的关注，反不正当竞争立法问题又被提上议事日程，其指导思想也发生了变化。1992 年初，根据全国人大常委会的立法规划，国家工商行政管理局承担《反不正当竞争法》的起草工作。1993 年，国务院向全国人大常委会提交了审议《中华人民共和国反不正当竞争法（草案）》的议案，1993 年 9 月 2 日，第八届全国人民代表大会常务委员会第三次会议正式通过《中华人民共和国反不正当竞争法》，于 1993 年 12 月 1 日起施行。

《反不正当竞争法》实施以来，当时的国家工商行政管理总局制定发布了《关于禁止有奖销售活动中不正当竞争行为的若干规定》（1993）、《关于禁止公用企业限制竞争行为的若干规定》（1993）《关于禁止仿冒知名商品特有的名称、包装、装潢的不正当竞争行为的若干规定》（1995）、《关于禁止侵犯商业秘密行为的若干规定》（1995，1998）《关于禁止商业贿赂行为的暂行规定》（1996）、《关于禁止串通招标投标行为的暂行规定》（1998）等制止不正当竞争的部门规章。此外，国家工商行政管理机关发布还通过制定大量的答复，具体解释反不正当竞争执法中存在的具体问题。

2. 反不正当竞争法对市场经济的作用机制

维护公平的市场竞争秩序是市场经济发展的内在要求，通过立法明确界定哪些行为属于被禁止的竞争行为，从而维护价格机制和市场竞争机制，实现资源有效配置的市场经济目标。《反不正当竞争法》第 1 条规定："为保障社会主义市场经济健康发展，鼓励和保护公平竞争，制止不正当竞争行为，保护经营者和消费者的合法权益，制定本法。"该法从宏观和微观两个层次确立了其立法目标：宏观层面的目标是维护市场的竞争机制，创造公平竞争的市场环境，保障和促进社会主义经济的发展；微观层面的目标是制止不正当竞争行为，保护正当合法的竞争者和消费者的利益。当然，宏观目标需要微观制度的支撑才能实现。因此，为了实现反不正当竞争法的保障社会主义经济发展的宏观立法目标，该法通过一系列具体的制度，规定了不正当竞争行为的具体类型及认定要件。其中，典型的不正当竞争行为包括仿冒混淆行为、虚假宣传行为、商业贿赂行为、侵犯商业秘密行为、商业诋毁行为和不正当有奖销售行为等。这些不正当竞争行为的危害后果主要在于妨碍正常的竞争秩序，侵害消费者利益，从而导致资源配置低效率。《反不正当竞争法》的颁行，对于构建市场经济秩序具有重要作用，通过行政机关执法和侵权诉讼，增加不正当竞争行为实施者的违法成本，引导市场主体在竞争法律的框架内展开有序竞争。

3. 促进公平竞争与反不正当竞争法律制度的完善

反不正当竞争法的实施，对于规制不正当的市场竞争行为发挥着重要作用，但是随着市场经济的深入发展，出现了新的利益阶层和竞争行为，而这些形成于市场经济初期的竞争法律规则明显滞后于经济发展对法律制度的需求。《反不正当竞争法》实施已经 20 多年，在建立和健全中国特色社会主义市场经济、维护市场公平竞争、规范市场竞争秩序等方面发挥了重要作用。据统计，全国工商部门共查处各类不正当竞争案件 70.3 万件 。但是，在市场经济体系基本形成、经济发展从注重总量增长到注重整体质量阶段，在国家治理法治化的背景下，《反不正当竞争法》存在不能适应经济发展和法治建设的现象。例如对经济发展中出现的新型市场竞争行为及其不正当竞争行为缺乏调整力度，随着互联网技术在经济社会发展中的应用和开放经济条件下国内竞争与国际竞争的复杂化，在市场经济不断发展和市场竞争的日趋激烈下，不正当竞争行为的表现形式越来越多样化、范围不断扩大、隐蔽性越来越强，现行法律规定的不正当竞争行为的类型早已超出了法定的 11 种不正当竞争行为，需要通过修改《反不正当竞争法》加以规范。

新的经济发展阶段需要新的竞争规则，反不正当竞争法规范亟待跟上经济发展的节奏，而法律制度的制定和修改总是滞后于经济改革。在这种情形下，按照中共中央《关于全面深化改革若干重大问题的决定》精神、国务院机构改革和职能转变要求，针对完善市场监管体系，促进市场公平竞争，维护市场正常秩序，2014 年国务院发布了《关于促进市场公平竞争维护市场正常秩序的若干意见》（国发[2014]20 号）。该文件指出"围绕使市场在资源配置中起决定性作用和更好发挥政府作用，着力解决市场体系不完善、政府干预过多和监管不到位问题，坚持放管并重，实行宽进严管，激发市场主体活力，平等保护各类市场主体合法权益，维护公平竞争的市场秩序，促进经济社会持续健康发展"。

2016 年 6 月，国务院印发了《关于在市场体系建设中建立公平竞争审查制度的意见》。国务院各个部门、各省级政府、98%的市级政府、92%的县级政府，四级政府都已经开展了审查工作。其中，有 18 个省区市实现了省市县三级全覆盖。全国共审查了新出台的文件 43 万份，对其中 2300 多份文件进行了修改和完善；对 82 万份已经出台的文件进行了清理，废止或修订涉及地方保护、指定交易、市场壁垒的文件有 2 万多份，维护了市场公平竞争，营造了良好的市场环境。

公平竞争审查制度现在还存在着一些突出问题，比如审查还不是那么全面，审查的质量还有待提高，监督也不严格。因此，市场监管总局会同部际联席会议成员单位共 26 个部门，围绕市场主体关切，聚焦制度短板弱项，提出了一系列应对的措施。一是按照竞争中性的原则，部署清理妨碍公平竞争、束缚民营企业发展、有违内外资一视同仁的政策措施。二是要严格做好新出台文件的审查，实现国家、省市县四级政府全覆盖，确保涉企的政策措施都要进行审查，严审增量。三是进一步改革完善公平竞争审查制度，要修订实施细则，要建立定期的评估清理机制，推行第三方评估。四是强化公平竞争审查的监督机制，定期开展文件的抽查，畅通投诉举报渠道，及时曝光典型案例，将公平竞争审查纳入到相关考核体系等等。

在放宽市场准入方面，要按照简政放权、取消和下放行政审批权的要求，打破地区封锁和行业垄断，对各级政府和部门涉及市场准入、经营行为规范的法规、规章和规定进行全面清理，废除妨碍全国统一市场和公平竞争的规定和做法，纠正违反法律法规实行优惠政策招商的行为，纠正违反法律法规对外地产品或者服务设定歧视性准入条件及收费项目、规定歧视性价格及购买指定的产品、服务等行为；对公用事业和重要公共基础设施领域实行特许经营等方式，引入竞争机制，放开自然垄断行业竞争性业务。

在强化市场行为监管，要严厉惩处垄断行为和不正当竞争行为，依照《反垄断法》《反不正当竞争法》《价格法》的有关规定，严肃查处损害竞争、损害消费者权益以及妨碍创新和技术进步的垄断协议、滥用市场支配地位行为；加大经营者集中反垄断审查力度，有效防范通过并购获取垄断地位并损害市场竞争的行为；改革自然垄断行业监管办法，强化垄断环节监管；严厉查处仿冒名牌、虚假宣传、价格欺诈、商业贿赂、违法有奖销售、商业诋毁、销售无合法进口证明商品等不正当竞争行为；依法保护各类知识产权，鼓励技术创新，打击侵犯知识产权和制售假冒伪劣商品的行为。

同时，《关于促进市场公平竞争维护市场正常秩序的若干意见》针对各项改革措施，明确了具体执行机构。这些促进市场公平竞争的措施，都需要执法部门通过制定行政规章进一步明确和细化，成为进一步完善反不正当竞争法律制度的主要内容。

（三）反垄断法与市场经济发展

1. 中国反垄断法立法进程

在十一届三中全会以前实行计划经济体制，国家依靠行政手段配置资源，除生产性资源国有国营外，在经济领域尚不存在垄断主体，因此也就没有必要制定反垄断法。十一届三中全会以后，开始注重发挥市场机制的调节作用，在市场发挥作用的条件下必须以竞争为前提，而竞争的结果可能会导致集中，从而形成垄断。加之，因国有国营体制和普遍存在的因行政权力深度参与经济活动而导致的行政垄断现象，为了维持正常的市场秩序，国家开始意识到要制定反垄断法。1980年10月17日，国务院发布的《关于展开和保护社会主义竞争的暂行规定》

提出反垄断和反不正当竞争。1988 年原国务院法制局成立了反垄断法起草小组，提出了《反对垄断和不正当竞争暂行条例草案》，由于客观原因，该项法规最终没有出台。1990 年，国务院发布了《关于打破地区间市场封锁进一步搞活商品流通的通知》，指出生产企业在完成国家指令性计划产品调拨任务和购销合同后，有权在全国范围内销售产品，工业、商业、物资等部门的企业，有权在全国范围内自行选购所需产品，任何地区和部门都不得设置障碍，加以干涉。

1997 年通过的《价格法》禁止价格垄断、掠夺性定价、价格歧视。2001 年国务院颁布了《关于禁止在市场经济活动中实行地区封锁的规定》，其中对各种地方保护、地区封锁行为及其处罚做出了详细的规定。2001 年国务院发布了《关于整顿和规范市场经济秩序的决定》，明确规定"打破地区封锁和部门、行业垄断。查处行政机关、事业单位、垄断性行业和公用企业妨碍公平竞争，阻挠外地产品或工程建设类服务进入本地市场的行为，以及其他各种限制企业竞争的做法"。2003 年颁布的《外国投资者并购境内企业暂行规定》和《制止价格垄断行为暂行规定》分别对企业并购反垄断审查和制止价格垄断做出了规定。2007 年 8 月 30 日通过《反垄断法》，2008 年 1 月 1 日起实施。

《反垄断法》实施后，国务院制定了《国务院关于经营者集中申报标准的规定》，国务院反垄断委员会发布了《关于相关市场界定的指南》，商务部制定了《经营者集中申报办法》《经营者集中审查办法》《关于实施经营者集中资产或业务剥离的暂行规定》《关于评估经营者集中竞争影响的暂行规定》《未依法申报经营者集中调查处理暂行办法》《关于经营者集中简易案件适用标准的暂行规定》《关于经营者集中申报的指导意见》等行政规章，作为审查处理经营者集中案件的法律依据。当时的国家工商行政管理总局相继发布了《工商行政管理机关制止滥用行政权力排除、限制竞争行为程序规定》（2009）、《工商行政管理机关查处垄断协议、滥用市场支配地位案件程序规定》（2009）、《工商行政管理机关禁止滥用市场支配地位行为的规定》（2010）、《工商行政管理机关禁止垄断协议行为的规定》（2010）、《工商行政管理机关制止滥用行政权力排除、限制竞争行为的规定》（2010）、《关于具有市场独占地位的经营者拒绝交易行为定性处理问题的答复意见》（已失效）等行政规章和规范性文件。国家发展和改革委员会制定了《反价格垄断规定》《反价格垄断行政执法程序规定》。

2020 年 9 月 18 日，国家市场监督管理总局反垄断局于官网发布了国务院反垄断委员会于 2020 年 9 月 11 日印发的《经营者反垄断合规指南》。继 2019 年 11 月 28 日公开征求意见后，这一旨在进一步完善反垄断法律制度体系、鼓励和引导经营者合规经营的指南文件终于正式发布实施。《经营者反垄断合规指南》，主要从合规管理制度、合规风险重点、合规风险管理及合规管理保障等方面较为全面地提示了经营者需关注的重点竞争合规风险，并就如何搭建企业内部反垄断合规体系提供了框架性指引。

2. 反垄断法对市场经济的作用机制

垄断是竞争的对立面，在市场经济中，一旦垄断取代了竞争，将给经济的运行过程带来极大的负面影响，具体表现为降低资源配置效率、阻碍技术进步、妨碍竞争、侵犯消费者利益、阻碍经济发展等。《反垄断法》第1条明确了立法目的："为了预防和制止垄断行为，保护市场公平竞争，提高经济运行效率，维护消费者利益和社会公共利益，促进社会主义市场经济健康发展，制定本法。"反垄断法的立法宗旨可分为宏观和微观两个层次，宏观目标是为了促进社会主义市场经济健康发展，微观目标是为了制止垄断行为，保护市场公平竞争，提高经济运行效率，维护消费者利益和社会公共利益。微观目标为宏观目标服务，通过具体法律制度的实施来实现其宏观目标即促进社会主义市场经济的发展。《反垄断法》通过制止垄断协议、滥用市场支配地位、具有或者可能限制竞争的经营者集中、行政垄断等垄断行为，从而保护公平竞争，鼓励创新发展，形成和谐有序的竞争环境，通过限制和阻止市场势力和反对不正当的市场行为，以维护和扩大经营者在市场活动中的自由权利，排除进入市场的障碍，从而达到鼓励创新、促进自由竞争、优化配置资源的功能。

3. 反垄断法实施机制与实施效果

《反垄断法》实施以来，初步形成以《反垄断法》为核心，以行政法规规章和最高人民法院司法解释为配套的反垄断法体系。根据国务院的规定，由国家市场监督管理总局、国家发展和改革委员会、商务部负责《反垄断法》的具体执法工作，即这三个部门同属于国务院反垄断执法机构。从实施机构看，已经形成了以国务院反垄断委员会、国家发展和改革委员会价格监督检查与反垄断局、商务部反垄断局、国家市场监督管理总局反垄断与反不正当竞争执法局为协调和执法的"一会三局"反垄断协调与执法机构体系，初步建立了中央和省两级反垄断执法体系，以及相应的反垄断司法体系，有效维护了市场竞争秩序和社会公共利益。

4. 反垄断法对行政垄断的规制及其完善

在中国市场经济体制建立过程中，行政垄断一直是阻碍市场竞争的顽疾，中央政府一直在力求破除地方封锁。1980年10月国务院发布的《关于开展和保护社会主义竞争的暂行规定》首次提出"开展竞争必须打破地区封锁和部门分割，任何地区和部门都不准封锁市场，不得禁止外地商品在本地区、本部门销售"。此后，国务院多次发布命令，如1990年11月《关于打破地区间市场封锁进一步搞活商品流通的通知》要求破除地区间的封锁。但是，在经济发展中心主义和地方政府竞争、部门利益最大化的推动下，地区封锁愈演愈烈。经过中央政府一系列市场秩序整顿措施，地区封锁严重程度呈逐步减轻之势。

1993 年颁布的《反不正当竞争法》第 7 条规定政府及其所属部门不得滥用行政权力，限定他人购买其指定的经营者的商品，限制其他经营者正当的经营活动；政府及其所属部门不得滥用行政权力，限制外地商品进入本地市场，或者本地商品流向外地市场。但是，地区封锁仍然以多种形式程度不同地存在，并在保护的内容、范围和手段上呈现新特点。针对地方封锁等行政垄断现象阻碍全国统一市场的形成和由此造成的高额交易成本，国务院于 2001 年发布《关于禁止在市场经济活动中实行地区封锁的规定》，规定各级人民政府及其所属部门负有消除地区封锁、保护公平竞争的责任；禁止各种形式的地区封锁行为；省、自治区、直辖市人民政府的规定属于实行地区封锁或者含有地区封锁内容的，由国务院改变或者撤销。

2002 年十六大报告中明确提出要"打破行业垄断和地区封锁，促进商品和生产要素在全国市场自由流动"。2003 年十六届三中全会决议要求加快建设全国统一市场，大力推进市场对内对外开放，大力发展资本和其他要素市场，促进商品和各种要素在全国范围自由流动和充分竞争。2004 年，商务部、监察部、国务院法制办、财政部、交通运输部、税务总局、质检总局七部门联合发出了《关于清理在市场经济活动中实行地区封锁规定的通知》，主要目的在于加快建设全国统一市场，打破地区封锁，纠正地方政府设置行政壁垒、分割市场、妨碍公平竞争的错误做法。此后，各地进行了清理工作，但效果不明显。这种一级一级下文，地方政府清理后一级一级上文回报清理结果的做法对地方政府的约束力有限，破除行政垄断的效果十分有限。2007年颁布的《反垄断法》设专章规定"滥用行政权力排除、限制竞争"，比较详细地规定了禁止"行政机关和法律、法规授权的具有管理公共事务职能的组吹"滥用行政权力排除、限制竞争的行为。由于缺乏有效的反行政垄断执法机制，行政垄断现象依然存在。

（四）近年来促进市场公平竞争的重大政策措施

2012 年以来，党的十八大和十八届三中全会通过的改革决议认识到"建设统一开放、竞争有序的市场体系，是使市场在资源配置中起决定性作用的基础"，要求"改革市场监管体系，实行统一的市场监管，清理和废除妨碍全国统一市场和公平竞争的各种规定和做法……反对地方保护，反对垄断和不正当竞争。"

2013 年，商务部、法制办、发展改革委、财政部、税务总局发布《关于集中清理在市场经济活动中实行地区封锁规定的通知》（商秩发[2013]468 号）。从商务部、税务总局等 12 部门制定《消除地区封锁打破行业垄断工作方案》，对地方出台的含有地区封锁内容的规定进行集中清理。

2014 年 7 月，国务院发布了《关于促进市场公平竞争维护市场正常秩序的若干意见》，旨在贯彻落实党中央和国务院的各项决策部署，围绕使市场在资源配置中起决定性作用和更好发挥政府作用，着力解决市场体系不完善、政府干预过多和监管不到位问题，坚持放管并重，实行宽进严管，激发市场主体活力，平等保护各类市场主体合法权益，维护公平竞争的市场秩序，促进经济社会持续健康发展。按照"依法监管、公正透明、权责一致、社会共治"的原则，确立了"立足于促进企业自主经营、公平竞争，消费者自由选择、自主消费，商品和要素自由流动、平等交换，建设统一开放、竞争有序、诚信守法、监管有力的现代市场体系，加快形成权责明确、公平公正、透明高效、法治保障的市场监管格局的目标。到 2020 年这些目标基本实现，并且已经建成体制比较成熟、制度定型的市场监管体系。

2019 年，新版《中华人民共和国反不正当竞争法》的实施鼓励和保护公平竞争，加大对不正当竞争行为的审查，保护了经营者和消费者的合法权益，促进了社会主义市场经济健康发展。如夯实监管信用基础，要求建立健全守信激励和失信惩戒机制，对违背市场竞争原则和侵犯消费者、劳动者合法权益的市场主体建立"黑名单"制度。在改革监管执法体制方面，要求消除多层重复执法。对反垄断、商品进出口、外资国家安全审查等关系全国统一市场规则和管理的事项，实行中央政府统一监管。

三、经济发展与消费者权益保护法律制度

（一）经济发展与消费者保护立法

经济发展的直接结果和最终目标应当是不断提高全社会的消费质量和消费层次。在经济发展水平的低级阶段，出于消费市场和成本的考虑，企业往往通过生产"假冒伪劣"产品和提供低质量的服务获取利润，由于多数消费者受消费能力的限制，在生产与消费的关系上，经营者具有优势地位，而消费者一般处于劣势地位，为了保护消费者的消费权益，国家通过立法来维护消费者权益。可以说，在市场选择中居于弱势地位的消费者，无法通过自愿交易来维护自身的权益，通过立法上的权利的配置，赋予消费者更多的权利，是保护消费者利益和维护消费秩序的有效途径。我国在市场化改革初期颁布了《消费者权益保护法》等保护消费者权益的法律规范来维护消费者利益，刺激消费，通过消费拉动经济增长，从而促进经济发展。

1. 消费者权益保护法立法

消费者权益保护关乎人民群众的切身利益，也关系到社会经济秩序，因此，保护消费者的合法权益意义重大。改革开放初期，我国制定的法律法规中，已经具有保护消费者权益的内容，如《中华人民共和国民法通则》《食品卫生法》《药品管理法》《商标法》《产品质量法》等。但是这些法律并非专门规定消费者的权利、经营者的义务和侵犯消费者权益应承担的责任。此外，各省、自治区、直辖市都有各自规定保护消费者权益的法规和规章，但是由于规定不统一而出现一定的混乱，因此在全国范围内需要制定一部专门的、统一的消费者权益保护的法律。

1984 年 12 月消费者协会的成立，促进了消费者组织的发展，为保护消费者权益做出了很大的贡献。但是其工作的开展缺乏明确的法律依据，需要制定法律对其工作予以规范化和明确化。1985 年，当时的国家工商局酝酿起草《保护消费者权益条例》，但受当时的形势所迫未能成型。1992 年年初，当时的国家工商局在全国人大法工委的指导下，开始起草消费者权益保护法。当时国家工商总局对草案广泛征求意见，注重调查研究，经过四次论证会，于 1993 年 3 月报送国务院。1993 年 8 月，八届人大常委会第三次会议对国务院提请审议的草案进行了初步的审议。1993 年 10 月八届人大常委会第四次会议再次审议，并于 10 月 31 日通过《中华人民共和国消费者权益保护法》。2013 年，中华人民共和国第十二届全国人民代表大会常务委员会第 5 次会议通过《全国人民代表大会常务委员会关于修改的决定》第 2 次修正，该次修法主要从四方面完善消费者权益保护制度，如强化经营者义务、规范网络购物等新的消费方式、建立消费公益诉讼制度等。2014 年 3 月 15 日，新版《消费者权益保护法》（简称"新消法"）起施行。该法颁布后，对维护消费者权益发挥了巨大的作用，也促进了我国经济的发展。

随着经济的发展，新的消费方式不断涌现，有些规定相对滞后，暴露的问题也越来越多。国家有关部门相继颁布了一些法规、意见、通知以顺应社会发展的需求。如电信行业异军突起，国家信息产业部颁布的《电信服务标准》《从事开放经营电信业务审批管理暂行办法》《电信服务质量监督管理暂行办法》等制度以法规统一行业标准，规范运行。类似的还有医疗美容行业的《医疗美容服务管理办法》、建设部 1994 年下发《城市新建住宅小区管理办法》等。各地方还颁布了地方标准。例如深圳市制定并发布了家庭服务系列标准，包括《家庭服务经营管理行为规范要求》《家庭服务消费行为规范要求》和《家庭服务质量要求》三个标准，较为完整地明确了家庭服务经营者、家庭服务员和家庭服务消费者三方的权利和义务。鉴于家庭装潢、教育、旅游等服务消费的投诉标的和维权难度越来越大，互联网销售、特许经营等营销方式的出现，为适应消费形势，新修订的《上海市消费者权益保护条例》已经出台。在服务消费领域，《旅游法》等规范服务消费领域的法律的颁行，进一步规范了服务经营者的义务，维护了服务消费者的合法权益。2013 年 10 月修改后通过的《消费者权益保护法》，为消费者提供了更高层次的权益保护措施。为了规范网络交易，保护网络消费者的权益，2021 年 5 月 1 日起，《网络交易监督管理办法》开始施行。

2. 消费者权益保护法对经济发展的作用

由于社会主义市场经济体制建立初期，市场经济的竞争机制、价格机制尚未对经济生活的各个领域产生全面的影响。同时，长期以来计划经济的制度、观念、行为模式依然对人们的行为产生重大影响，在利润的驱使下依靠经营者的道德自律与市场竞争的压力不足以对其传统的经营理念与方式形成巨大的冲击，因此假冒伪劣、强买强卖等损害消费者权益的行为大量存在，严重损害了消费者的权利与利益，也导致消费水平低下。消费者权益保护的程度，不仅与一国法律文明的程度密切相关，而且与消费水平、拉动内需有关。消费者权益保护法律体系的建立和完善，有利于创造更加安全、平等的消费环境，降低了经营者的机会主义行为和交易成本。通过对侵犯消费者合法权益行为的民事赔偿和行政制裁，增加了经营者侵犯消费者权益的成本，进而减少了全社会的资源浪费，不仅增进了消费者福利，也提高了经济发展水平。

《消费者权益保护法》颁布实施 20 多年来，在维护消费权益方面做出了重要贡献，全社会更加关注对消费者合法权益的法律保护，消费者的维权意识不断提高。但是，在消费环节，经营者损害消费者利益的问题仍然突出，尤其是服务消费者维权、互联网购物等新领域维权问题不断凸显。在 2013 年《消费者权益保护法》修订中增加的将"三包"范围扩大到所有产品、经营者举证责任倒置、保护消费者的隐私权、明确互联网等领域在规定期限内无条件退货、加大对欺诈行为的赔偿力度、组织或者个人代言的虚假广告和虚假宣传需承担连带责任、规范网络经营者提供真实详尽的信息、赋予消费者组织公益诉讼等条款将会更加有助于消费者维权。

（二）经济发展方式转变背景下消费者保护法律

1. 消费政策与消费者保护

1993 年 10 月 31 日颁布的《消费者权益保护法》标志中国消费者保护政策的形成。依据《消费者权益保护法》，消费者保护政策主要有以下内容：①消费者政策的目的是，保护消费者的合法权益，维护社会经济秩序，促进社会主义市场经济健康发展；②经营者与消费者进行交易，应当遵循自愿、平等、公平、诚实信用的原则；③国家保护消费者的合法权益不受侵害，国家采取措施，保障消费者依法行使权利，维护消费者的合法权益；④保护消费者的合法权益是全社会的共同职责，国家鼓励、支持一切组织和个人对损害消费者合法权益的行为进行社会监督，大众传播媒介应当做好维护消费者合法权益的宣传，对损害消费者合法权益的行为进行舆论监；⑤国家制定有关消费者权益的法律、法规和政策时，应当听取消费者的意见和要求；⑥各级人民政府应当加强领导，组织、协调、督促有关行政部门做好保护消费者合法权益的工作，各级人民政府应当加强监督，预防危害消费者人身、财产安全行为的发生，及时制止危害消费者人身、财产安全的行为。

2. 经济发展方式转变与消费者保护法完善

消费者保护政策的本质在于承认市场经济条件下的企业与广大消费者之间存在利益冲突，因而必然会有一些企业不择手段地损害消费者的利益。由于企业是拥有强大经济力的组织体，而分散的、经济力薄弱的消费者难以与之抗衡，因此需要由国家承担保护消费者的职责，通过立法、行政等对消费者特殊保护，补救其弱者地位，维持企业与消费者之间的利益平衡，建立和维护健康有序的市场经济秩序。"十四五"期间，要建立扩大消费需求的长效机制——把扩大消费需求作为扩大内需的战略重点，通过积极稳妥推进城镇化、实施就业优先战略、深化收入分配制度改革、健全社会保障体系和营造良好的消费环境，增强居民消费能力，改善居民消费预期，促进消费结构升级，进一步释放城乡居民消费潜力，逐步使我国国内市场总体规模位居世界前列。

经济发展方式转变要求扩大国内需求特别是消费需求的方针，促进经济增长由主要依靠投资、出口拉动向依靠消费、投资、出口协调拉动转变，由主要依靠第二产业带动向依靠第一、第二、第三产业协同带动转变，由主要依靠增加物质资源消耗向主要依靠科技进步、劳动者素质提高、管理创新转变。将消费作为促进经济增长的最主要的方式，体现了国家的经济发展战略发生了根本性的转变，即由传统的外向型的经济向现代的内向型经济发展。在消费者立法保护领域，随着经济发展、网络购物增长，以及居民消费水平的提高，在短缺经济时代制定的消费者权益保护法律制度，对消费者权益保护的水平已经与经济发展的实践不相符合。因此，制定更加有利于消费者保护的法律制度，是经济发展的必然要求。

（三）扩大内需长效机制与消费者维权公益诉讼

经济发展的结果是人们普遍享受高质量的生活水准，而消费是满足人们物质需求和身体、精神需要的基本过程。生产与消费的良性互动是经济发展的动力，消费对经济增长的稳定拉动作用十分明显。因此，加快建立健全扩大消费需求的长效机制，立足于提升居民消费能力，全方位扩大消费，逐步使我国由生产大国、贸易大国向消费大国迈进，是经济发展的应有之义。反过来，经济发展的根本目的是扩大居民消费。因而，保护消费者权益不仅仅是消费者个人的私事，而且具有公共利益的性质。当代社会的生产和消费的关系密不可分，结构合理、健康发展的消费无疑会促进生产的均衡发展。没有消费，也就没有市场，而保护消费者权益成为贯彻消费政策的重要内容。在扩大消费长效机制中，除了大幅增加居民所得、鼓励消费信贷产品、完善商贸流通等措施外，维护消费者合法权益具有重要作用。

在现行法律框架内，除通过行政途径和消费者协会等机构维权外，通过消费者个人和消费者组织的诉讼维权，也是十分必要的。消费者权益保护法规定的消费者权益的实现和经营者义务与责任的追究，都要通过司法诉讼途径实现。在原有的消费者获得赔偿的权利和相应的诉讼权利的基础上，新版《消费者权益保护法》第37条增加了消费者协会就损害消费者合法权益的行为支持受损害的消费者提起诉讼或者依照本法提起诉讼的公益性职责。与《民事诉讼法》第55条规定的对侵害众多消费者合法权益等损害社会公共利益的行为，法律规定的机关和有关组织可以向人民法院提起诉讼相互衔接，在现行法律框架内建立了消费者公益诉讼制度，这一制度在消费者群体性维权诉讼中将发挥巨大作用，是建立和完善扩大消费长效机制重要法律措施。

第三节　经济发展与资本市场法律制度建设

一、法律与资本市场发展

（一）法律与资本市场发展的理论回顾

近年来，随着国际上"法与金融"理论的兴起，对投资者保护的研究重心转移转向研究不同渊源的法系与资本市场发展的关系。"法与金融"理论的核心观点认为，一个国家的法律对投资者的保护是通过影响公司的所有权结构和融资渠道，进而影响到该国证券市场的发展来实现的。投资者保护评价指标源于LLSV，是从法律角度构建的经典指标。它度量了不同法律制度下各国投资者保护的程度，被广泛运用于国家层面的实证研究中。该指标包括法律渊源、股东保护立法、债权人保护立法和法律实施四个方面。根据这一理论，当一个国家的证券市场发展水平较高时，法律对投资者保护程度也比较充分。这些研究表明，一个国家的投资者法律保护程度在很大程度上决定了其公司治理特征和金融市场发展程度，良好的投资者法律保护是公司治理和金融市场发展的基础。当然，也有学者并不认同 LLSV 所认为的法律对资本市场作用，分别从文化、政治、资源财富、地理条件、社会规范等角度分析对投资者保护的差异。在关于投资者保护的众多理论中，从法律与投资者保护关系的角度看，一般按照法律在投资者保护过程中的作用，大致划分为契约理论和法律理论。契约理论把企业视作一个契约结合体，只要契约是完备的，监督执行契约的司法体系（法庭）是有效的，那么投资者与公司签订的契约就足以保护投资者的利益。20 世纪 80 年代，桑福德•格罗斯曼等人认为，只要投资者与公司签订的契约是完善的，而且执行契约的法律系统有效，契约就可以替代法律保护投资者。伊斯特•布鲁克认为，证券法规在某些情境下甚至会对证券市场的运行起到阻碍作用，法律法规实际上会增加交易成本，损害交易双方的最大利益，妨碍市场最佳运行，认为法律制度在资本市场中是多余的。然而，契约理论的许多前提假设在现实中很难满足。同时，私人（特别是中小投资者）在自身权益受到侵害时的诉讼成本巨大，因此需要国家作为最终代理人制定相关法律惩处这些行为，保障投资者的权益。科菲认为，证券法有助于资本市场发展，并非契约论者所认为的法律法规无效和多余。但是在对什么样的法律有利于资本市场发展的认识上，科菲认为，尽管英国和美国都是普通法国家，但是用来保护投资者的法律执行机制和司法活动的水平却不完全相同；尽管捷克共和国和波兰都属于德国民法法系，但是它们最近的经济状况却不相同。科菲也质疑法律渊源与经济发展之间的因果联系，他认为这个因果顺序是颠倒的，很多历史证据表明法律发展一直表现为跟随而不是引导经济发展。

法律理论中最具代表性的理论来自 LLSV 等人的研究成果。他们的创建性体现在：第一，首次提出投资者保护的定义，即投资者保护是指法律对投资者的保障程度以及相关法律的有效实施程度；第二，通过一系列实证研究，阐述了投资者保护与公司治理、公司价值、资本市场、文化传统以及法律体系等之间的关系，有效解释了世界上不同国家投资者保护程度的差异。LLSV 还对全球多个国家对投资者保护的程度进行了实证研究，他们构建了三大类指标(一股一票权、抗董事权和强制股利)量化不同国家的投资者保护情况，得出英美法系国家的投资者保护程度比大陆法系国家更高的结论，说明了法律体系会对一国投资者保护程度产生影响，这也为法律论奠定了良好的基础。

LLSV 的结论在学术界中引起广泛影响，并得到许多学者从不同方面研究的支持。如瑞斯等人认为通过交叉上市可以提高投资者法律保护的水平。法律理论为研究投资者保护提供了一种新的视角，也因其具有的解释力而一度成为国际上研究投资者保护的主流观点和视角。但需要指出的是，这种视角过分强调法律的作用，而轻视了契约的作用。同时由于 LLSV 在实证分析过程中多采取名义指标值，忽视了虽有法律约束但未能有效实施的情况。此外，法律还存在短时间内难以改变以及难以起到事前保护和主动保护作用等问题。以上因素都使得法律理论在解释投资者保护问题上存在一定的缺陷。

在此基础上，布里斯托扩充了衡量公司不同利益相关者之间潜在利益冲突的法律指标，特别是在法条分析的基础上加入了对法律机构有效性的分析。迪亚科夫创设了更为直接的抗谋私交易指数，用于衡量少数股东抵制控股股东自我交易的法律保障程度。除了对法律设立情况的考察，杰克逊和罗伊还指出，公共执行效果是影响投资者保护程度更为重要的因素，并对国家层面的数据测度方法进行了一系列创新。

总体上说，法律制度在减少小股东面临的风险中起着一定的作用。通过法律条款中的受托责任和累积投票权制，《公司法》保护了中小投资者的利益，使其免受大股东的侵害。经济学的研究也证明在对中小股东和债权人强有力的法律保护和金融发展各种衡量指标之间存在的关系。

（二）股票市场发展与投资者保护

LLSV 通过各国证券市场之间的比较表明：投资者保护越差的国家，资本市场就越不发达。但是对于导致投资者保护水平差异的原因，以及如何提高投资者保护水平，理论界存在分歧。自由主义市场学派的观点认为，完善的市场机制本身会对管理者形成制约，从而保护投资者。政府干预主义市场学派则认为，在股票市场中，投资者的有限理性、外在环境的复杂性和不确定性、信息的不对称性和不完全性等因素必然导致契约是不完备的，市场机制并非完美，而是需要法律与政府干预。

由于股票市场与投资者保护的关系密切，通过法律和政府干预有效保护投资者权益可以促进股票市场发展，因此世界各国（地区）政府监管部门为保护投资者尤其是中小投资者权益制定了许多法律法规。因为投资者保护程度高低会直接对一国（地区）企业融资、股权结构、公司治理、公司估值、管理层行为等产生重要影响，对投资者权益保护更强的国家（地区）会通过各种法律法规限制企业管理层操纵盈余的能力和增强企业信息披露的透明度，使得该国（地区）股票市场盈余质量更高，权益资本成本更低。

但是，在法律对投资者保护有效性的研究中，有些学者认为不同的法律渊源对投资者保护的水平各不相同。即英美法系国家（地区）比大陆法系国家（地区）具有更强的投资者保护。即使在大陆法系国家，还可以发现法国大陆法系国家对投资者的法律保护最弱，德国大陆法系国家（地区）位于中间，斯堪的纳维亚大陆法系国家对投资者的法律保护最强。

中国学者研究认为，股票市场的发展水平可以从规模和质量两个方面进行简单的衡量：一个国家的股票市场发展得越好，则意味着该国拥有一个更大规模、更高质量的股票市场。一个国家股票市场发展的程度取决于投资者保护水平的高低：投资者保护水平越高，股票市场发展的就会越好。经济学实证研究表明，股票市场规模与质量存在替代效应：在给定制度财富所能提供的投资者保护水平的条件下，股票市场的规模越小，则越容易得到更高的质量；反之，股票市场的规模越大，则质量越低。规模和质量之间的边际替代率则取决于投资者保护的效率，提供投资者保护的制度越完善、效率越高，维持市场机制的相对成本越低，越容易实现股票市场规模和质量之间的权衡，可以以较小的质量降低作为代价而达到更大的股票市场的规模。

法律规则对投资者权利的保护可以分为立法层面和执法层面的投资者保护。

此外，作为公司法的延伸，公司章程对投资者权利也提供了相应保护。在已有研究中，从投资者保护角度审视了近代中国立法的文献主要集中在对股市监管立法以及实际执法效果的研究上。在 1914—1927 年间，中国的投资增长十分迅速，出现经济史学家们称为"资本主义的黄金时代"。这一时期同时也是各类新式企业大量涌现的时期，但却出现了股份公司设立数目的增加与资本市场的发展相互背离的特征。

有研究整理了 1904—1940 年间中国的投资者保护和金融发展，近代中国资本市场发展的制度条件，特别是近代中国工业化的背景下，法规和公司章程对投资者权利的保护情况。从纸面立法的角度看，对投资者的保护自清代末期以来呈现出由弱变强的变化趋势，但法律对投资者保护的实施效果并未出现相同趋势。同时，法律对投资者权利的保护水平并没有呈现出与资本市场的发展相关联。这一发现证伪了法律环境对金融发展水平有决定作用的论断。在整理档案的基础上，本文发现近代商人在公司法对投资者保护普遍缺失的制度环境下，通过与政治力量结合、依赖家族纽带等形式获得相对安全的产权保护，这使近代企业的股权集中度普遍较高，直接金融市场发展较为落后。

在我国转型时期的证券市场中，因法律的不完备性可能导致作为正式制度的法律制度失灵。因此，在正式法律制度之外，可能还存在一些非正式制度，尤其是非正式执法在证券市场建设和发展进程中发挥着重要作用。对这些正式执法之外机制的探讨可能是未来我国法律与证券市场发展研究的一个重要方向。

（三）我国股票市场投资者保护的实践

我国股票市场自 20 世纪 90 年代初设立以来，法制建设不断完善。以《公司法》和《证券法》这两部奠定股票市场的法律框架的生效为界，中小投资者法律保护实践可以分为三个阶段：第一阶段是 1994 年 7 月《公司法》生效之前，是中小投资者法律保护的初级阶段；第二阶段是 1994 年 7 月—1999 年 7 月即《公司法》生效之后到《证券法》生效之前，是中小投资者法律保护的发展阶段；第三阶段是 1999 年 7 月《证券法》生效以后，是中小投资者法律保护的完善阶段。2006 年《公司法》和《证券法》的修改，对投资者保护具有重大意义。

但是，在法制建设取得显著成绩的同时，投资者法律保护不力几乎也是公认的事实。在股票市场发展过程中，虚假陈述、利润操纵、包装上市、大股东侵占、内幕交易等侵害中小股东利益的违法违规案件不断出现，典型的如琼民源、红光实业、东方锅炉、大庆联谊、蓝田股份、银广夏、科龙电器等事件。这表明，虽然法律法规不少，但是未能有效执行。

2001 年 9 月 21 日，"银广夏"事件后，最高人民法院发布《关于涉证券民事赔偿案件暂不予受理的通知》，规定内幕交易、欺诈、操纵市场等行为引起的民事赔偿案件暂不予受理，其理由是受目前立法及司法条件的局限，尚不具备受理及审理这类案件的条件。后经过一段时间的准备，2002 年 1 月 15 日，最高人民法院发布《关于受理证券市场因虚假陈述引发的民事侵权纠纷案件有关问题的通知》（一般简称为"1·15 通知"），首次规定人民法院对证券市场因虚假陈述引发的民事侵权赔偿纠纷案件，凡符合《中华人民共和国民事诉讼法》规定受理条件的，自本通知下发之日起予以受理。这是我国证券法律实施的一大进步，也是中国股票市场有史以来首次明确要求法院受理虚假陈述民事赔偿案件的司法解释。这一通知为虚假陈述民事赔偿诉讼打开了大门，通知发布后，各地法院陆续开始受理此类案件。"1·15 通知"赋予投资者对上市公司在招股说明书中发布的误导性信息进行起诉的权利，但前提是中国证监会就事件已经进行调查并做出生效的处罚决定，这实际上限制了投资者利用诉讼的能力。

在"1·15 通知"的基础上，2003 年 1 月 9 日，最高人民法院发布的《关于审理证券市场因虚假陈述引发的民事赔偿案件的若干规定》（以下简称《若干规定》），对审理虚假陈述民事赔偿案件做出了更为详细的规定，详细规定了投资者提起诉讼的条件。2003 年，最高人民法院有选择性地推出了虚假陈述民事赔偿诉讼制度，通过对银广夏、东方电子和大庆联谊等典型案例审判，追究了侵权行为人的民事责任，保护了广大中小投资人的合法权益，对证券市场发展产生了积极影响。

《若干规定》第 9 条规定，民事诉讼的管辖权归发行人或者上市公司所在地有管辖权的中级人民法院或被告所在地有管辖权的中级人民法院管辖。但是，由于存在司法地方化现象，地方法院在人事和财政不独立于当地政府，外地股民到被告上市公司所在地的中级人民法院起诉时将会受到法院的地方保护主义的困扰，地方政府对当地法院的影响降低了这些投资者保护法律得到实施的可能性。如果继续放宽投资者尤其是中小股东通过司法途径维护权益的诉讼限制，将会对上市公司形成了倒逼机制，有利于降低股票市场的交易成本、保护投资人利益、净化股票市场公平公开公正的交易环境，从而促进股票市场健康发展。

2013 年《国务院办公厅关于进一步加强资本市场中小投资者合法权益保护工

作的意见》指出，完善中小投资者投票等机制。引导上市公司股东大会全面采用网络投票方式。积极推行累积投票制选举董事、监事。上市公司不得对征集投票权提出最低持股比例限制。完善上市公司股东大会投票表决第三方见证制度。研究完善中小投资者提出罢免公司董事提案的制度。自律组织应当健全独立董事备案和履职评价制度。建立中小投资者单独计票机制。上市公司股东大会审议影响中小投资者利益的重大事项时，对中小投资者表决应当单独计票。单独计票结果应当及时公开披露，并报送证券监管部门。保障中小投资者依法行使权利。健全利益冲突回避、杜绝同业竞争和关联交易公平处理制度。上市公司控股股东、实际控制人不得限制或者阻挠中小投资者行使合法权利，不得损害公司和中小投资者的权益。健全公开发行公司债券持有人会议制度和受托管理制度。基金管理人须为基金份额持有人行使投票权提供便利，鼓励中小投资者参加持有人大会。

2019 年，第十三届全国人大常委会第十五次会议审议通过了修订后的《中华人民共和国证券法》（以下简称新证券法），2020 年 3 月 1 日起施行。本次证券法修订，按照顶层制度设计要求，进一步完善了证券市场基础制度，体现了市场化、法治化、国际化方向，为证券市场全面深化改革落实落地，有效防控市场风险，提高上市公司质量，切实维护投资者合法权益，促进证券市场服务实体经济功能发挥，打造一个规范、透明、开放、有活力、有韧性的资本市场，极大的维护了中小股票投资的利益，

二、资本市场法律制度建设

中国资本市场从无到有，从小到大，与市场化与法治化相伴而行，可以说，资本市场的创立和发展正是在市场化与法治化的相互作用下不断壮大，为我国市场经济体制改革、经济发展和法治建设做出了应有的贡献。中国资本市场是一个新兴加转轨的市场，完善相关法律法规体系，对推动市场的法制化、规范化尤为重要。资本市场法律制度的不断完善，有效保障了资本市场功能作用的发挥。

伴随着资本市场从地方试点到中央统一管理再到集中统一监管的发展阶段，资本市场的法治完善经历了从地方立法到国家立法，从低层级的规范文件到国务院条例、法律的发展历程。

（一）资本市场基本法律制度建设

1993 年的《公司法》和 1998 年的《证券法》是规范资本市场的两部重要法律，对促进中国资本市场的健康发展，维护社会经济秩序，促进社会主义市场经济发展，发挥了重要的作用。随着经济体制改革、金融体制改革的不断深入和社会主义市场经济持续的发展，市场发展各方面发生了很大变化，出现许多新情况，这两部法律已不能完全适应新形势发展的客观需要，亟须修改。2005 年 10

月全国人大修订了《公司法》和《证券法》（以下简称"两法"），并于 2006 年 1 月 1 日开始实施。与"两法"的修订相适应，全国人大、国务院各部委对相关法律法规和部门规章进行了梳理和调整：颁布了《刑法修正案（六）》，修订了《企业破产法》；中国证监会陆续颁布了《冻结、查封实施办法》《上市公司治理准则》《上市公司股东大会规则》《上市公司章程指引（2006 年修订）》《上市公司非公开发行股票实施细则》《证券公司董事、监事和高级管理人员任职资格监管办法》《证券结算风险基金管理办法》等一批规章和规范性文件。基本形成了与"两法"配套的规章体系。这些法律法规的制定修改完善，进一步理顺了资本市场的法律关系，健全了资本市场运行机制，对全面提升资本市场法治水平、加快推进资本市场改革发展必将产生深远的影响。

在刑事立法方面，2001 年 4 月，最高人民检察院和公安部联合出台了《关于经济犯罪案件追诉标准的规定》，对于当时《中华人民共和国刑法》规定的证券犯罪的追诉标准进行了规定。2006 年，全国人大常委会通过《刑法修正案（六）》，对证券犯罪的规定做了修改，增设了背信损害上市公司利益罪等新的罪名，对有效打击证券期货犯罪，维护证券期货市场的秩序提供了法律依据。2008 年 3 月，最高人民检察院和公安部联合做出了《关于经济犯罪案件追诉标准的补充规定》的司法解释，针对《刑法修正案（六）》规定的五种证券犯罪规定了具体的追诉标准。

2002 年 11 月 7 日颁布了《合格境外机构投资者境内证券投资管理暂行办法》。在 QFII 制度下，合格的境外机构投资者（QFII）将被允许把一定额度的外汇资金汇入并兑换为当地货币，通过严格监督管理的专门账户投资当地证券市场，为我国证券市场的进一步发展增添了新的动力。2006 年完成股权分置改革，成功开启了中国资本市场发展的新阶段，使我国资本市场的发展摆脱了传统的以银行为主导的金融制度困境。决定一国金融制度选择的根本依据在于一国经济内在的金融需求。《证券法》和《公司法》等法律法规的推行和进一步完善，为资本市场的发展提供了良好的制度平台，并且为证监会等监管机构提供了可靠的法律参照和依托；同时也在很大程度上界定了国家和市场的产权边界，为资本市场的自由发展和繁荣奠定了基础。企业上市的审批制到审核制的转变，意味着企业上市的政府干预色彩变淡，政府寻租的空间得以压缩。同时，企业可以凭借自身的经济实力来获得上市的金融资源，从而有利于企业的做大做强。审核制也符合当前国际经济金融发展大趋势，既是对企业上市资格的必要监督，也是促进和激励企业利用金融资源，发展经济实力的必要制度。此外，2007 年颁布的《反垄断法》也从市场结构角度对我国资本市场的发展以及企业通过资本市场融资提出了严格的法律约束。这些法律的完善也为监管机构发挥作用提供了可依靠的法律制度基础，从而使证券市场的监管摆脱了过去的行政干预，更加符合金融市场发展的内在要求。

民事立法方面 2021 年开始施行的《中华人民共和国民法典》，对社会经济生活产生广泛而深刻的影响。例如 761 条至第 769 条从明确对虚假基础债权的处理原则、明确保理人的表明身份义务、明确有无追索权保理中保理人的权利主张方式、明确商业保理中应收账款多重转让时的优先权等方面明确了保理合同的法律适用问题，对虚构债务、上市公司通过应收账款保理进行盈余管理等欺诈行为的性质和后果进行了明确，以遏制债权重复转让、重复融资等不诚信行为，为加强对上市公司应收账款保理的监管提供了依据。

（二）投资者保护机制

根据"法与金融"的研究，投资者法律保护的水平是决定股票市场发展的关键变量。基于此，LLSV 的研究最早对投资者的法律保护状况进行量化评价。他们根据各国公司法、证券法等法律条文构建了累积股东权利保护指数。但是，从成文法律规则到法律的有效实施还需要一定条件，仅仅依据法律规则本身，并不能有效保护投资者利益。证券法律制度在保护投资者方面发挥作用的前提是该法律规则通过司法机制得到有效执行，法律才能发挥其威慑功能从而使投资者得到保护。尤其对于转轨国家来说，由于其用于规范股票市场的法律都是从成熟市场经济国家移植而来的，尚未形成自愿遵守这些法律规范的传统，因而法律的有效实施比书面法律的质量对于股票市场发展具有更加重要的意义。

在司法保护领域，2003 年施行的最高人民法院《关于审理证券市场因虚假陈述引发的民事赔偿案件的若干规定》，就证券市场投资人以信息披露义务人违反法律规定进行虚假陈述并致使其遭受损失为由，向人民法院提起诉讼的民事赔偿案件的受理、审理进行了规定。由于上市公司造假骗取上市、内幕交易、操纵股市等违法行为导致投资者损失，且公众投资者特别是中小投资者的利益保护一直是个难题：现行法规虽然赋予了投资者通过民事诉讼手段获得赔偿的权利，但由于诉讼本身尤其是在证券市场虚假陈述民事赔偿诉讼方面，对程序、举证等环节要求较为严谨，往往导致耗时长、成本高、举证程序复杂、诉讼结果不确定等情况，最终获得赔偿的投资者比例有限。因而，建立"先赔偿后追责"的中小投资者保护机制，不仅是投资者利益保护的基础，也是证券市场健康发展的重要保障。

为建立防范和处置证券公司风险的长效机制，维护社会经济秩序和社会公共利益，保护证券投资者的合法权益，促进证券市场有序、健康发展，2005 年 6 月 30 日，由证监会、财政部、中国人民银行联合颁布的《证券投资者保护基金管理办法》，建立了证券投资者保护基金（以下简称基金）制度，基金是指依法筹集形成的、在防范和处置证券公司风险中用于保护证券投资者利益的资金。该基金由依法设立的国有独资的中国证券投资者保护基金有限责任公司负责基金的筹集、管理和使用。基金主要用于按照国家有关政策规定对债权人予以偿付。

2020年为落实新《证券法》的规定，完善可转换公司债券（以下简称可转债）各项制度，防范风险，保护投资者合法权益，证监会发布《可转换公司债券管理办法》（以下简称《管理办法》）。可转债作为一种兼具"股性"和"债性"的混合证券品种，为企业募集资金提供了多样化的选择，在提高直接融资比重、优化融资结构、增强金融服务实体经济能力等方面发挥了积极作用。近期个别可转债被过分炒作，暴露出制度规则与产品属性不完全匹配的问题，有必要尽快出台专门规范可转债的规章，对其进行系统规制。

《管理办法》坚持以下原则：一是问题导向。针对可转债市场存在的问题，通过加强顶层设计，完善交易转让、投资者适当性、监测监控等制度安排，防范交易风险，加强投资者保护。二是公开公平公正。遵循"三公"原则，建立和完善信息披露、赎回回售、受托管理等各项制度，保护投资者合法权益，促进市场健康发展。三是预留空间。将新三板一并纳入调整范围，为未来市场的改革发展提供制度依据，同时对交易制度、投资者适当性等提出原则性的要求，为证券交易场所完善配套规则预留空间。

中国证券市场的发展历史短、经验不足、规范性不强、存在法律制度缺位等现象，对投资者保护的理念和措施还有很大的改进空间，这就要求法律制度及时跟进，进一步完善投资者保护法律法规，切实加强公众投资者保护，维护证券市场的健康稳定发展，从而促进投融资和实体经济发展。今后还应继续营造资本市场良好发展环境，制定有效保护投资者特别是中小投资者合法权益的法律法规，健全多元化纠纷解决和投资者损害赔偿行政和司法救济机制。

第三章　我国主要经济领域的法律制度

第一节　法律制度与国有经济

一、国有经济与经济发展

（一）相关概念及其法律依据

1. 国有经济

在社会主义经济理论研究中，国有经济理论一直是社会主义经济理论研究的热点问题，往往将国有经济与社会主义联系在一起。有学者认为，国有经济可以理解为"国有制经济"。实践中，资本主义国家也存在国有经济，属于区别于私人享有产权的经济组织形式。在各国，国有经济发挥着十分重要的影响，如国防领域和涉及国家安全和经济发展的战略性行业，都存在国有经济。因此，正确理解国有经济的含义，有利于确立我国国有经济的功能定位，从而合理布局国有经济的分布范围，提高国有资源配置效率，并增强国有经济的控制力、影响力和带动力。按照邓小平理论、计划经济、市场经济都是发展生产的方法、调节经济的手段，它们不是基本经济制度的范畴，不是区分社会主义制度和资本主义制度的本质的东西，而是属于运行机制的范畴，是社会主义、资本主义都可以用的东西。

一般将国有经济定义为全部资产归国家所有的经济成分，有广义和狭义之分。广义的国有经济，是指以经济资源归国家所有为基础的一切经济活动和过程，主要包括重要的自然资源和重要的公共资源、国家投资收益和国家财政收入、全部行政性资产、国有企业资产几个方面；狭义的国有经济一般指作为国有经济的运行载体的经营性国有企业及其资产，在统计上，按目前的统计分类应当包括国有企业、国有独资公司和其他所有制经济成分企业中的国有经济成分。

1993 年《宪法修正案》正式采用了"国有经济"的概念，把国有经济直接等同于全民所有制经济，《宪法》第 7 条规定："国有经济，即社会主义全民所有制经济，是国民经济中的主导力量。"2004 年《宪法修正案》沿用该规定。在《宪法》中，将国有经济等同于全民所有制经济，其范围包括：矿藏、水流、森林、山岭、草原、荒地、滩涂等自然资源，都属于国家所有，即全民所有；由法律规定属于集体所有的森林和山岭、草原、荒地、滩涂除外。城市的土地属于国家所有；由法律规定属于国家所有的农村和城市郊区的土地。

在统计上划分经济成分时，对"国有经济"的界定随着经济体制改革而调整。1980 年由国家统计局、工商行政管理总局制定发布的《关于统计上划分经济类型的暂行规定》（已失效）提出，在国民经济调整和体制改革过程中，我国国民经济在社会主义全民所有制和集体所有制经济占绝对优势的条件下，出现了一些新的经济类型，尽管生产关系的性质主要取决于生产资料归谁所有，但实际情况很复杂，有些情况如何划分，目前尚无正式规定。为了及时进行统计，反映实际情况，对我国现有的经济类型暂划分为：全民与集体合营、全民与私人合营、集体与私人合营、中外合营、华侨或港澳工商业者经营、外资经营、其他十类。其中，全民所有制是指生产资料和产品或收入归全民所有的一种经济形式，包括中央和地方各级国家机关、部队、科研机构、人民团体及其所属的全民所有制的企业、事业单位。对其他九种所有制经济成分也进行了界定。

随着体制改革的不断深化和社会经济的发展，我国国民经济结构发生了新的变化，出现了一些新的经济成分，《关于统计上划分经济类型的暂行规定》已不能反映我国经济体制格局发展变化的新情况。为正确反映我国所有制结构，适应宏观决策、管理和业务管理的需要，国家统计局和国家工商行政管理局于 1992 年对其进行了修订、补充，印发的《关于经济类型划分的暂行规定》（已废止）将经济类型划分为：国有经济、集体经济、私营经济、个体经济、联营经济、股份制经济、外商投资经济、港澳台投资经济、其他经济。国有经济是指生产资料归国家所有的一种经济类型，是社会主义公有制经济的重要组成部分，包括中央和地方各级国家机关、事业单位和社会团体使用国有资产投资举办的企业，也包括实行企业化经营，国家不再核拨经费或核拨部分经费的事业单位和从事经营性活动的社会团体，以及上述企业、事业单位和社会团体使用自有资金投资举办企业。集体经济是指生产资料归公民集体所有的一种经济类型，是社会主义公有制经济的组成部分。它包括城乡所有使用集体投资举办的企业，以及部分个人通过集资自愿放弃所有权并依法经工商行政管理机关认定为集体所有制的企业。集体所有制企业可再划分为城镇集体所有制企业和乡村集体所有制企业。

为了体现和贯彻落实党的十五大精神，反映和研究我国所有制结构以及国有经济的控股情况，1998 年由国家统计局重新制定公布了《关于统计上划分经济成分的规定》，将经济成分划分为公有经济和非公有经济两大类。公有经济是指资产归国家或公民集体所有的经济成分，包括国有经济和集体经济。国有经济是指资产归国家所有的经济成分。集体经济是指资产归公民集体所有的经济成分。2001年公布的《关于统计上划分经济成分的规定》，沿用了 1998 年公有经济与非公有经济成分的划分。

2．国有企业

国有企业是国有经济的主要实现形式之一，从资本"归谁所有"的角度看，国有企业是指资本全部或主要由国家投入并为国有企业所有，依法设立的从事生产经营活动的组织。然而，国有企业概念的确定与经济体制改革过程相伴。在计划经济时期，国有企业在我国是一个较为确切的概念，被称为国有企业、全民所有制企业，相当于"国有国有企业"。经济改革以来，国有企业改革是市场经济改革的重要领域。

在 1984 年 10 月十二届三中全会之前。企业改革的基本思路是放权让利，强化刺激。1984 年 10 月十二届三中全会做出的《关于经济体制改革的决定》（简称《经济体制改革决定》）指出："根据马克思主义的理论和社会主义实践，所有权同经营权是可以适当分开的。"按照这一思想，我国经济体制改革在全民所有制企业基础上，沿着"国家所有、企业自主经营、自负盈亏"的思路开展，要求企业真正成为独立的经济实体，成为独立的社会主义商品生产者和经营者，具有自我改造和自我发展的能力，成为具有一定权利和义务的法人。公有制的这种实现形式，为建立市场经济体制创造了必要的前提条件。《经济体制改革决定》提出"增强企业的活力，特别是增强全民所有制的大、中型企业的活力，是以城市的重点的整个经济体制改革的中心环节"，"围绕这个中心环节，主要应该解决好两个方面的关系问题，即确立国家和全民所有制企业之间的正确关系，扩大企业自主权；确立职工和企业之间的正确关系，保证劳动者在企业中的主人翁地位。"根据《中华人民共和国民法通则》第 41 条的规定，全民所有制企业、集体所有制企业有符合国家规定的资金数额，有组织章程、组织机构和场所，能够独立承担民事责任，经主管机关核准登记，取得法人资格，属于企业法人。

从 1984 年 10 月到 1986 年，国有企业先后进行了利改税、拨改贷、企业承包制和股份制等改革。从 1987 年开始，国有企业改革围绕着重建企业经营机制这个中心，全面推行各种形式的经营责任制，包括大中型企业的承包制、小企业的租赁制和股份制的试点。1988 年 4 月通过的《全民所有制工业企业法》第 2 条规定：全民所有制工业企业（以下简称企业）是依法自主经营、自负盈亏、独立核算的社会主义商品生产和经营单位。企业的财产属于全民所有，国家依照所有权和经营权分离的原则授予企业经营管理。企业对国家授予其经营管理的财产享有占有、使用和依法处分的权利。企业依法取得法人资格，以国家授予其经营管理的财产承担民事责任。企业根据政府主管部门的决定，可以采取承包、租赁等经营责任制形式。1988 年 6 月，《企业法人登记管理条例》第 2 条规定，"具备法人条件的下列企业，应当依照本条例的规定办理企业法人登记，全民所有制企业，集体所有制企业，联营企业，在中华人民共和国境内设立的中外合资经营企业、中外合作经营企业和外资企业，私营企业；依法需要办理企业法人登记的其他企业。"

1991 年以前，国有企业改革最主要的手段是承包制，股份制改革的思路就是这时提出来的。在这一时期，非公有制经济也取得了比较大的发展。1992 年 7 月，国务院制定的《全民所有制工业企业转换经营机制条例》第 2 条规定，"企业转换经营机制的目标是：使企业适应市场的要求，成为依法自主经营、自负盈亏、自我发展、自我约束的商品生产和经营单位，成为独立享有民事权利和承担民事义务的企业法人。"第 6 条规定，"企业经营权是指企业对国家授予其经营管理的财产（以下简称企业财产）享有占有、使用和依法处分的权利。"在企业和政府的关系上，第 41 条规定，"企业财产属于全民所有，即国家所有，国务院代表国家行使企业财产的所有权。"企业财产包括国家以各种形式对企业投资和投资收益形成的财产，以及其他依据法律和国有资产管理行政法规认定的属于全民所有、由企业经营管理的财产。

随着社会主义市场经济体制改革的深入发展，企业经营形式趋于多样化，投资主体日趋多元化，"国有"与"国营"发生了分离，"国有"的形式也发生了重大变化。1993 年《宪法修正案》将"国有企业"更名为"国有企业"，并正式采用了"国有经济"的提法，实现了理论上的重大突破，国有企业的概念也早已被社会各界所广泛接受。国有企业一般是指由国家出资兴办，并对其享有所有者权益的企业。1993 年颁布的《公司法》第 7 条规定，"国有企业改建为公司，必须依照法律、行政法规规定的条件和要求，转换经营机制，有步骤地清产核资、界定产权，清理债权债务，评估资产，建立规范的内部管理机构。"第 20 条规定，"国家授权投资的机构或国家授权的部门可以单独投资设立国有独资的有限责任公司。"第 21 条规定，"本法施行前已设立的国有企业，符合本法规定设立有限责任公司条件的，单一投资主体的，可以依照本法改建为国有独资的有限责任公司；多个投资主体的，可以改建为前条第一款规定的有限责任公司。"第 64 条规定："本法所称国有独资公司是指国家授权投资的机构或者国家授权的部门单独投资设立的有限责任公司。国务院确定的生产特殊产品的公司或者属于特定行业的公司，应当采取国有独资公司形式。"

1998 年颁行的《关于统计上划分经济成分的规定》规定，国有企业是指企业全部资产归国家所有，并按《中华人民共和国企业法人登记管理条例》规定登记注册的非公司制的经济组织，不包括有限责任公司中的国有独资公司。集体企业是指企业资产归集体所有，并按《中华人民共和国企业法人登记管理条例》规定登记注册的经济组织。股份合作企业是指以合作制为基础，由企业职工共同出资入股，吸收一定比例的社会资产投资组建，实行自主经营，自负盈亏，共同劳动，民主管理，按劳分配与按股分红相结合的一种集体经济组织。2001 年，《关于划分企业登记注册类型的规定》对国有企业和集体企业的定义没有变化。

2005 年修订的《公司法》第 65 条第 2 款规定:"国有独资公司,是指国家单独出资、由国务院或者地方人民政府授权本级人民政府国有资产监督管理机构履行出资人职责的有限责任公司。"也就是说,国有企业是指企业全部资产归国家所有。

3．国有资产

资产(assets),是会计学上的概念。国际会计准则委员会(International Accouting Standards Committee,IASC)发布的《国际会计准则第 38 号——无形资产》将"资产"定义为由于过去事项而由企业控制的、预期会导致未来经济利益流入企业的资源。我国 1992 年发布的《企业会计准则——基本准则》第 22 条规定,资产是企业拥有或者控制的能以货币计量的经济资源,包括各种财产、债权和其他权利;第 23 条规定,资产分为流动资产、长期投资、固定资产、无形资产、递延资产和其他资产。1997 年《事业单位会计准则》第 21 条规定,资产是事业单位占有或者使用的能以货币计量的经济资源。2001 年生效的《企业财务会计报告条例》第 9 条对资产进行了重新定义:资产,是指过去的交易、事项形成并由企业拥有或控制的资源,该资源预期会给企业带来经济利益。并以此为依据制定了《企业会计制度》。2014 年修订的《企业会计准则——基本准则》将资产定义为资产是指企业过去的交易或者事项形成的、由企业拥有或者控制的、预期会给企业带来经济利益的资源。从会计学的角度看,资产主要具有收益性和稀缺性两个显著特点。

美国经济学家康芒斯指出,资产的法律意义是财产,而财产的经济利益是资产。从法学角度看,资产主要体现为财产,资产是指可以作为生产要素投入到生产经营过程中并能带来经济利益的财产和财产权利。1991 年国务院发布实施的《国有资产评估管理办法》(以下简称《办法》)在没有界定"国有资产"概念的情况下实施评估,对并没有明确的"国有资产占有单位"进行国有资产的评估,只规定了国有资产评估范围包括:固定资产、流动资产、无形资产和其他资产。由于该办法可操作性差,而且会导致国有资产流失,1992 年国家国有资产管理局制定的《国有资产评估管理办法施行细则》第 3 条明确了《办法》所说的国有资产是指国家依据法律取得的,国家以各种形式的投资和投资收益形成的或接受捐赠而取得的固定资产、流动资产、无形资产和其他形态的资产。第 4 条规定,《办法》第 3 条所说的国有资产占有单位包括:国家机关、军队、社会团体及其他占有国有资产的社会组织;国有企业、事业单位;各种形式的国内联营和股份经营单位;中外合资、合作经营企业;占有国有资产的集体所有制单位;其他占有国有资产的单位。

1993 年国有资产管理局发布的《国有资产产权界定和产权纠纷处理暂行办法》将国有资产定义为"国家依法取得和认定的，或者国家以各种形式对企业投资和投资收益、国家向行政事业单位拨款等形成的资产"。该办法适用于"全部或部分占用国有资产单位的产权界定，全民所有制单位与其他所有制单位之间以及全民所有所制单位之间的国有资产产权的界定及产权纠纷的处理"。

2001 年 12 月 31 日财政部发布的《国有资产评估管理若干问题的规定》，规定对各类占有国有资产的企业和事业单位的国有资产进行评估。其中，占有单位有下列行为之一的应当对相关国有资产进行评估：整体或部分改建为有限责任公司或者股份有限公司；以非货币资产对外投资；合并、分立、清算；除上市公司以外的原股东股权比例变动；除上市公司以外的整体或者部分产权（股权）转让；资产转让、置换、拍卖；整体资产或者部分资产租赁给非国有单位；确定涉讼资产价值；法律、行政法规规定的其他需要进行评估的事项。

2003 年颁布实施的《企业国有资产监督管理暂行条例》规定，企业国有资产，是指国家对企业各种形式的投资和投资所形成的权益，以及依法认定为国家所有的其他权益。企业国有资产属于国家所有。国家实行由国务院和地方人民政府分别代表国家履行出资人职责，享有所有者权益，权利、义务和责任相统一，管资产和管人、管事相结合的国有资产管理体制。

2006 年财政部发布的《事业单位国有资产管理暂行办法》规定，事业单位国有资产，是指事业单位占有、使用的，依法确认为国家所有，能以货币计量的各种经济资源的总称，即事业单位的国有（公共）财产。事业单位国有资产包括国家拨给事业单位的资产，事业单位按照国家规定运用国有资产组织收入形成的资产，以及接受捐赠和其他经法律确认为国家所有的资产，其表现形式为流动资产、固定资产、无形资产和对外投资等。适用于各级党的机关、人大常委会机关、行政机关、政协机关、审判机关、检察机关和各民主党派机关（以下统称行政单位）的国有资产管理行为。2006 年财政部发布的《行政单位国有资产管理暂行办法》规定：行政单位国有资产，是指由各级行政单位占有、使用的，依法确认为国家所有，能以货币计量的各种经济资源的总称，即行政单位的国有（公共）财产。行政单位国有资产包括行政单位用国家财政性资金形成的资产、国家调拨给行政单位的资产、行政单位按照国家规定组织收入形成的资产，以及接受捐赠和其他经法律确认为国家所有的资产，其表现形式为固定资产、流动资产和无形资产等。2008 年《企业国有资产法》规定：企业国有资产（以下简称国有资产），是指国家对企业各种形式的出资所形成的权益，国有资产属于国家所有即全民所有。国务院代表国家行使国有资产所有权。

2011 年 7 月 1 日起施行的由国务院国资委会通过并公布的《中央企业境外国

有资产监督管理暂行办法》将境外中央企业资产纳入监管的范围，规定境外企业，是指中央企业及其各级子企业在我国境外以及香港特别行政区、澳门特别行政区和台湾地区依据当地的地方性法规出资设立的独资及控股企业。但对境外国有资产未做界定。2009 年，国务院机关事务管理局制定并发布了《中央行政事业单位国有资产管理暂行办法》，指出中央行政事业单位国有资产账包括固定资产账、无形资产账和对外投资资产账。

2020 年《行政事业性国有资产管理条例》，规定各部门根据职责负责本部门及其所属单位国有资产管理工作，应当明确管理责任，指导、监督所属单位国有资产管理工作。各部门所属单位负责本单位行政事业性国有资产的具体管理，应当建立和完善内部控制管理制度。各部门及其所属单位管理行政事业性国有资产应当遵循安全规范、节约高效、公开透明、权责一致的原则，实现实物管理与价值管理相统一，资产管理与预算管理、财务管理相结合。

4. 国有资本

资本（capital），按照马克思主义政治经济学，资本是一种可以带来剩余价值的价值，以追逐利润为目的，它在生产关系中是一个特定的政治经济范畴，其具体形式表现为投入商品生产的一切有价值的资源，体现了资本家对工人的剥削关系。资本是能够创造价值的价值，可以为资本拥有者带来经济收益，资本只有在运动中才能实现价值增值。资本作为一种价值，追求的只是价值的增值，而这种价值增值只能在资本运营中实现，一旦停止运营，价值增值就会中断；停止运营的价值以使用价值的形式出现后即为资产。资产作为经济资源，是资本的静态存在形式。在市场经济中为企业创造经济效益，主要通过不断地创造和出售商品或劳务来实现，因此，资产与资本的互化过程，实际上就是不断地改变自身存在形式的过程，也就是"资产—资本—资产"的过程。

西方经济学理论认为，资本是一种生产要素，可以用价值形式来表示，人们通过对资本的运用，可以获得某种收益。按照资本的存在形态不同，可以分为货币资本、金融资本和实物资本。货币资本是指可以用来投资，以实现价值增值目的的货币，包括现金、银行存款等，货币资本具有灵活性、安全性和低收益性等特点。金融资本是指投资于金融工具中的各种资本，包括股票、债券、期货以及发放的贷款等，投资期限长，具有收益性和风险性等特点。实物资本是指以实物形态存在的资本，包括厂房、设备、原材料等，实物资本易受自然磨损。

国有资本是指所有权属于国家的所有资本，是由国家或政府所占有的国民财富。国有资本又分经营性资本和非经营性资本，经营性资本以创造经济效益为主，非经营性资本以创造社会效益为主。国有资本所有权属于国家，并委托经营者进行经营。国有资本具有创造社会公共产品和获取利润两种职能，包括国防建设、基础设施建设等社会公共活动，也包括在市场经济活动中作为一般资本参与获取利润的经济活动。国有资本公益职能的公有性质体现在为国民经济提供"外部性"条件上；国有资本经济职能的公有性质体现在收益的归属上。无论哪种国有资本，其产权性质都没有发生变化，国有资本也是公有制经济的具体现形式。

国有资本是指国家对企业各种形式的投资和投资所形成的收益，以及依法认定的国家所有者权益。对于国有独资企业或公司，其国有资本等于该企业的所有者权益；对于拥有国家投资的有限责任公司和其他具有多元投资主体的企业，国有资本是企业所有者权益中国家应享有的份额。国有资本保值增值考核的对象为各级人民政府投资设立的各类国有企业，包括：国有独资公司、国有控股公司和未进行公司制改造的国有企业。2001年，财政部印发的《企业国有资本与财务管理暂行办法》规定：本办法所称"国有资本"，是指国家对企业各种形式的投资和投资所形成的权益，以及依法认定为国家所有的其他权益。2004年国务院国资委公布的《企业国有资本保值增值结果确认暂行办法》规定：本办法所称企业国有资本，是指国家对企业各种形式的投资和投资所形成的权益，以及依法认定为国家所有的其他权益。对于国有独资企业，其国有资本是指该企业的所有者权益，以及依法认定为国家所有的其他权益；对于国有控股及参股企业。其国有资本是指该企业所有者权益中国家应当享有的份额。

2007年，国务院发布的《关于试行国有资本经营预算的意见》中明确：国有资本经营预算，是国家以所有者身份依法取得国有资本收益，并对所得收益进行分配而发生的各项收支预算，是政府预算的重要组成部分。2007年公布的《中央企业国有资本收益收取管理暂行办法》中规定的国有资本收益，是指国家以所有者身份依法取得的国有资本投资收益，具体包括：应交利润，即国有独资企业按规定应当上交国家的利润；国有股股利、股息，即国有控股、参股企业国有股权（股份）获得的股利、股息收入；国有产权转让收入，即转让国有产权、股权（股份）获得的收入；企业清算收入，即国有独资企业清算收入（扣除清算费用），国有控股、参股企业国有股权（股份）分享的公司清算收入（扣除清算费用）；其他国有资本收益。

5. 国有产权

2003年国资委颁布的《企业国有产权转让管理暂行办法》规定，"企业国有产权，是指国家对企业以各种形式投入形成的权益、国有及国有控股企业各种投资所形成的应享有的权益，以及依法认定为国家所有的其他权益。"这是目前我国在形式上最明确、最详细的国有产权概念。2011年国资委发布的《中央企业境外国有产权管理暂行办法》中规定：境外国有产权是指中央企业及其各级子企业以各种形式对境外企业出资所形成的权益。

（二）我国国有经济的总体表现

1949 年，全国工业企业总产值 140 亿元，其中国有工业企业总产值 37 亿元，集体工业企业总产值 1 亿元，公有制工业企业总产值占全国工业企业总产值比重为 27.1%。到 1977 年，全国工业企业总产值增加到 3 725 亿元，其中，国有工业企业总产值增加到 2 869 亿元，集体工业企业总产值 856 亿元，公有制工业企业总产值占全国工业企业总产值比重为 100%，公有制经济一统天下。1978 年，国有工业企业总产值占全部工业企业总产值比重为 77.6%（这一比重 1960 年最高，为 90.6%）。集体企业占比为 22.4%。到 2010 年，国有工业企业总产值占全部工业企业总产值比重下降到 26.6%，集体企业占比为 1% 左右。到了 2017 年，国有工业企业占全部规模以上工业企业资产的 37.9%。

经过多年的国有经济布局调整、资产重组和结构调整，全国规模以上的国有控股企业由 1998 年的 6.5 万户减少到 2002 年的 4.3 万户，但利润却从 736 亿元上升到了 2 316 亿元，增长了 2.5 倍。其中，2002 年税金达到 4 000 亿元，占全国工业上缴税金的 65.6%，它们中的 2/3 仍是国有控股的。2001 年年底，我国基础产业占用国有资产总额为 37 235.7 亿元，比 1995 年增长 1.1 倍；国有大型企业占用国有资产总额为 45 990.7 亿元，比 1995 年年末增长了 1.5 倍；国有净资产总量比 1995 年增长 91.4%，但国有经济对经济总量（GDP）的贡献率则逐步降低，从 1978 年占 56% 降至 1997 年的 42%，这有助于进一步改善所有制结构。

1997 年后，国有经济和国有资本逐步向关系国民经济命脉的重要行业和关键领域集中，向大企业集中，但国有经济总量进一步增加，经济效益、运行质量和竞争能力明显提高，控制力、影响力和带动力进一步增强。1998 年，全国国有工商企业共有 23.8 万户，2002—2007 年，国有企业户数从 15.8 万户减少到不足 11 万户；1997 年，全国国有工商企业实现利润 800 亿元，而到 2006 年，全国国有工商企业实现利润达 12 000 亿元，2002—2007 年，实现利润平均每年增加 2 483 亿元，销售收入平均每年增加 18 900 亿元。国资委成立以来，共有 77 家中央企业进行了 41 次重组，企业户数从 196 家减少到 157 家；2000 年，中央企业净资产 30 700 亿元，到 2006 年，增长到 53 900 亿元；2006 年，中央企业销售收入超过千亿元的有 21 家，利润超过百亿元的有 13 家。2002—2007 年，入选世界 500 强的国有企业从 11 家增加到 22 家；2006 年福布斯公布的全球 2000 大上市企业，中央企业有 3 家进入前 100 强。1998—2010 年，全部工业企业总产值平均增长 21.46%；同期，国有及国有控股工业企业总产值年平均增长 15.32%，比全部工业企业总产值年平均增长速度慢 6.1 个百分点。近年来，我国国有企业总体实力显著增强。

国有企业在企业规模、资本构成、隶属关系、经济地带、产业作用分布方面具有鲜明的特点（按 2009 年国有企业数据分析）：按企业规模分，国有大型企业占用了绝大部分国有资产，创造了绝大部分利润；按资本构成分，国有独资企业、公司占用了绝大部分国有资产，创造了绝大部分利润；按隶属关系分，中央企业以 9%的企业户数，占用了 47%的国有资产，创造了 65%的利润；按经济区域分，东部地区国有企业户数占 48%，占用了绝大部分国有资产，创造了绝大部分利润；按产业构成分，基础性国有企业以 29%的企业户数，占用了大部分国有资产，创造了大部分利润。从企业规模上看，国有大型企业户数占全部国有企业户数的4%，国有中型企业户数占 8%，国有小型企业户数占 88%；国有大型企业占用全部国有资产的 81%，国有中型企业占用全部国有资产的 7%，国有小型企业占用全部国有资产的 12%；国有大型企业创造利润占国有企业利润总额 93%，国有中型企业创造利润占 4%，国有小型企业创造利润占 3%。从资本构成看，国有独资企业、公司占全部国有企业资产总额的 73%，国有控股企业占 26%，企业化管理事业单位占 1%；国有独资企业、公司创造的利润占全部国有企业利润总额的82%，国有控股企业占 17%，企业化管理事业单位占 1%。从隶属关系上看，中央企业户数占 9%，地方国有企业户数占 91%，中央企业占用全部国有企业资产总额的 47%，地方企业占用 53%；中央企业创造的利润占全部国有企业利润总额的 65%，地方企业创造的利润仅占全部国有企业利润总额的 35%。

2008 年后，在 39 个行业国有控股工业企业国家资本金中，排名前十位的依次为电力热力的生产和供应业、石油和天然气开采业、石油加工炼焦及核燃料加工业、煤炭开采和洗选业、黑色金属冶炼及压延加工业、交通运输设备制造业、化学原料及化学制品制造业、水的生产和供应业、有色金属冶炼及压延加工业、黑色金属矿采选业。

2019 年，全年国内生产总值 990 865 亿元，比上年增长 6.1%。其中，第一产业增加值 70 467 亿元，增长 3.1%；第二产业增加值 386165 亿元，增长 5.7%；第三产业增加值 534 233 亿元，增长 6.9%。第一产业增加值占国内生产总值比重为7.1%，第二产业增加值比重为 39.0%，第三产业增加值比重为 53.9%。全年最终消费支出对国内生产总值增长的贡献率为 57.8%，资本形成总额的贡献率为31.2%，货物和服务净出口的贡献率为 11.0%。人均国内生产总值 70 892 元，比上年增长 5.7%。国民总收入 988 458 亿元，比上年增长 6.2%。全国万元国内生产总值能耗比上年下降 2.6%。全员劳动生产率为 115 009 元/人，比上年提高 6.2%。

2019 年，全国国有及国有控股企业（以下称国有企业）主要经济指标保持增长态势，应交税费继续下降。国有企业营业总收入 625 520.5 亿元，同比增长 6.9%。国有企业营业总成本 609 066.1 亿元，同比增长 7.1%。国有企业利润总额 3 5961.0亿元，同比增长 4.7%。其中，中央企业 22 652.7 亿元，同比增长 8.7%；地方国有企业 13 308.3 亿元，同比下降 1.5%。国有企业税后净利润 26 318.4 亿元，同比增长 5.2%，归属于母公司所有者的净利润 15 496.0 亿元。

（三）国有经济的功能

在马克思主义理论中，国有经济功能的理论以国家的所有制为起点，在资本主义发展过程中，当生产的社会化和社会分工达到一定的程度，国家不得不承担起对生产的领导。恩格斯认为资本主义的国有制是"资本主义的机器"，资本家越是占有更多的生产资料公民的剥削就越严重。国有经济是维护统治阶级利益和执行公共事务的物质基础。列宁意识到在一个经济落后的国家需要利用国有经济的力量来进行社会主义建设，提出"我们掌握了一切经济命脉，我们掌握了土地……这一点我们已经做到了，我还要说，我们今后的一切活动都应当只在这些范围内展开"的主张。在斯大林的国有经济思想中，将国有制等同于社会所有制，认为在苏联实现了国家所有的地方就实现了社会所有。在这种思想的指导下，苏联的国有经济取代了其他社会经济组织形式，国有经济功能取代了社会经济功能，形成了高度集中的计划经济体制，确立了"社会主义经济=占统治地位的国有制+计划经济"的公式。

在西方市场经济中，现代意义上的国有经济功能理论源于"市场失灵"理论，以国家干预经济的目的为核心展开。凯恩斯在有效需求理论的基础上，认为国有经济可以扩大有效需求和增加就业，政府可以通过扩大公共投资，以增加需求量，刺激和带动个人消费和企业投资增长。汉森在分析经济危机中通货膨胀的原因的基础上，认为政府对经济的干预的途径在于扩大公共投资，这是因为现代经济社会要求国家的职责发生变化，保证充分就业是政府的首要职责，因此应该实行"混合经济制度"，国有投资可以作为扩大政府公共支出来弥补私人投资的不足。加尔布雷思认识到资本主义社会存在工人失业、市场调解失灵、经济周期波动等矛盾和危机，"经济体系会自我改进的说法，现在也许没有人相信"。他主张国有经济的功能应该是积极地干预经济生活，以纠正市场失灵，保障社会经济的正常运行。斯蒂格利茨系统地阐述了国家干预经济的实务理论和政策主张，建议将国家干预与市场机制相结合的体制作为西方发达国家的长期经济发展模式。他认为国有化是当代各国调控经济、发展经济的一种重要方式，力主政府可以选择对经济采取国有化的直接行动——"面对市场失灵，政府可以干脆自己付起责来……如果政府认为，在空运和铁路行业中存在市场失灵，它可以对这些行业实行国有化，或者，对这些行业中令人不满的部分实行国有化，并且由政府自己来经营"。

国有经济的功能是指国有经济作为国民经济的要组成部分，通过不同的实现形式，在社会经济发展中的所发挥的有利的影响和效能。在我国国有经济理论形成过程中，毛泽东以马克思主义政治经济理论为出发点，对国有经济功能的认识经历了新民主主义国有经济和社会主义国有经济两个阶段。在《新民主主义论》中指出国营经济具有社会主义性质，是整个国民经济的领导力量。在1948年的中央政治局工作会议上，毛泽东指出"在我们社会经济中起决定作用的东西是国有经济、公营经济，这个国家是无产阶级领导的，所以这些经济都是社会主义性质的。农村个体经济加上城市私人经济在数量上是大的，但是不起决定作用。我们国有经济、公营经济，在数量上较小，但它是起决定作用的。"七届二中全会报告，更加系统地对国有经济的功能进行了阐述："没收官僚资本归无产阶级领导的人民共和国所有，就使人民共和国掌握了国家的经济命脉，使国有经济成为整个国民经济的领导成分。这一部分经济，是社会主义性质的经济，不是资本主义性质的经济。"邓小平理论强调坚持公有制的主体地位的基础上，允许个体经济、中外合资经济、外资独资经济等经济成分的发展，努力实现全体人民共同富裕。

关于国有经济的功能。改革开放以来党和政府的许多重要文献都有明确的论述。尤其是1997年以来，对以国有经济为重点的公有制经济的地位的认识不断深化。十五大报告提出，"公有制的主体地位主要体现在：公有资产在社会总资产中的优势；国有经济控制国民经济命脉，对经济发展起主导作用；这是就全国而言，有的地方，有的产业可以有所差别；公有资产占优势，要有量的优势，更要注重质的提高。国有经济起主导作用，主要体现在控制力上。"十六大报告指出，国有经济具有"控制国民经济命脉，对于发挥社会主义制度的优越性，增强我国的经济实力、国防实力和民族凝聚力"等关键性作用。十七大报告从完善基本经济制度，健全现代市场体系方面，提出"优化国有经济布局和结构，增强国有经济活力、控制力、影响力。"十八大报告在"全面深化经济体制改革"部分提出，要毫不动摇巩固和发展公有制经济。推行公有制多种实现形式，深化国有企业改革，完善各类国有资产管理体制，推动国有资本更多投向关系国家安全和国民经济命脉的重要行业和关键领域，不断增强国有经济活力、控制力、影响力。党的十九大会，提出"公有制为主体、多种所有制经济共同发展，按劳分配为主体、多种分配方式并存，社会主义市场经济体制等社会主义基本经济制度，既体现了社会主义制度优越性，又同我国社会主义初级阶段社会生产力发展水平相适应，是党和人民的伟大创造。"这一新的概括，标志着我国社会主义基本经济制度更加成熟、更加定型。推进全面深化改革，不断解放和发展社会生产力，前提是必须正确认识和理解社会主义基本经济制度的内涵和实质。

中共中央《关于国有企业改革和发展若干问题的决定》进一步指出，增强国有经济在国民经济中的控制力主要表现在：国有经济要在关系国民经济命脉的重要行业和关键领域占支配地位，支撑、引导和带动社会经济的发展，在实现国家宏观调控目标中发挥关键作用；国有经济应当保持必要的数量，并且在整体结构上实现优化，在素质上得到提高，影响力和竞争力得到增强。从总体上看，在特定历史时期，国有经济的功能定位突出表现在以下几个方面：国有经济通过控制关系国家安全和国民经济命脉的重要行业和关键领域，增强国有经济的控制力，维护国家政治、经济和国防安全；国有经济通过控制支柱产业和战略性新兴产业中的重要骨干企业，对整个国民经济运行进行宏观引导和市场调节，加速推进国家工业化进程，增强国家综合国力，提高国民经济整体竞争力；国有经济通过控制社会公共部门，提高维护社会稳定的保障能力；引导、促进多种所有制经济共同发展，维持竞争有序、协调运转的国民经济秩序，调整社会公平尺度，实现国民经济宏观目标。

党的十九届四中全会审议通过了《中共中央关于坚持和完善中国特色社会主义制度、推进国家治理体系和治理能力现代化若干重大问题的决定》，全面回答了在我国国家制度和国家治理上，应该"坚持和巩固什么，完善和发展什么"这个重大政治问题。《决定》凝练概括了我国国家制度和国家治理体系的 13 个方面显著优势，其中第六部分"坚持和完善社会主义基本经济制度，推动经济高质量发展"，论述的是经济制度优势。《决定》提出，"公有制为主体、多种所有制经济共同发展，按劳分配为主体、多种分配方式并存，社会主义市场经济体制等社会主义基本经济制度，既体现了社会主义制度优越性，又同我国社会主义初级阶段社会生产力发展水平相适应，是党和人民的伟大创造。"这是十九届四中全会的一大创新，把按劳分配为主体，多种分配方式并存，社会主义市场经济体制上升为基本经济制度，这一创新标志着我国社会主义经济制度更加完善。

二、国有经济的宪法地位与法律规范

(一) 国有经济宪法地位及其确立

1982 年《宪法》第 6 条规定："中华人民共和国的社会主义经济制度的基础是生产资料的社会主义公有制，即全民所有制和劳动群众集体所有制。社会主义公有制消灭人剥削人的制度，实行各尽所能，按劳分配的原则。"

1982 年《宪法》第 7 条规定："国有经济，是社会主义全民所有制经济，是国民经济中的主导力量。国家保障国营经济的巩固和发展。"第 8 条规定："农村人民公社、农业生产合作社和其他生产、供销、信用、消费等各种形式的合作经济，是社会主义劳动群众集体所有制经济。参加农村集体经济组织的劳动者，有权在法律规定的范围内经营自留地、自留山、家庭副业和饲养自留畜。城镇中的手工业、工业、建筑业、运输业、商业、服务业等行业的各种形式的合作经济，都是社会主义劳动群众集体所有制经济。国家保护城乡集体经济组织的合法的权利和利益，鼓励、指导和帮助集体经济的发展。"

（二）宪法修改与国有经济

1. 1988 年《宪法修正案》对公有制经济的补充

1988 年修正案对宪法第 11 条增加 1 款，规定："国家允许私营经济在法律规定的范围内存在和发展。私营经济是社会主义公有制经济的补充。国家保护私营经济的合法权利和利益，对私营经济实行引导、监督和管理"。这是对公有制经济占主导地位的经济制度的内部调整，对社会主义公有制经济的地位并没有任何怀疑或者改变，而是从侧面上加强其主体地位。

2. 1993 年《宪法修正案》

1993 年修正案将宪法第 7 条 "国有经济是社会主义全民所有制经济，是国民经济中的主导力量。国家保障国营经济的巩固和发展" 修改为 "国有经济，即社会主义全民所有制经济，是国民经济中的主导力量。国家保障国有经济的巩固和发展"。将第 16 条 "国有企业在服从国家的统一领导和全面完成国家计划的前提下，在法律规定的范围内，有经营管理的自主权" 修改为："国有企业在法律规定的范围内有权自主经营"。

3. 1999 年《宪法修正案》

1999 年修正案将宪法第 6 条 "中华人民共和国的社会主义经济制度的基础是生产资料的社会主义公有制，即全民所有制和劳动群众集体所有制。""社会主义公有制消灭人剥削人的制度，实行各尽所能，按劳分配的原则" 修改为 "中华人民共和国的社会主义经济制度的基础是生产资料的社会主义公有制，即全民所有制和劳动群众集体所有制。社会主义公有制消灭人剥削人的制度，实行各尽所能、按劳分配的原则。""国家在社会主义初级阶段，坚持公有制为主体、多种所有制经济共同发展的基本经济制度，坚持按劳分配为主体、多种分配方式并存的分配制度"。将第 11 条 "在法律规定范围内的城乡劳动者个体经济，是社会主义公有制经济的补充。国家保护个体经济的合法的权利和利益。""国家通过行政管理，指导、帮助和监督个体经济。""国家允许私营经济在法律规定的范围内存在和发展。私营经济是社会主义公有制经济的补充。国家保护私营经济的合法的权利和利益，对私营经济实行引导、监督和管理" 修改为 "在法律规定范围内的个体经济、私营经济等非公有制经济，是社会主义市场经济的重要组成部分。""国家保护个体经济、私营经济的合法的权利和利益。国家对个体经济、私营经济实行引导、监督和管理。"

4. 2018 年《宪法修正案》

2018 年宪法修正案规定，中华人民共和国的社会主义经济制度的基础是生产资料的社会主义公有制，即全民所有制和劳动群众集体所有制。社会主义公有制消灭人剥削人的制度，实行各尽所能、按劳分配的原则。国家在社会主义初级阶段，坚持公有制为主体、多种所有制经济共同发展的基本经济制度，坚持按劳分配为主体、多种分配方式并存的分配制度。将国有经济，即社会主义全民所有制经济，是国民经济中的主导力量。国家保障国有经济的巩固和发展。

（三）国有经济的民商法规范

1. 市场主体地位的确立

1979 年，国务院发布《关于扩大国营工业企业经营管理自主权的若干规定》。1979 年 7 月 1 日第五届全国人民代表大会第二次会议通过的《中外合资经营企业法》，这是为了扩大国际经济合作和技术交流，允许外国公司企业和其他经济组织或个人按照平等互利的原则，经中国政府批准，在中华人民共和国境内，同中国的公司或企业或其他经济组织共同举办合营企业而设定的法律。1983 年国务院颁布《中外合资经营企业法实施条例》。《企业法》和《实施条例》的制定，不仅为外商投资办厂提供了依据，同时还标志着现代企业制度组织形式的有限责任公司重新回到了我们的经济生活中来。1983 年 4 月颁布了《国营工业企业暂行条例》，该条例规定了企业的法人资格、领导体制、开办和关闭、权限和责任等。这些法律的颁布为国有企业改革提供了法律依据，国有企业的自主权和法人地位开始得到确认，企业开始了从政府的附属到独立的商品生产经营者的渐进式转变。

1993 年 12 月 29 日颁布的《公司法》基本建立了市场主体制度。这是一次对于经济组织在多大程度上纳入市民生活范畴、纳入自由竞争范畴的争论，核心议题之一是"《公司法》和《企业法》的关系"即在中国，是否有必要推行以股份制为基础的公司制度，《公司法》能否在一般意义上取代以所有制为基础的《企业法》的问题，其涉及的实际问题是，经济领域的经营组织是否将主要采取作为私法人的公司组织形态，大多数国有企业、集体企业应否改制为公司法人。尽管有争议，但《公司法》的顺利出台，最终在法律层面巩固了股份制主张，确立了公司制度，并以此作为中国现代企业制度的建设方向。虽然在很大程度上对所有制下的企业制度做出了妥协，对国有企业的改革做出了一定的迁就，但从法治发展的进程来看，这是一次具有突破性的变革。

2021 年开始施行的《民法典》全面确认市场主体的法律资格。市场主体即民事主体，包括自然人、法人和非法人组织三种，它们均可以自己的名义独立参与市场交易。《民法典》在现行法的基础上，进一步完善了民事主体制度。《民法典》强化民事主体法律地位平等原则，创设市场主体平等竞争的法律环境。平等是包括市场关系在内的所有民事关系的前提，也是市场经济的基石。《民法典》将平等原则作为民法基本原则，旨在强调所有民事主体在从事包括市场交易在内的所有民事活动时，其法律地位平等。

2. 物权保护制度

1982 年《宪法》规定"公共财产神圣不可侵犯"的同时，也明确规定"国家保护公民的合法的收入、储蓄、房屋和其他合法财产的所有权"。从此，从《宪法》层面否定了公有制经济的绝对地位。一方面是国家实行公有制经济，生产资料社会主义公有制是我国的基本经济体制；另一方面公民具有了合法个人财产，公民所拥有的财产不具有社会性，这也在市场激励方面促进了经济的发展。当财产具有产权属性后，避免纷争的方式就是用强制性的法律加以保障。而民法就是平等主体间法律规范的总称，因此，民事立法就势在必行。

关于公有制经济，在《中华人民共和国民法典》中主要有以下规定：第 246 条规定："法律规定属于国家所有的财产，属于国家所有即全民所有。"第 256 条规定："集体所有的财产受法律保护，禁止任何组织或者个人侵占、哄抢、私分、破坏。"重要内容包括：法律规定为集体所有的土地和森林、山岭、草原、荒地、滩涂等；集体经济组织的财产：集体所有的建筑物、水库、农田水利设施和教育、科学、文化、卫生、体育等设施；集体所有的其他财产。集体所有的土地依照法律属于村农民集体所有，由村农业生产合作社等农业集体经济组织或者村民委员会经营、管理。已经属于乡（镇）农民集体经济组织所有的，可以属于乡（镇）农民集体所有。集体所有的财产受法律保护，禁止任何组织或者个人侵占、哄抢、私分、破坏或者非法查封、扣押、冻结、没收。"第 75 条："公民的个人财产，包括公民的合法收入、房屋、储蓄、生活用品、文物、图书资料、林木、牲畜和法律允许公民所有的生产资料以及其他合法财产。公民的合法财产受法律保护，禁止任何组织或者个人侵占、哄抢、破坏或者非法查封、扣押、冻结、没收。"侵占国家的、集体的财产或者他人财产的，应当返还财产，不能返还财产的，应当折价赔偿。损坏国家的、集体的财产或者他人财产的，应当恢复原状或者折价赔偿。受害人因此遭受其他重大损失的，侵害人并应当赔偿损失。

1993 年，十四届三中全会把现代企业制度的基本特征概括为"产权清晰、权责明确、政企分开、管理科学"。产权明晰就是对物上权利的最简要描述，要达到产权明晰，必须对有关物的权利加以规定，物产就是对产权的阐释。此后的财产权保护法律主要是 1995 年颁行的《担保法》，其规定了担保物权制度。2021 年开始施行的《中华人民共和国民法典》，对抵押担保权进行了更加科学的规定，将经济改革和法治化建设向前推进了一大步，标志着社会主义市场经济的进一步完善。

3. 合同制度

改革开放的另一个显著成果就是农村承包制的推行和企业自主权的扩大使得

我国商品经济得到了一定的发展。商品经济的主要形式是合同，随着商品经济的兴起，合同制度也得以确立，一系列的合同立法随之展开。1979 年，国家基本建设委员会颁布了《建筑安装工程合同试行条例》《勘察设计合同试行条例》；同年，国家经委发布了《关于管理经济合同若干问题的联合通知》；1980 年，国家工商行政管理总局颁布了《关于工商、农商企业经济合同基本条款的试行规定》；1981年，国家经委颁布了《工矿产品合同试行条例》。1981 年 12 月 13 日，第五届全国人大第四次会议通过了《中华人民共和国经济合同法》，这是我国第一部合同法，它标志着我国合同法律制度进入了全面恢复阶段。在其他法律法规方面也有着不同程度的发展与完善。《经济合同法》是我国民事立法恢复时期的重要法律，对我国经济秩序的保障具有重大意义。1999 年颁布的《合同法》将《经济合同法》《涉外经济合同法》《技术合同法》统一，结束了此前各自为政的三个单行的合同法，是一场重要的市场化法治突破。它以国际领域的合同公约和惯例为准据，以追求合同自由为原则，删除了以往合同法的计划属性，在全局范围内促进了交易自由化。这部合同法被认为是新中国民商法律发展史上的一个创举，从立法指导思想到法律基本原则再到具体的制度设计，无不体现了市场交易的精髓。2021 年开始施行的《中华人民共和国民法典》对合同的适用范围、履行方式、违约责任、生效条件、合同变更等一系列问题进行了归纳总结，为我国新时期经济和社会发展提供了更加全面、灵活的法律保障。

（四）国有经济的经济法规范

1. 国有经济发展与经济立法

在社会主义市场经济法律体系中，国有企业改革立法和国有企业资产运行管理立法具有重要作用。从 1986 年的《中华人民共和国民法通则》、1988 年的《全民所有制工业企业法》、1992 年的《全民所有制工业企业转换经营机制条例》、1993年的《公司法》、2003 年的《企业国有资产监督管理暂行条例》，再到 2021 年施行的《中华人民共和国民法典》等立法，逐步从法律上突破了计划经济体制的框架，国有企业改革的目标措施和改革成果，通过立法不断得到确认、巩固和规范，从而为市场经济培育了微观主体。

回顾国有企业改革立法和国有资产管理立法，可以追溯到市场经济改革初期。1992 年国务院颁布了《股份制企业试点办法》《股份有限公司规范意见》《有限责任公司规范意见》《股份制试点企业财务管理若干问题的暂行规定》等 11 个法规，引导大中型全民所有制企业股份制试点走向规范化。随后，开始国有大中型企业进行现代企业制度试点。1994 年，中共中央为了落实《关于建立社会主义市场经济体制若干问题的决定》，制定了《关于深化企业改革，搞好国有大中型企业的实施意见》和《关于选取一批国有大中型企业进行现代企业制度试点的方案》等文件，正式开始现代企业制度试点工作。在"产权清晰、权责明确、政企分开、管理科学"的指导下，试点企业在清产核资、明确企业法人财产权基础上，逐步建立了国有资产出资人制度，建立了现代企业制度的领导体制和组织制度框架初步形成了企业法人治理结构。

国有资产管理法律体系主要由国有资产出资人制度、国家出资企业制度、国有资产监管制度构成。国有资产出资人制度主要规范政府、出资人代表和国家出资企业的关系，构建并理顺企业国有资产监管链条；国家出资企业制度主要是按照建立现代企业制度的目标要求，着眼于培育合格的市场竞争主体、提高企业的竞争能力作出规定；国有资产监管制度主要是立足落实国有资产国家所有原则，通过立法确保中央和地方企业国有资产监管政策、目标和主要任务的上下贯通。

2013 年 11 月，国务院国资委发布的规章、规范性文件共 324 件，各省制定的国资监管地方性法规、规章、规范性文件有 3 400 多件。2015 年《国务院关于改革和完善国有资产管理体制的若干意见》对国有资产的改革进行了规划和指导，为我国经济改革的稳步推进提供了强有力的政策导向。

2020 年下半年开始全面实施的《国企改革三年行动方案(2020~2022 年)》，要求推动中央企业在健全现代企业制度、深化国有资本投资、运营公司试点、积极稳妥深化混合所有制改革、加大剥离办社会职能和解决历史遗留问题等方面发力攻坚，力争取得新的明显成效，切实提升国资国企改革成效，有力对冲经济下行压力，提升我国经济发展的稳定性。

2. 国有资产管理体制与国有资产保护

（1）国有资产管理体制

我国的国有资产管理体制，在传统的计划经济体制下就经历了多次变革。我国国有资产管理体制面向社会主义市场经济的改革进程，是以深圳市 1987 年成立全国第一个专门的国有资产管理机构和 1988 年国家国有资产管理局的成立为标志。1988 年以后，我国国有资产管理新体制改革实践中的具体做法，大体上可以归结为几种具有代表性的模式：深圳、上海最先试行的"深沪"模式（辽宁省"两委"归一模式、吉林省"决策会议"模式、珠海市"一委两局"模式与"深沪"模式相似），采用国有资产管理委员会、国有资产经营公司和国有资产控股、参股企业"三个层次"的国有资产管理体制；国内其他地区和 1994—1998 年中央政府所采取的"一体两翼"模式，以财政部门为主体，国有资产管理局和税务局作为其"两翼"，归属财政部门管理；1998 年国务院机构改革后形成的"五龙治水"的国有资产管理体制。

改革国有资产管理体制已成为深化国有企业改革的关键。中共十六大提出了国有资产管理体制改革的总体思路：国家制定法律法规，建立中央政府和地方政府分别代表国家履行出资人职能，享受所有者权益，权利、义务和责任相统一，管资产和管人、管事相结合的资产管理体制。十六届二中全会明确了国有资产监管机构的性质、职能、监管范围和与企业的关系等一系列重要问题。此后，国务院成立了国有资产监督管理委员会（以下简称国资委），颁布了《企业国有资产监督管理暂行条例》，第一次在政府层面上真正做到了政府的公共管理职能与出资人职能的分离，实现了管资产和管人、管事相结合。党的十九大报告明确指出，要完善各类国有资产管理体制，改革国有资本授权经营体制，加快国有经济布局优化、结构调整、战略性重组，促进国有资产保值增值，推动国有资本做强做优做大。中央经济工作会议指出，要继续深化国企国资改革，强调加快推动国有资本投资、运营公司改革试点。

（2）国有资产流失与保护

国有资产流失是指国有企业在向非国有投资者转让国有产权或出售国有资产时，产生的国有资产贱卖现象。在20世纪80年代末到90年代初各地尝试股份制时，在企业内部职工持股的股份制试点企业中，就存在有些试点企业不进行资产评估或评估价过低的情况，多是以企业账面净产值入股，也就是说，未计算土地使用费、厂房和设备的重置价值，也未考虑企业的无形资产，有的甚至根本不做资产评估。

针对国有资产流失问题，国家制定了部分有关国有资产评估的法规规章，如1991年国务院发布的《国有资产评估管理办法》，1992年7月国家国有资产管理局发布的《国有资产评估管理办法施行细则》。然而，从20世纪90年代中后期开始，随着产权改革不断向纵深推进，国有资产流失的现象有愈演愈烈的趋势。国有资产流失的主要环节在评估环节和交易环节：在评估环节主要表现为低估、漏估资产，在交易环节主要表现为交易不公开、权钱交易等违法行为。2002年以来，在防止国有资产流失方面制定了比较有效的制度。党的十六大决定改革国有资产管理体制，建立中央政府和省市政府的国有资产监督管理委员会，履行国有资产出资人代表的职责，从而解决了"所有者缺位"的问题。党的十九大报告强调，要完善各类国有资产管理体制，改革国有资本授权经营体制，加快国有经济布局优化、结构调整、战略性重组，促进国有资产保值增值，推动国有资本做强做优做大，有效防止国有资产流失。

（3）境外国有资产监管措施

为加强国资委履行出资人职责的企业（以下简称中央企业）境外国有资产监督管理，规范境外企业经营行为，维护境外国有资产权益，防止国有资产流失，根据《企业国有资产法》和《企业国有资产监督管理暂行条例》及相关法律、行政法规，国资委于2011年颁布了《中央企业境外国有资产监督管理暂行办法》。

该办法规定了对中央企业及其各级独资、控股子企业在我国大陆境外以及香港特别行政区、澳门特别行政区和台湾地区依据当地相关规定出资设立的独资及控股企业在境外以各种形式出资所形成的国有权益进行监督管理。同时，该办法明确了中央企业是其境外国有产权管理的责任主体，应当依照我国法律、行政法规建立健全境外国有产权管理制度，同时遵守境外注册地和上市地的相关法律规定，规范境外国有产权管理行为。

2020年为进一步加强中央企业境外国有产权管理，提高中央企业境外管理水平，优化境外国有产权配置，防止境外国有资产流失，根据《中央企业境外国有产权管理暂行办法》(国资委令第27号)等有关规定，对有关事项进行了进一步规定，如中央企业要切实履行境外国有产权管理的主体责任，将实际控制企业纳入管理范围。中央企业要加强对个人代持境外国有产权和特殊目的公司的管理，持续动态管控等。

3. 国有资产监管的法律建设

在党的十九届四中全会明确提出形成以监管资本为主的国有资产监管体制。近年来，各级国资委统筹推进国资国企改革发展，国资监管系统建设取得积极进展。但仍然存在上下级国资委沟通联系不够紧密、指导监督工作机制还不完善、全国国资系统合力有待增强等问题。因此，下一步各级国资委要立足全面履行国资监管职责，健全国资监管工作体系，完善工作机制，力争用2—3年时间推动实现机构职能上下贯通、法规制度协同一致、行权履职规范统一、改革发展统筹有序、党的领导坚强有力、系统合力明显增强，加快形成国资监管一盘棋。

第二节　法律制度与民营经济

一、民营经济及其发展历程

(一) 民营经济的界定

"民营"一词最早出现在王春圃于1931年出版的《经济救国论》一书，他把民间经营的企业成为"民营"，与"官营"相对。1942年，毛泽东在《抗日时期的经济问题和财政问题》一文中使用了"民营的经济"一词，指出："只有实事求是地发展公营和民营的经济，才能保障财政的供给。"这里是把"民营"与"公营"相对使用的，因为当时还没有取得革命胜利，根据地没有国有经济，只有公营经济，但含义上相当于国有经济，当时的"民营"既包括私人经济，也包括各种合作社经济。

改革开放后，在党和政府正式文件中较早出现"民营"概念的是在1995年5月国务院《关于加速科学技术进步的决定》，该决定指出，民营科技企业是发展我国高新技术产业的一支有生力量，要继续鼓励和引导其健康发展。但该决定并没有对民营企业加以定义。当时的认识是，"民营"企业是相对于"官营"企业而言的。所谓"官营"企业，一般是指政府投资兴办的企业，以及政府投资并控股的企业，在我国就是国有企业，包括中央政府和各级地方政府投资兴办或控股的企业（包括地方政府投资或控股的"集体企业"）。除此之外的企业都是民营企业。

关于民营经济的范围，经济学界对民营经济的观点是：第一，从所有制角度界定民营经济。认为民营经济实质上就是私营经济，包括个体、私营以及私人合作和私人股份为主的公司等。第二，从资产经营方式角度界定民营经济。认为民营经济仅仅是一种与资产经营有关的经济形式，其范畴不涉及生产资料的归属问题即不涉及所有制问题。它的经营方式可以是国有民营，也可以是民有民营，更多地强调了其经营特征。第三，从所有制和资产经营方式角度共同界定民营经济。认为民营经济作为一种经济形式，总是既涉及经营方式，又涉及所有制形式，因为任何经营方式总是一定的财产主体所采取的。民营经济是非国有国营的所有制形式和经营方式的总称，这个概念既涉及所有制形式，又涉及经营方式。据此，有学者把民营经济界定为：除国有国营以外所有的所有制形式和经营方式的总和。简而言之，民营经济就是非国有经济。也有学者认为，"民营经济"是相对于国有经济而言，指由民间个人及社区兴办的各类企业总称，包括个体工商户、私营企业、乡村集体企业等（统称民营企业），不包括国有企业、国有控股企业、港澳台及外商投资企业。虽然民营企业有多种形式，但它们有一些共同特征：在计划经济时期，它们在计划体制之外开辟生存和发展的空间；在向市场经济转轨时期，它们又处在掌握资源的政府直接控制之外，自身的力量参与市场竞争。狭义的民营经济则不包含港澳台投资企业和外商投资企业。

简而言之，广义民营经济是除了国有和国有控股经济以外的所有制形态；狭义的民营经济包括个体经济、私营经济、集体经济、外商投资经济、港澳台投资经济。而通常所称的民营经济是以私人为主体的经济，与国营相对，是非公制经济的一部分，它也与外资经济相对。本研究主要从狭义上分析，民营经济主要包括个体经济和私营经济，与之相对的主体是民营企业，其主要是个体企业和私营企业。

1998年颁行的《关于统计上划分经济成分的规定》规定，私营企业是指由自然人投资设立或由自然人控股，以雇佣劳动为基础的营利性经济组织。包括按照《公司法》《合伙企业法》《私营企业暂行条例》规定登记注册的私营有限责任公司、私营股份有限公司、私营合伙企业和私营独资企业。由于"个体经营"不属于企业，1998年的《关于划分企业登记注册类型的规定》中，未将"个体经营"列入，但明确规定其仍属于国家统计局的统计范围。在统计上，个体经营与外商投资企业并列，细分为个体经营、个体户、个人合伙三类。

（二）民营经济发展的历程

民营经济的兴起，源于生活必需品供给严重短缺和城乡就业压力日趋严重这两个计划经济无法解决的基本经济问题。为了解决这两个问题，中央政府被迫压缩计划体制的影响范围，民营经济得以在计划体制的外部形成和发展。我国民营经济的发展，除了个体私营经济的内源性的发展，还有就是国有和国有控股经济、集体经济的民营化，也就是"国退民进"的外部扩张。民营经济发展的来源主要包括：原生性的个体、私营企业的发展，集体企业的改制，国有企业的改制，外国资本的投资（包括港澳台资本投资）。民营经济发展反映了我国市场经济的逐步形成和发展过程，可以分为改革开放前和改革开放后两个主要阶段。

1. 改革开放前民营经济的发展

我国的民营经济是在半殖民地半封建经济的基础上孕育而来的，1949 年前的民营经济发展缓慢。新中国成立之初，全国私营工商业户约计 130 多万户，独资及合伙组织占绝大多数，其中公司组织仅为极少数。据当时国民党核准的公司统计，全国共计 11 298 家公司，已解散者计 551 家，私营企业仅占总数 0.83%。新中国成立之后可能继续存在者为 10 747 家，其中股份有限公司最多共 8108 家，占公司总数的 75.33%：次为无限公司共 1 250 家，占 11.6%；股份两合公司最少仅有 36 家，占 0.34%，两合公司加股份两合公司合计占公司总数比例不到 2%。新中国成立后，为了恢复生产，国家对民营经济采取了较宽松的态度，承认其地位，维护其发展。

1949 年 9 月 29 日，中国人民政治协商会议第一届全体会议通过了《中国人民政治协商会议共同纲领》，首次对私营经济做出原则性规定。即"凡是有利于国计民生的私营经济事业，人民政府应当鼓励其经营的积极性，并扶助其发展"；"保护工人、农民、小资产阶级和民族资产阶级的经济利益及其私有财产。"这一政策确立了民营经济的法律地位，是民营经济产权的法律保障。1949 年至 1952 年是国民经济恢复的关键时期，此时的民营经济对增加就业、恢复国民经济起到了积极的促进作用，因此政府对民营经济的发展起到了积极的促进作用。同时，新中国成立初期的政治背景也使得调整工商业，特别是调整公私关系，具有更深层次的政策意义。这一阶段民营经济的主要形式是个体工商业和私营企业。

社会主义改造完成后，私营经济基本上被消灭。从 20 世纪 50 年代后期起，个体、私营等非公有制经济被看成异己力量，民营经济被视为是资本主义的产物，受到排斥、限制或打击，到改革开放前夕，以国有企业为主的公有制经济几乎占据所有经济领域。因 1958—1960 年出现了严重的经济困难，中央政府在 1961 年实行"调整、巩固、充实、提高"方针，对国民经济进行调整。在这次调整中，政府在强化宏观计划管理的同时，不得不允许城乡居民搞一点自由贸易，以调剂余缺，缓解物资的匮乏和人民生活的困难。由于运用了价值规律和市场机制的作用，国民经济逐渐回到了平衡发展的轨道上。

1976年以来．由于政策相对放开，在社会的底层，私营经济又重新出现。地方政府对私营经济在原则上采取了"看一看"的态度，主要以政策性规范为主，各地的具体政策措施很不统一。这一时期，私营经济主体地位很不明确，主要挂靠在集体单位、街道、乡村居委会等名义下面，在集体经济的"红帽子"底下存在。此阶段，我国民营经济的发展受到了政策和地方政府态度的影响，基本上没有什么法律上的依据，民营经济的发展基本上是依赖于政治环境的，但民营经济的前景还不明朗。根据国家市场监督管理总局的统计，1978年年底全国城乡个体工商户仅有14万人。

2．改革开放以来民营经济的发展

改革开放以来，个体、私营等非公有制经济不断发展壮大，已经成为社会主义市场经济的重要组成部分和促进社会生产力发展的重要力量。当前的民营经济与1978年以前的私营经济具有明显的区别。

（1）起步并迅速发展阶段

民营经济萌芽于社队企业，1978年以后，社队企业进入新的发展时期，并演变成后来的乡镇企业。十一届三中全会通过的《关于加快农业发展的若干问题的决定》提出："社队企业要有一个大的发展，国家对社队企业分别不同情况，实行低税或免税政策"。1979年7月，国务院颁布的《关于发展社队企业若干问题的规定》（试行草案）赋予社队企业合法的身份，并对社队企业的所有制、经营管理、税收、分配等十八个方面做了明确规定。特别是在农业耕作上实行家庭联产承包责任制，提高了农业生产效率，释放出大批农业劳动力，为社队企业的发展提供了资金积累和劳动力来源。但在改革初期，人们对从事工商业持观望态度，民营经济发展缓慢，对个人从事生产经营活动持否定态度。

1981年10月17日中共中央、国务院发布的《关于广开就业门路，搞活经济，解决城镇就业问题的若干决定》规定："对个体工商户，应当允许经营者请两个以内的帮手，有特殊技艺的可以带5个以内的学徒"。这个规定实际上允许个体户雇工，雇工可以在7人以内。这就是后来规定"雇工在8人以上叫私营企业"的由来。到1981年年底，全国城镇个体工商户发展到185万户，从业人员227万人，比1980年的从业人员翻了一番多。1982年同1980年相比，城镇个体工商户的户数、从业人数和注册资金数，分别增长了1.39倍、1.46倍和5.55倍。农村个体工商户的户数、从业人数和注册资金数也有大幅增长，1982年分别比上一年增加4.57倍、0.51倍和0.94倍。

1983年个体经济注册户数达到了5 901 032户，增长率达到了125.7%．增长速度十分明显。此后的 1984 年至 1985 年，增长率放缓，但是仍然保持了较高的增长速度，到 1985 年年底，注册户数为 11 712 680 户。该阶段，中央文件只提到没有雇工的个体经济是公有制经济的"必要补充"，因对私营经济雇工人数的限制，各私营企业的发展规模不大。

（2）发展的低谷阶段

1986 年至 1991 年，民营经济得到了迅速发展，然而该阶段出现了经济过热的倾向，国民经济运行失衡，通货膨胀明显。1987 年 1 月，中共中央政治局通过的《把农村改革引向深入》在"对个体经济和私人企业的方针"部分提出，个体经营者为了补充自己劳力的不足，按照规定，可以雇请一两个帮手，有技术的可以带三五个学徒。对于某些为了扩大经营规模，雇工人数超过这个限度的私人企业，也应当采取允许存在、加强管理、兴利抑弊、逐步引导的方针。认为"在社会主义社会的初级阶段，在商品经济的发展中，在一个较长时期内，个体经济和少量私人企业的存在是不可避免的。个体经济的存在，必将不断提出扩大经营规模的要求"。

为了维护国民经济的稳定运行，中共中央于 1988 年 9 月召开十三届三中全会，决定从 1989 年起，用两年或更长一些时间，治理环境，整顿经济秩序。在这种环境下，私营经济发展受到抑制，每年私营企业的数目增长均未超过 10%，增长较为缓慢，甚至处于停滞不前的状态。1991 年年底私营企业户数为 107 843 户，投资者人数为 241 394 人。

1992—2005 年，民营经济逐步成为国民经济新的增长点。私营企业从近 14 万户增加到 430.1 万户，增长了 30 倍；注册资金由 221 亿元增加到 61 331 亿元，增长 277 倍；从业人员从 232 万人增至 10 725 万人，增长超过 46 倍；纳税额从 4.5 亿元增加到 945 6 亿元，增长了 208 倍，年均增长 70%。从 1992—2005 年，全国个体工商户户数由 1 543 万户发展到 2 378 万户，资金数额由 601 亿元增加到 3 782 亿元，从、业人员由 2 468 万人增加到 4 743 万人（见表 3-1）。

表 3-1　1992—2005 年民营经济发展状况

年份	私营企业户数（万户）	增长率（%）	个体私营企业从业人数（万人）	增长率（%）	私营企业注册资金（亿元）	增长率（%）
1992	14.0	29.5	2 700	8.3	221	79.7
1993	23.8	70.4	3 313	22.7	681	208.1
1994	43.2	81.7	4 424	33.5	1 448	112.6
1995	65.5	51.4	5 570	25.9	2 622	81.1
1996	81.9	25.2	6 188	11.1	3 752	43.1
1997	96.1	17.3	6 791	9.7	5 140	37.0
1998	120.1	25.0	7 824	15.2	7 198	40.0
1999	150.9	25.6	8 262	5.6	10 287	42.9
2000	176.2	16.8	7 477	- 9.5	13 307	29.4

续表

年份	私营企业户数（万户）	增长率（%）	个体私营企业从业人数（万人）	增长率（%）	私营企业注册资金（亿元）	增长率（%）
2001	202.9	15.1	7 474	0	18 212	36.9
2002	243.5	38.2	8 152	9.1	34 756	90.8
2003	300.6	23.4	8 936	9.6	35 305	1.6
2004	365.1	21.5	9 605	7.5	47 936	35.8
2005	430.1	17.8	10 725	11.7	61 331	27.9

（3）持续平稳发展阶段

自 2005 年以来，逐渐形成了各种所有制平等竞争、相互促进的新格局，民营经济发展进入新阶段。尤其是 2005 年 2 月"非公经济 36 条"实施以来，民营经济保持了快速且较平稳的发展，私营企业的户数，每年以平稳的速度增加，不再出现急剧增加，又急剧减少的现象，这与政策环境等因素较为稳定有很大关系。民营企业的数量平稳增长，而注册资金呈现了较快的增长，民营企业的规模在不断扩大，民营企业发展不再局限于小规模的经营（见表 3-2、表 3-3）。

表 3-2　2003－2008 年私营企业增长情况

增长率（%）	年份	私营企业户数（户）	个体私营企业从业人数（万人）	增长率（%）	私营企业注册资金（亿元）	增长率（%）
23.4	2003	300.6	8936	9.6	35 305	1.6
21.5	2004	365.1	9605	7.5	47 936	35.8
17.8	2005	430.1	10 725	11.7	61 331	27.9
15.8	2006	498.1	11 745	9.5	76 029	24.0
10.7	2007	551.3	12 750	8.5	93 873	23.5
19.2	2008	657.4	13 680	7.3	117 357	25.0

表 3-3　2005－2013 年私营企业、个体工商户增长情况

年份	私营企业户数（万户）	增长率（%）	个体工商户户数（万户）	增长率（%）
2005	471.95	17.3	2 463.90	4.8
2006	544.14	15.3	2 595.60	5.3
2007	603.05	10.8	2 741.50	5.6
2008	657.42	9.0	2 917.33	6.4
2009	740.15	12.6	3 197.37	9.6
2010	845.52	14.2	3 452.89	8.0
2011	967.68	14.4	3 756.47	8.8
2012	1085.72	12.2	4 059.27	8.0
2013	1253.86	15.5	4 436.29	9.3

说明：私营企业户数含分支机构。　数据来源：国家市场监督管理总局网站。

根据国家统计局数据显示，截止到 2019 年我国私营企业户数为 3516 万户。从各省市来看，我国私营企业户数排前三的省市为广东省、江苏省、山东省，分

别为 494.2 万户、312 万户、290.4 万户。

表 3-4　2010-2019 年我国私营企业户数数据表

年份	私营企业数量
2010	846
2011	968
2012	1 086
2013	1 254
2014	1 546
2015	1 908
2016	2 309
2017	2 726
2018	3 143
2019	3 516

数据来源：观研报告网

3. 私营企业发展基本情况

从数量上看，1994 年全国共登记私营企业 43.2 万户，到 2008 年年底，私营企业已达到 657.4 万户，十多年间增长超过 14 倍；从规模上看，私营企业实有注册资本由 1994 年年底的 1 449 亿元增加到 2008 年年底的 117 400 亿元，增长近 80 倍。尽管受国际金融危机的较大冲击，但是私营企业仍然保持快速发展的势头，截至 2008 年，全国实有私营企业 657.42 万户（含分支机构，下同），比上年年底增加 54.37 万户，增长 9.02%；实有注册资本（金）117，400 亿元，比上年底增长 25.02%。其中，私营有限责任公司实有 535.29 万户，增长 10.38%，注册资本 106 900 亿元，增长 22.38%：独资企业 108.31 万户，增长 3.77%，注册资金 5748 75 亿元，增长 24.13%：合伙企业 12.69 万户，下降 5.96%，认缴出资金额 1572 12 亿元，增长 95.29%。私营企业户平均注册资本达 178.5 万元，是 1994 年私营企业户平均注册资本 33.51 万元的 5 倍多。

从区域分布看，私营企业在东部十二省市实有 437.88 万户，比上年年底增长 11.52%，占私营企业总户数的 66.60%；西部十省市 90.51 万户，增长 9.36%，占私营企业总户数的 13.77%；中部九省实有 129.03 万户，增长 1.09%．占私营企业总户数的 19.63%。从产业分布看，私营企业在第一产业实有 13.51 万户，占私营企业总户数的 2.05%，注册资本（金）2 300 亿元，占私营企业注册资本（金）总额的 1.98%；第二产业 202.63 万户，占 30.82%，注册资本（金）43 100 亿元，占私营企业注册资本（金）总额的 36.67%；第三产业 441.28 万户，占 67.13%，注册资本（金）72 000 亿元，占私营企业注册资本（金）总额的 61.35%。截至 2013 年 12 月，全国实有企业数量达到 1 527.84 万户（含分支机构，下同），其中私营企业 1 253.86 万户，注册资本（金）393 100 亿元。

2013 年新登记私营企业 232.73 万户，增长 29.98%。截至 2013 年 12 月，私营企业数量达 1 253.86 万户，资本总额 393 100 亿元；无论数量还是注册资本，私营企业均呈现快速增长，分别达到 15.5% 和 26.4%，其数量占比由 2012 年年底的 79.4% 增长到 2013 年年底的 82.1%。

2019 年民营企业数量占比超 95%，民营企业是中国经济微观基础的最大主体。1978 年，全国个体工商户只有 15 万户，没有私营企业；2017 年，个体工商户增长至 6 579.37 万户，私营企业增长至 2 726.28 万户。2017 年，全国企业法人单位数为 1 809.77 万个，民营控股企业占比 97.0%。

4. 个体工商户发展

纵观 40 多年来的历史来看，1995—2000 年是个体工商户比例增加最快的时段，仅仅 5 年时间，便从 19.4% 增加到 74.8%。2008 年年底，全国实有个体工商户 2 917.33 万户。比上年年底增加 175.80 万户，增长 6.41%；实有资金数额 9 005.97 亿元，比上年年底增加 1 655.18 亿元，增长 22.52%。户均资金数额 3.09 万元，比上年底增加 0.41 万元，增长 15.13%；从业人员 5 776.41 万人，增加 280.24 万人，增长 5.1%。

2019 年 11 月底，全国个体工商户达 8 162 万户，私营企业达 3 468 万户，全国个体私营从业人员达 4.04 亿人，呈现良好的发展态势。2020 年我国个体工商户的注册量占全部市场主体的 66.0%，并曾在 2008 年达到 78.8% 的历史最高比例，也就是说，彼时 10 个市场主体的注册中就有 7-8 个是个体户。

从经济改革进程看，在经济结构中，民营经济已经成为最活跃、最积极和具有竞争力的经济成分，私营企业和个体工商户是我国市场主体增长的重要推动力量，市场主体增速明显。民营经济发展的实践表明，积极发展个体、私营等非公有制经济，有利于繁荣城乡经济、增加财政收入，有利于扩大社会就业、改善人民生活，有利于优化经济结构和促进经济发展，成为推动民间投资和拓宽就业渠道的重要力量，对全面建成小康社会和加快社会主义现代化进程具有重大的战略意义。然而，民营经济发展的初期，在法律层面缺乏有利于民营经济发展的法律规则，规范和约束民营经济发展的规则主要是人情、关系、面子等非正规的规则，国家正规法律规则往往采取限制、管理等制约民营经济发展的制度。

二、民营经济发展的法律促进

在现行法律中，除了《中小企业促进法》，并没有制定专门促进民营经济发展的法律，但是在经济法单行法中，有关促进民营企业和民营经济发展的法律规定主要有政府采购制度、金融法制度、财税法制度。

（一）民营经济参与政府采购支持制度

随着经济的发展，财政收支的增加，我国政府采购规模也在逐步扩大，2019年全国政府采购规模为 33 067.0 亿元，较上年减少 2 794.4 亿元，下降 7.8%，占全国财政支出和 GDP 的比重分别为 10.0% 和 3.3%；公开招标采购仍占主导地位，政府采购在支持节能环保、扶持小微、压缩政府行政成本等方面的政策性功能持续显现。虽然《中小企业促进法》第 34 条规定"政府采购应当优先安排向中小企业购买商品或者服务"，《政府采购法》第 9 条规定"政府采购应当有助于实现国家经济和社会发展政策目标，包括保护环境，扶持不发达地区和少数民族地区，促进中小企业发展等"，但这只是作为政府采购工作的一项"法定"政策功能表述，在实践中还存在大量的歧视民营企业的现象。往往以注册资资本、供应商履行合同所需设备的规模、保障采购项目质量等为由，限制或者变相限制民营企业参与政府采购。

为贯彻落实国务院《关于进一步促进中小企业发展的若干意见》，根据《政府采购法》和《中小企业促进法》，财政部、工业和信息化部制定了《政府采购促进中小企业发展暂行办法》（自 2012 年 1 月 1 日起施行），其中规定任何单位和个人不得阻挠和限制中小企业自由进入本地区和本行业的政府采购市场，政府采购活动不得以注册资本金、资产总额、营业收入、从业人员、利润、纳税额等供应商的规模条件对中小企业实行差别待遇或者歧视待遇。负有编制部门预算职责的各部门，应当加强政府采购计划的编制工作，制定向中小企业采购的具体方案，统筹确定本部门（含所属各单位）面向中小企业采购的项目。在满足机构自身运转和提供公共服务基本需求的前提下，应当预留本部门年度政府采购项目预算总额的 30% 以上。专门面向中小企业采购，其中，预留给小型和微型企业的比例不低于 60%。这些规定有助于拓宽以中小企业为主的民营企业的市场空间。

（二）民营经济的金融法促进

1978 年，民营经济贷款表现为少量的社队农业贷款，1981 年金融机构开始发放个体工商贷款，1988 年金融机构开始发放乡镇企业贷款，20 世纪 90 年代以来，乡镇企业迅猛发展带动了民营经济贷款的快速增长，1990—1997 年民营经济贷款累计增加了 7 177 亿元，年均增长率为 20.13%，到 1997 年年底，民营经济贷款余额突破万亿，达 10 628 亿元，占 CDP 的比重为 13.46%。可以说，党的十五大以前整个民营经济的比重不大，总体融资格局以自身积累为主，有限的外源性融资主要依赖亲朋好友等关系借贷以及非正规的民间借贷。按广义民营经济定义，当时从银行获得的民营经济贷款主要有个体工商户贷款、乡镇企业贷款、三资企业贷款、私营企业贷款。1998 年以后，随着党的十五大调整国有经济布局和完善所有制结构方针的实施，民营经济在国民经济中份额快速增长。

在民营经济信贷融资方面，得益于民营经济法制与政策环境的改善。从1998年以来，民营经济信贷增长加快，占GDP比重稳步提高，截至2009年年底，狭义民营经济（个体私营经济）贷款余额为51 046亿元，占全部贷款余额的比重为13.7%，占GDP的份额为15.22%。

在民营经济直接融资方面，主要通过股票融资、发行企业债融资和民间借贷融资等，民营企业获得了部分发展所需资金。20世纪90年代股票市场建立之初，股票市场总体规模较小，还没有建立适合民营企业的中小板，股票发行上市指标少且通过行政途径配为330 670亿元，较上年减少27 944亿元，下降7.8%，占全国财政支出和GDP的比重分别为10.0%和3.3%；公开招标采购仍占主导地位，政府采购在支持节能环保、扶持小微、压缩政府行政成本等方面的政策性功能持续显现。置民营企业上市融资的机会很少，但也有少数高科技民营企业通过借（买）壳等方式成功发行股票并上市，在法律上也存在阻碍民营企业股票融资的障碍。《中小企业促进法》颁布后，深圳证券交易所中小企业板的设立，民营企业上市迅速增加。2009年3月中国证监会正式发布《首次公开发行股票并在创业板上市管理办法》，推出了创业板市场。截至2013年5月31日，深交所中小企业板的上市企业数达到701家，总发行股本26 435亿股，上市公司市价总值352 698亿元；创业板上市企业355家，总发行股本696亿股，上市公司市价总值12 124亿元。与股票融资相比，债券市场规模相对较小。

据统计，2019年全国企业标准信息公共服务平台新注册企业55 962家；通过平台自我声明公开企业标准373 131项，涵盖产品651 795种。与2018年相比，年度公开标准数增加33 283项，涵盖产品种类增加34 436种。截至2020年9月，已有28万多家企业声明公开了156万多项标准。

（三）民营经济的财税法促进

从新中国成立到改革开放初，是民营经济调整变化的时期。根据新中国成立初期经济建设的根本方针，在税政方面，1950年1月中央人民政府政务院颁布了《全国税政实施要则》。由于个体、私营经济在工商业中的比重大，加之国有经济只上缴利润不上缴企业所得税，个体、私营经济缴纳的税收数额比重较大，约占工商税收的50%以上。社会主义改革完成到改革开放初期，由于个体私营经济被限制和国营经济的快速发展，加之财政体制和税制的调整变化等原因，民营经济税收比重开始大幅度下降，大部分年度民营经济税收占全国工商税收不足2%的比重，其中1970—1980年不足1%。1985年开始以工商业为重点的经济改革以后，在"提倡一部分地区、一部分人先富起来，再带动其他地区和其他人富裕"精神的鼓舞下，城乡个体经济得到较快发展。根据当时个体经济发展情况，全国人大常委会和国务院先后颁布了《个人所得税法》《城乡个体工商业户所得税暂行条例》

等税收法律法规，减轻了个体经营者的税负。

2020 年为了推进经济社会发展工作，支持个体工商户复工复业，国家税务总局发布了《关于支持个体工商户复工复业等税收征收管理事项的公告 2020 年第 5 号》对个体工商户的财税进行了一定的调整，对稳定我国疫情下的经济发展具有极为积极的意义。

（四）以法律方式促进民营经济发展

市场经济体制确立以来，民营经济在促进国民经济发展和改善居民消费结构方面发挥了重要作用。然而，不可否认的是，促进经济发展的法律制度大多以国有经济为背景，对民营经济重视不够，尤其是不利于中小型民营企业的发展。促进民营经济发展的制度措施基本上是在现行法律之外，主要依靠政策措施解决制约民营经济发展的制度性障碍。通过经济政策手段来规范和促进民营经济发展的现象，体现于经济改革和市场经济建设之中，至少在法治的市场经济建立之前，经济政策在民营经济发展中仍然会发挥弥补或者替代法律制度的作用。例如，以政府的规范性文件为载体的市场管理政策和宏观调控政策等在某些方面具有与法律同等的效力，对民营企业主判断其经济活动的后果具有较强的预测作用。尽管经济政策的效力机制并不是通过权利义务、权力职责规则来体现，但是党和国家制定的经济政策在经济生活中也具有约束力。

在民营企业的营商环境中，"关系"规则甚至比正式的法律和法律机构更加重要。法律制度和"关系"之间的主要区别在于：法律是普遍性的、非人格化的和正式的规则，而"关系"则是一种特殊化的、人格化的和非正式的规则；法律制度所提供的规则是透明的和可预测的，而"关系"机制所提供的规则是潜在的和预测性相对较低的规则。通过"关系"机制而提供了如同正式法律制度所提供的人们对经济利益的稳定的和相对可靠的预期，也为实现产权与获得利益提供了安全保证。完善民营经济营商的法律制度，逐渐弱化"关系"规则与经济政策的影响，建立能够促进民营经济发展的法治环境，是民营经济乃至整个国民经济社会长期良性发展的制度基础。

在民营经济发展的各个时期，党的决策部署和政府的政策发挥了重要作用。这些政策总体上遵循简政放权的思路，逐步放宽对民营企业进入市场的限制，有些政策措施还积极鼓励民营企业参与市场公平竞争。从政策落实方式看，有些政策被纳入法律法规的范畴，通过国家立法和行政法规加以体现和落实，但大多数政策措施的执行还是通过规范性文件的形式从上到下地传达制定，这种政策执行方式存在较大的随意性和"权力寻租"的现象，其实施效果呈快速衰减趋势。因此，在法治国家建设中，亟须将有利于民营经济和民营企业发展的政策加以法律化，使其成为可以执行的法律，从而成为民营企业通过司法途径维权的依据。

第三节　法律制度与宏观调控

一、宏观调控与经济发展

（一）宏观调控的起源

宏观调控是社会化大生产和国民经济发展的内在要求．是国家根据国民经济发展的目标和方向，运用经济、法律、行政等手段，对经济运行进行干预和调整，以达到国民经济健康协调发展的目标的一系列措施。无论何种经济体制，都离不开宏观调控，只不过其调控的范围、方式、程度等有所不同。然而，随着经济全球化的深化，各国在其所处的地缘政治经济环境中，不仅针对本国国内经济运行需要进行调控，而且还要针对他国经济发展状况和宏观调控情况，对本国经济运行做出相应的调整。例如，全球金融危机期间各国的国际贸易政策、汇率政策等都体现出对其他国家相应政策措施的考虑。因此，宏观调控已经不仅属于一国国内的经济和法律现象，而且具有国际性。

1. 市场经济与宏观调控

市场经济是一种竞争型经济体系，市场对于社会资源配置具有灵活而有效的导向作用。市场中的各种经济主体在自利动机的驱使下，对市场信息反应灵敏，通过市场价格的升降适应供求关系的变化，做出科学的生产经营决策，把资源配置到效益好的环节去，以实现高效、合理、优化组合的目标。在这一过程中，社会的各种经济力量在市场竞争中聚合成巨大的合力，以"看不见的手"左右着整个社会生产力的发展，这是近几百年人类文明史和当代市场经济发展充分证明了的客观事实。

然而，市场并非是万能的、天然和谐的，市场本身存在着缺陷即市场经济中存在着"市场失灵"问题。仅靠市场自身的力量，难以保证经济的健康发展。这时候，就要依靠政府的干预即采取宏观调控的经济手段、法律手段和必要的行政手段，对市场自身的不足进行弥补、纠正，以克服市场调节的缺陷，通过市场价值规律这只"看不见的手"和政府宏观调控这只"看得见的手"的有机结合，使经济持续、稳定、高效地发展。

可以说，没有市场，宏观调控就失去了运作的机制和生效的中介，宏观调控只有结合市场、通过市场、利用市场才能有所成就，没有市场的宏观调控往往不能因应客观经济规律的要求而成为主观任性；没有市场，宏观调控失去了服务的目标，成为一种为宏观调控而宏观调控的无谓之举，不服务于市场的宏观调控往往蜕变为粗暴拙劣的行政干预。另外，有学者指出"市场"和"市场经济"是两个不同的概念，只有国家干预和市场的结合才能形成市场经济。市场越发达，国家干预越重要。由此可见，宏观调控离不开市场经济，只有在市场经济体制下，才能提出宏观调控的客观要求，才会有真正的宏观调控。

从本质上讲，现代市场经济就是具有宏观调控的市场机制和政府干预结合的市场经济，宏观调控的能力和水平体现着国家治理体系的完善程度和国家治理能力的高低。一个良性运行的市场经济，是以国家治理和政府治理为基础，但是宏观调控应当以不损害市场机制的正常运行为原则，因此，应该保持政府在经济中的重要作用，市场经济不仅不能排斥以中央政府为核心的国家宏观调控，而且必须有完整的宏观调控体系，宏观调控的各种措施也应当在法律的框架内运行。

2. 经济学理论与宏观调控

按照经济学视角，政府调节和干预经济的政策有两个方面：一是以微观经济的理论为基础，通过微观经济政策的调控，以期解决市场机制本身的不完善之处；二是以宏观调控经济学的理论为基础，通过宏观经济政策，着眼于解决经济总量的平衡和市场宏观运行问题。

一般而言，现代市场经济中，国家在微观经济领域的市场监管主要建立在以下几种理论的基础上：①价格理论。价格理论主要是针对市场价格机制的不完善性，指导政府采取特定的措施，使市场中的某一价格指数达到一定的平衡或维持在一定的水平上，以期起到稳定市场和维护特定利益的作用。它是政府实施价格宏观调控的基本理论依据。②产业理论。产业理论主要是为了防范或解决在均衡理论指导下的厂商在追求利润的最大化目标过程中引发的厂商个体利益与社会整体利益的冲突、外部不经济等问题，指导政府通过特定措施和手段，对厂商的经营行为进行引导、限制，以期把厂商利己的、功利的消极影响降至最低。它是政府实施产业政策调控和计划调控的基本理论依据。③收入分配平等化理论。收入分配平等化理论主要是针对市场竞争中体现效益优先原则所导致的个人收入分配不公平现象，通过特定手段和措施，以期缩小或平衡不同主体之间的收入分配差距，达到实现社会最低限度的公平。它是国家干预经济，特别是国家利用税收手段干预收入分配的重要理论依据。

国家对宏观调控的管理和调控的经济理论主要围绕经济活动中的需求和供给两个方面展开，由此形成了需求管理理论和供给管理理论。①需求管理理论。需求管理理论是指通过调节社会总需求以达到特定的宏观经济政策目标即通过总需求的调节，实现总需求与总供给的基本平衡，从而实现充分就业、控制通货膨胀、促进经济增长等经济运行的基本目标。根据该理论，当社会总需求小于总供给时，就会因有效需求不足而产品滞销和产能过剩，进而出现大量失业，这时就需要运用扩张性的财政政策和货币政策工具来刺激经济，从而增加社会总需求。当社会总需求大于总供给时，就会因需求过度而引发货币购买力下降，加之国家为了刺激经济运用的扩张性财政和货币政策，导致通货膨胀，此时就需要运用紧缩性的政策工具来抑制社会需求，以减少社会总需求量。②供给管理理论。20 世纪 70 年代以来，面对凯恩斯主义经济政策所导致的生产呆滞、失业严重、物价上涨等"滞胀"局面。西方经济学家开始关注总供给对经济的影响，出现了以强调经济的供给方面来解克服"滞胀"难题的供给学派。该学派认为"需求会自动适应供给的变化"，总供给对通货膨胀和社会就业有直接的关联性，而通货膨胀和大量失业的主要原因是工资与物价上升引发的劳动力成本和其他生产要素成本的上涨即成本推进的通货膨胀理论。因此，为抑制通货膨胀，有效的解决工资成本上涨引发的就业挤出效应，就必须对劳动力和生产要素的供给环节加以管理，其中收入政策和经济增长政策最具有代表性。供给管理理论为政府加强计划管理和宏观平衡提供了直接理论依据。供给学派的主要政策主张是恢复市场经济、反对政府干预，同时也提出了通过减税刺激投资以增加供给和控制货币以反对通货膨胀的政策措施。经济学理论及其政策化，涉及宏观经济层面的各种领域、各个领域均有对应的、富有特色的、行之有效的专门调控手段和方法，这种经济学理论的政策化，为宏观调控的有效实施奠定了专业基础。

3. 现代宏观调控理论及其演变

自凯恩斯主义经济学诞生以来，对于宏观调控是否有效及调控手段如何选择，一直是世界各经济学流派长期争论不休的问题。古典经济学家们认为，市场的自动调节可以使资本主义经济处于充分就业的均衡状态，政府没有必要对经济进行干预和宏观调控，国家最好的经济政策就是放任自流。1929 年爆发的规模空前的世界经济危机，使资本主义世界经济陷入了长期萧条。面对当时的经济形势和政府在经济中所扮演的重要角色，凯恩斯提出了一套认识和解决经济危机的理论，由此形成现代宏观调控理论。宏观调控理论认为，为了有效解决需求不足的矛盾，国家必须对经济进行宏观调控，承担起调节社会总需求的责任。这种宏观调控的目标是消除经济危机、实现充分就业，调控手段主要是货币政策和财政政策。凯恩斯学派不同意传统经济学保持国家预算平衡的观点，认为赤字财政有益于经济增长。在货币政策方面，凯恩斯学派认为温和的通货膨胀是无害的。

由希克斯、汉森、萨缪尔森、菲利普斯、索洛等倡导，形成于 20 世纪 50 年代新古典综合派，将新古典的微观理论与凯恩斯宏观理论相结合，形成了一个新的宏观经济学体系，其经济政策目标是充分就业、物价稳定、经济增长和国际收支平衡。政府通常将财政政策和货币政策相互配合起来使用。在调控手段上，财政政策采取改变税率、政府购买水平和政府转移支付水平等，而货币政策则由原来控制货币供应量为主转移到以利率作为主要中介目标。

琼·罗宾逊、卡尔多、斯拉法、帕西内蒂和约翰·伊特韦尔等经济学家，在与新古典综合派的争论中，形成和发展了凯恩斯理论，被称为后凯恩斯学派：该学派坚持凯恩斯的宏观经济理论，反对新古典综合派的微观经济理论，反对用紧缩货币、压低就业的办法来制止通货膨胀，认为政府应该通过社会政策对经济进行干预，重点是对收入分配进行调整。在制定政策时，将改变收入分配格局为目标的社会政策作为首选，而在实施社会政策的手段上，财政手段要比金融手段更直接、更有效。后凯恩斯学派认为，货币供给的内生性导致经济过热和经济危机，虽然利率不是由货币供求决定，而是由借贷资金的供求所决定，但中央银行还是能够对利率进行控制，只是这种控制的力度不是绝对的，而是有一定限度的，并且这种控制不是直接的，而是间接的，是通过对借贷资金的影响来实现的。

从宏观经济学产生以来形成的各种宏观调控理论看，尽管其理论依据和政策主张存在差别，但都承认国家在经济发展中的重要作用，只是在国家作用于市场经济的范围、强度、目标、主要政策措施等方面存在分歧。这些理论和政策主张都围绕如何促进一国经济增长而展开。现代市场经济需要国家干预已经是不争的事实，从各个市场经济国家的实践看，国家干预的主要方式是国家和中央政府对市场经济进行宏观调控，而且随着市场经济的趋同化和全球经济一体化。宏观调控的主要目的趋于一致，这些调控目标和重要措施大多以立法的形式被确立。

（二）宏观调控的主要内容

1. 宏观调控的目标

西方主流经济学认为宏观调控目标决定于宏观调控的手段：由于新古典经济学认可的宏观调控手段只有财政政策和货币政策，按照一种政策工具只能有效调控一个宏观经济目标的原理，以弗里德曼为代表的西方经济学家认为宏观调控最好坚持"单一目标"即"稳定物价水平"。但从主流经济学理论和各国宏观调控实践看，宏观经济政策的目标是：物价稳定、充分就业、经济增长、国际收支平衡。

在我国，宏观调控政策不仅要以稳定增长、稳定物价水平、实现充分就业以及国际收支平衡为目标，还要兼顾稳定与增长、发展与改革、开放与转型等方面的综合效应，因此政府宏观调控的目标是多重的。

2. 宏观调控的手段

宏观调控手段按照不同的标准可以分为不同的种类，从手段的功能作用看，宏观调控手段可分为以下三种：经济手段、法律手段和行政手段。

经济手段是指国家运用经济政策和计划，通过对经济利益的调整而影响和调节社会经济活动的措施；是政府在自觉依据和运用价值规律的基础上借助于经济杠杆的调节作用而对国民经济进行的宏观调控。经济杠杆是对社会经济活动进行宏观调控的价值形式和价值工具，主要包括价格、税收、信贷、工资、利润等。具体表现在国家政策方面主要是财政政策、货币政策和产业政策，其中财政政策和货币政策是各国公认的最主要的两大经济政策手段。

法律手段是指国家通过制定和运用经济法规来调节经济活动. 以达到宏观调控目标的一种手段。通过法律手段可以有效地保护公有财产、个人财产，维护各种所有制经济、各个经济组织和社会成员个人的合法权益；调整各种经济组织之间横向和纵向的关系，保证经济运行的正常秩序。它是经济手段和行政手段的法律化。

行政手段是指依靠行政机构，采取行政命令、指示、规定等行政方式来调节和管理经济活动，以达到宏观调控目标的一种手段。行政手段具有权威性、纵向性、无偿性及速效性等特点。法律手段、经济手段的调节功能都有一定的局限性，如法律手段有相对稳定性，但不能灵活地调节经济活动；经济手段具有短期性、滞后性和调节后果的不确定性。当计划、经济手段的调节都无效时，就只能采取必要的行政手段。尤其当国民经济重大比例关系失调或社会经济某一领域出现失控苗头时，运用行政手段调节将能更迅速地扭转失控，更快地恢复正常的经济秩序。当然，行政手段是短期的、非常规的手段，不可滥用，必须在尊重客观经济规律的基础上，从实际出发加以运用。

从我国历次经济调控看，早期的宏观调控主要采用行政手段。如行政性财政政策、减少投资支出和控制消费支出等强制控制财政支出，指令性货币政策，强制控制信贷投放等政策，这种方法可以直接作用于特定市场主体，短期效果比较明显，但是不利于建立宏观调控长效机制。1992 年以来的宏观调控手段改变过去单纯依靠行政手段的做法，注重运用经济手段和法律手段，如开始运用利率、存款准备金率、公开市场业务等市场性货币政策进行调控。2003 年以来的宏观调控从一开始就注重采用经济手段和法律手段，同时辅以必要的行政手段。

从调控方式的直接性来看，宏观调控的手段可以分为直接调控手段和间接调控手段。其中，间接调节手段一般是指经济调节方式，它不是直接控制经济运行主体及其行为，而是通过一双"无形的手"发挥作用。这个"无形的手"就是要素市场系统。经济手段通过一系列参数如利率、贴现率、价格等直接影响到市场运行机理，通过市场运行机理的变动，调节了引导企业经济行为。而直接调控手段一般就是指行政手段，它具有直接性、强制性、效果迅速等特点；法律手段也具有鲜明的直接性和强制性，除此之外还具有较强的稳定性。现代市场经济主要以间接手段为主要调控方式，间接手段主要表现为计划、税收、金融等，其作用的发挥主要通过市场中介引导市场主体，使市场主体的微观经济活动同宏观间接发展目标相衔接。

我国经济改革以来，政府宏观调控手段发生了从行政单一化向经济、法律和行政多元化转变。在中国特色社会主义市场经济尚未完全成熟和定型之前，我国的经济运行中既有传统计划经济体制遗留的部分特点，也有市场经济体制和不成熟市场经济体制的特点，还有市场经济自身的弊端。因此，综合运用各种手段进行宏观调控，确保调控取得预期效果是当前的必然选择，但是随着市场经济的成熟和法制建设的推进，宏观调控将更多地运用经济和法律的手段，采用相机抉择的调控方式。

3. 宏观调控的实施机制

在宏观调控实施机制研究中，学术界主要有"一致行动原则"与"违法审查机制"两种观点。

（1）一致行动原则。当一个国家的整体经济形势过热或者过冷时，很可能局部地区的经济并非如此。因此，当中央政府采取宏观调控时，一些地方政府很可能认为不符合本地经济的情况或者不符合本地利益。这种现象不仅出现在我国，也出现在德国等成熟的市场经济国家。《德国经济稳定法》以法律的形式确立了宏观调控的一致行动原则。这是宏观调控手段法的最根本的原则。它要求联邦政府在决定采取宏观调控措施时，各部门以及各级政府都应当在法律规定的职责范围之内采取一致的宏观调控行动，禁止各当事方规避宏观调控措施甚至采取逆向行动。为此，该法第3条要求联邦政府应首先向区域组织、行业工会和企业协会提供同时采取一致行动的动向数据。《美国平衡增长法》第13条以"经济活动的协调"为标题，规定美国总统应采取措施，确保联邦政府、州政府以及私人企业采取一致行动，确保反周期式的宏观调控政策的效果。

从宏观调控所涉及的当事方来看，宏观调控的一致行动原则又包括横向的一致行动与纵向的一致行动原则。横向的一致行动原则是指各级政府的各个职能部门，尤其是财政与公共投资、金融、税收、国土与资源、物价等关键职能部门之间应采取协调一致的行动，不得出于本部门利益而规避宏观调控措施或者采取逆向行动。纵向的一致行动原则是指下级政府都应采取与中央政府协调一致的行动，不得出于本地利益规避宏观调控措施甚至采取逆向行动。

从我国的实际情况看，尽管中央在采取宏观调控措施时反复强调了一致行动精神，但是由于行政管理体制尚未完全理顺，部门保护主义与地方保护主义在一些时期和一些地方仍不同程度地存在，加之宏观调控措施未能法律化、制度化和常态化，导致在宏观调控中出现了消极性的不一致行动现象、横向的不一致行动以及纵向的不一致行动现象，其结果就是中央的宏观调控政策被大打折扣，经济过热现象不断反弹，尤其是环境保护指标无法得到有效的落实。如果将一致行动原则法定化，这种局面将可能得到改善。

（2）违法审查机制。德国、美国等国的经验表明，对宏观调控建立违法审查机制也有助于宏观调控政策的实施。违法审查机制有两层含义：第一层含义是在经济形势判断方面的违法审查机制，第二层含义是一致行动的违法审查机制。

首先，宏观经济形势判断方面的违法审查机制是指当中央政府与地方政府对宏观经济形势的判断有分歧而双方都又有其合理性时，所建立的一个达成共识的法律机制。

其次，一致行动的违法审查机制包括以下两个方面：一方面，若中央的宏观调控措施当中含有违法性内容，也应当有一个违法审查机制确保中央政府的行政措施被约束在宪法和法律的框架之内。例如，针对近年来我国对房地产市场的宏观调控政策，有学者指出其中某些政策性措施违背现行法律法规，甚至违反现行宪法的规定。另一方面，一旦中央政府采取了合法的宏观调控措施，地方政府就应当按照一致行动原则全面地贯彻执行这些措施。若个别地方政府拒不执行中央的宏观调控政策，甚至采取逆向行动或者颁布"土政策"，则中央政府同样可以利用违法审查机制和行政措施确保措施的贯彻落实。

既定的宏观调控目标和相应的调控手段需要通过宏观调控的事实机制加以实现，因此，宏观调控政策规则的选择极其重要。现代宏观经济理论认为，宏观调控政策包括相机抉择、单一规则与积极规则三种政策，其中单一规则与积极规则属于有规则政策，相机抉择则属于无规则政策。近年来，我国中央政府在宏观调控过程中反复使用相机抉择，强调了宏观调控政策是依据经济形势的变动而相应改变，但缺乏规则对政策工具的约束。所以应以积极规则作为宏观调控政策的首要选择，从而保持政策的连续性和稳定性。这就需要通过法律规则确保宏观调控政策的连续性和稳定性。积极规则包括两个方面的含义：一是对政策工具是有规则约束的，如预算收支平衡，货币供应增长的约束；二是要根据经济变化做出反应和调整。无论哪种政策规则，都应当在现行法律的框架内被制定和执行，而在当前缺乏宏观调控基本法律制度的情形下，由国家立法机关抓紧制定相应的法律制度，这是中央政府宏观调控法治化的前提条件。中央政府的调控权应当有法定来源，通过明确中央政府和地方政府在宏观调控中的职权范围和责任机制，增强宏观调控措施执行力，实现宏观调控政策的有效落实。

（三）宏观调控对经济发展的作用

1. 宏观调控与国民经济运行

要探讨宏观调控与国民经济的关系，首先要理解国民经济的运行原理。有学者指出，经济运行，从纵向来看，表现为宏观经济和微观经济相互促进和制约的过程；从横向来看，则是生产、交换、分配和消费相互作用的过程。具体来说，经济运行包括资产运行、收入运行、消费运行、投资运行等。

经济运行以经济增长率为基本标志，经济增长率的波动，必将导致资产、收入、消费和投资等的波动。比如，随着经济增长率的上升，增值价值和收入均将大量增长，消费和投资也会以不同的比率增加。反之亦然。除经济增长率这一基本标志外，还有两个重要辅助标志：①通货膨胀率；②失业率。它们实际上两个监测指标：经济运行的状况如何，整体运行和分层次运行的关系是否协调，通货膨胀率或失业率均可予以显示。

经济运行处于市场支配或调节之下，同时还受政府宏观调控的影响。而与市场经济相适应的宏观调控，正是通过市场环节实现的。就经济运行层次而言，宏观调控的作用表现为调节各系列经济机制的运行。宏观调控的可行区间在客观上是依据经济机制运行限度决定的；另一方面，宏观调控又是运用经济机制，以促进经济运行的适当选择。例如，根据投资增长限度来调节投资规模，运用投资增长机制。以协调投资与 GNP 之间的关系。根据适度消费标准来调节消费水平，则是着眼于运用消费增长机制，以协调消费与 GNP 的关系。就整体经济运行而言，宏观调控作用表现为对经济增长一般规律的把握。无论货币政策还是财政政策，它们对各层次经济关系的调节，都从属于这一要求。

2. 宏观调控与经济稳定发展

对此论述的最权威、最具说服力的是马克思关于总供求与总供给的均衡和非均衡理论。概括来说就是：①供给和需求的脱节，是商品经济内在矛盾发展的必然结果，并随着从一般商品流通到资本，通过国际资本流通的推进而扩大；②在追逐利润的驱动下，以信用扩张为主要杠杆，以大生产为物质技术基础的商品经济条件下，必然会引起生产、供给的急剧扩张；③生产的扩张会与资本增值这一有限目的相冲突. 形成供给大于需求即需求不足。所以，在社会化大生产的商品经济中，尤其在市场经济中，作为常态而存在的是总需求小于总供给（表现为"买方市场"）。当这个矛盾发展到极其尖锐的时候，就会爆发生产过剩的危机。由此决定了国家应对宏观经济进行调控，特别要注重引发社会扩大投资需求，促使总需求和总供给的基本平衡，以缓解和避免危机的爆发，使经济平稳而快速的增长。

宏观经济运行是趋向经济增长、物价稳定、充分就业和国际收支平衡，即实现总供给与总需求的均衡。然而，种种客观因素往往又使经济运行呈现出周期性的波动特征。如果完全听任市场机制自动调节，那么，市场经济运行就会在"繁荣—萧条—危机—复苏—繁荣"的过程中循环。这就意味着，市场经济一方面进行资源的有效配置，另一方面又以资源的巨大浪费为代价。为了消除经济波动而产生的失业和通货膨胀等问题，实现经济持续稳定的增长，国家应该运用"相机抉择"的宏观经济政策对经济进行宏观调控，以实现总供给与总需求的均衡。

3. 宏观调控对经济发展的促进机制

根据《现代汉语词典》的解释："机制泛指一个系统中，各元素之间的相互作用的过程和功能。……社会科学也常使用，可以理解为机构和制度。"简而言之，机制就是制度与方法或者制度化了的方法。有学者认为，对"机制"一词的定义应该包括以下四个方面：①事物变化的内在原因及其规律；②外部因素的作用方式；③外部因素对事物变化的影响；④事物变化的表现形态。

现代市场经济属于"混合经济制度"，是指以市场调节和政府宏观调控作为其基本的和主要的运行机制。现代市场经济体制模式无论以何种具体形式存在，都具有共同的内涵或共性：市场机制在社会资源配置中起基础作用，市场机制和国家宏观调控相结合、相协调，形成一个统一的有机体，使社会资源实现合理分配，市场经济实现稳定发展。现代市场经济中市场调节与政府调控的结合，往往都是以"市场调节"为主，以"宏观调控"为辅的结合。①

所以，宏观调控对经济发展的促进机制就是指政府通过宏观调控的目标、手段、价值理念等外在因素，对市场经济内在各个方面的运行进行干预、调节和规制，使其能正常快速地运行，以实现经济的稳定快速增长。比如，政府通过财政政策和货币政策对宏观经济进行调控。一般情况下，对付经济萧条应该采用"松"的政策，对付通货膨胀应采用"紧"的政策。但是，也应根据具体情况安排，可以将两种政策配合使用，形成"松紧搭配"。具体实施时又有两种不同选择：一是"松"的财政政策与"紧"的货币政策相配合即在财政政策上用投资优惠、减税、扩大政府支出等办法来刺激投资，同时在货币政策上通过中央银行控制货币供应量，以防止因投资需求过旺而出现通货膨胀加剧；二是"紧"的财政政策和"松"的货币政策相配合即在货币政策上用扩大货币供给和降低利率的办法来刺激投资，同时在财政政策上用缩小政府支出、压缩政府对商品和服务的购买等办法来减轻市场压力，以稳定物价。

二、市场经济与宏观调控法律制度的确立

（一）宏观调控在经济发展中的地位

一般来说，国家宏观调控旨在保持经济总量平衡，实现经济持续稳定增长。作为国家干预经济的特定方式，宏观调控是市场经济向成熟阶段发展过程中的内在必然，也是国家经济职能在宏观经济运行中的集中体现。市场经济中，竞争性的价格机制是最基本的资源配置机制。在市场对资源配置发挥作用的过程中，可能会出现两种结果：一是市场机制充分发挥了各种资源要素的效率，实现了资源优化配置；二是市场机制在充分发挥微观经济效率的同时，却造成了宏观总体经

---

①邹东涛．世界市场经济模式丛书[M]．兰州：兰州大学出版社，1994：7.

济的波动。对第二种结果的强调，导致了社会主义国家长期从经济意识形态上否定市场经济。在西方，以凯恩斯理论为基础的宏观经济学则独辟蹊径，寻找到了旨在缓解危机，熨平波动的宏观总量分析法。[①]经济均衡是通过经济周期波动表现出来的非均衡而强制实现的。没有经济的周期波动，就没有经济的增长与发展。宏观调控可以减少经济的非正常急剧波动，但不能消灭正常的经济波动，而且宏观调控也是要付出成本的。关于宏观调控的效果即宏观调控的成本和收益之间关系问题，在经济学界存在不同认识。一般认为，宏观调控的成本主要表现为高失业率和经济总量的缩减。例如，菲利普斯曲线描述了通货膨胀率和失业率之间的负相关关系，曼昆把失业率和牺牲率作为反通货膨胀的成本指标。[②]

（二）中国的宏观调控

对于中国这样一个处在转型中的发展中国家而言，与西方发达国家的宏观调控存在诸多差异。发达国家已经建立相对完备的市场机制，产业格局、城市化以及人口等结构因素也趋于成熟和稳定的阶段。发展中国家普遍面临深刻的结构变迁与制度转型，加之由于市场制度不完善，产业结构不合理等原因，其应对外部冲击的能力也明显弱于发达国家，这些都导致发展中国家经济波动要远高于发达国家。在我国，宏观调控（有时也称为"宏观调节"）的概念是在改革开放以后才出现的，但是国家对经济的管理和控制却是一直存在，甚至在计划经济时期，国家对经济管理和控制的范围更广、力度更大。

新中国成立后，迅速扭转了旧中国遗留下来的通货膨胀局面，稳定了物价，使国民经济得到了较快的恢复。为集中有限的资源进行大规模经济建设，国家对经济进行统一的计划管理，实行单一的计划经济体制，政府对宏观经济管理和调控的方式是直接作用于调控对象的国有企业。在计划经济时期，国有企业是国民经济中最主要和最活跃的主体，国家以国有企业为对象实施经济调控，政府除使用经济手段来控制企业的生产经营活动外，更多的是直接使用行政命令来实施控制。在当时，虽然使用财政、信贷作为政府调控经济的重要工具，但并没有形成真正意义上的财政、货币政策实践，更没有形成相应的宏观调控法律制度。国家对国有企业下达生产计划，生产资料和劳动力由国家统一调拨和分配，产品由国家统一收购，价格国家统一制定，企业没有投资经营的自主权。"一五"后期，国家实行直接计划的范围不断扩大，1957年同1953年相比，国务院各部门管理的工业企业由2 800多个增加到9 300多个；原国家计委管理的工业产品由115种增加到290种；国家统配和部管物资由227种增加到532种，基本建设的投资和建

①汤在新，吴超林. 宏观调控：理论基础与政策分析[M]. 广州：广东经济出版社，2001：218.
②[美]曼昆. 经济学原理（下册）[M]. 梁小民译. 北京：机械工业出版社，2005：334.

设任务，包括地方工业和城市建设。绝大部分由国务院各部门直接安排；国家财政收入的75%由中央支配。[①]虽然，从新中国成立后到1978年，政府对经济直接控制的范围有所不同，时而减少，时而增加，但是，在整个计划经济时期，国家管理和调控经济的方式和手段是直接的行政干预和计划管理。改革开放以来，宏观调控方式逐渐由直接调控转变为间接调控，宏观调控手段也由以行政手段为主转变为经济和法律手段为主，辅之以必要的行政手段。随着对政府与市场界限及其相互关系问题的认识的深入，宏观调控逐渐成为政府与市场功能互补和相互作用的机制。宏观经济调控方式与手段是随着我国经济改革与发展的不同阶段而变化的。

（三）转变经济发展方式阶段的宏观调控

转变经济发展方式是经济领域的深刻变革，是决定中国现代化命运的又一次重要抉择。转变经济发展方式，不能单纯依靠技术进步，不能单纯依靠市场来配置资源，而是要更好地发挥宏观调控优势，从全局上加强国家经济政策对经济主体的影响，推动全社会资源的合理配置和经济社会的全面发展。

加强政府宏观调控是转变经济发展方式的必要前提。我国宏观调控，之所以能够成为推动经济发展方式转变的保证，主要原因在于宏观调控的手段综合全面，有利于解决全局性问题。宏观调控既可运用经济办法，通过货币政策和财政政策间接地调节社会资源配置，影响微观经济主体的选择，从而达到长期效果；也可以采取必要的行政手段和制度措施，如经济政策和经济立法等，对微观经济主体进行管理和规制，达到短期内见效迅速的效果。值得提及的是，我国的宏观调控还可以通过组织措施来进行，使国家发展规划、计划、产业政策的宏观导向作用能够直接转化为现实的措施，这种宏观调控具有完全不同于西方完全自由市场经济下的宏观调控所不具有的优势。因而，我国的宏观调控既能注重全局又能兼顾局部利益。操作的灵活性更强，措施更具体和有针对性，在实践中也更高效。在有效解决当前经济问题的同时，宏观调控也有利于继续增强微观经济活力和市场机制作用的充分发挥，推动经济发展方式的科学化。

我国应对全球性经济危机困扰的一个最重要条件，就是社会主义市场经济所具有的体制优势和在此基础上的强大的宏观调控能力。金融危机的教训表明，完全自由的市场不可能实现经济的有序发展。消除金融危机的不良影响，必须及时地转变发展方式，既要充分发挥市场配置资源的基础作用，更要发挥政府的宏观调控职能。我国政府的宏观调控在应对全球性的金融危机方面，已展现出了巨大的优势。金融危机爆发以来，许多发达国家经济增长率急剧下降，消费需求大量

[①]刘仲黎. 奠基——新中国经济五十年[M]. 北京：中国财政经济出版社，1999：473.

萎缩。与其形成鲜明对比的是，我国采取了"保增长、调结构、促改革、惠民生"的政策措施以应对国际金融危机的冲击，取得明显成效，率先实现了经济的总体回升。

我国政府的宏观调控主要有以下特征：一是宏观调控的时效性强。面对世界性的金融动荡，我国的宏观调控体现出"速度"和"力度"的有机统一。如采取积极的财政政策和适度宽松的货币政策，迅速出台"国十条"，重点加强民生工程、基础设施、生态环保建设，实行结构性减税，增强消费需求对经济增长的拉动力，同时大范围实施重点产业调整和振兴规划，实行兼并重组，淘汰落后产能，防止重复建设，促进了经济平稳增长。这种快速的、大规模的政府投资，对市场起到了引导和示范作用，从根本上扭转经济趋缓局势，恢复了经济稳步增长的信心和决心。二是具有较强的针对性。宏观政策的实施一方面着眼于扩大内需和改善民生，推出了诸如提高城乡居民收入水平、汽车家电下乡及十大重点产业调整和振兴规划等具体措施，增强了投资和消费这两驾马车的动力。另一方面中央新增投资，有计划、有步骤地优先安排符合需要并可以迅速形成实物工作量的在建项目，加大投资力度，加快建设进度，并及时启动符合条件的新开工项目，以形成有效的市场需求和有效的经济拉动力。三是具有较大的灵活性。应对金融危机，我国在宏观层面一方面继续实施适度宽松的货币政策，另一方面也根据形势的发展变化不断进行政策微调。经济刺激政策根据需要适时进行了调整，尤其是货币政策应对新形势的灵活之举，无疑更符合经济形势迅速变化的客观事实。这样，既保持了政策的连续性和稳定性，也增强了宏观调控本身的灵活性。

当前，中国特色社会主义市场经济是在国家宏观调控下市场对资源配置发挥决定性作用的市场经济。公有制经济主体地位基础之上的、有调控的市场经济，是社会主义市场经济的优势所在。只有不断加强和改善国家宏观调控，有效调节私人资本的逐利性和扩张性，克服私人资本和金融资本的无序化、极端化，努力维护宏观经济的稳定性、平衡性和持续性，才能真正实现经济社会的科学发展。

第四章　我国低碳经济发展的法律保障

第一节　低碳经济的内涵与时代背景

一、低碳经济基本内涵

(一) 低碳经济定义

低碳经济还没有一个约定俗成的基本概念，目前的各种定义和解释也不尽相同。作为一个政策意义上的概念，低碳经济最初出现在英国政府 2003 年 2 月公布的《我们未来的能源——创建低碳经济》白皮书中。英国虽然在全球率先提出低碳经济概念，并设定了实现低碳经济目标的时间表，但在低碳经济概念上并未能做出清晰的界定，也没能够给出衡量低碳经济发展目标的具体标准与评价体系。

结合众多学者对于低碳经济定义分析，对低碳经济的理解主要包括以下几个方面：①方法论角度。该观点认为，在全球气候变化背景下，低碳经济是以有效抑制温室气体排放量为目标的经济发展方式，是避免气候发生异端变化、维持社会可持续发展的一种有效方法。②经济形态论角度。该观点认为，低碳经济是建立在发展经济学的理论基础上，追求经济发展中碳排放量、生态环境代价及社会经济成本最低化的经济发展模式，体现为低碳产业、低碳技术、低碳生活等具体经济形态，这些经济形态可以改善地球生态系统的自我调节能力，有利于经济、社会、环境的协调发展。③发展革命论角度。该观点认为低碳经济是以低污染、低能耗、低排放为特征的经济发展模式，该模式是对现代经济运行弊端的深刻反思，是一种涉及生产模式、价值观念、生活方式及国家权益的耗能模式选择的革命性变革。[①]总而言之，对低碳经济一般可理解为在可持续发展理念指导下，通过技术创新、制度创新、产业转型、新能源开发等多种手段，尽可能地减少煤炭石油等高碳能源消耗，减少温室气体排放，达到经济社会发展与生态环境保护双赢的一种经济发展形态。

就像"知识经济"强调经济发展中较高的知识和技术含量，"循环经济"强调经济发展中的资源循环利用一样，"低碳"是对人类社会可持续发展中的经济增长方式提出的又一个新的要求。因为低碳经济的发展会对抑制全球气候变暖及对环境保护状况产生积极的影响，低碳经济概念很快为国际社会所接受，最终成为

[①]邢继俊. 低碳经济报告[M]. 北京：电子工业出版社，2010：37.

2008 年世界环境日的主题。

（二）低碳经济的特征

总体上看，低碳经济的实质是提高能源利用效率、利用效应，其核心是技术创新、制度创新和人类发展观念的根本性转变。具体来看，低碳经济的特点主要表现在以下几个方面：

其一，低能耗。从低碳经济概念的基本理解上看，它是相对于建立在无约束的碳密集能源生产方式和消费方式的高碳经济而言的。其目标是实现包括生产、交换、分配和消费在内的社会再生产过程的经济活动的低碳化，追求温室气体排放量的最小化乃至零排放，在获得经济价值、社会价值最大化的同时，追求最大的生态经济效益。

其二，低排放。低碳经济的产生源于传统化石能源利用中过多的环境负外部性影响，故其发展的路径在于开发新能源、低碳及无碳能源，解决经济快速发展与传统能源消费模式下不断引发的碳排放脱节问题，最终实现无碳排放及经济增长的目标。为此，低碳经济最突出的特征应是倡导能源经济革命，关键在于降低能源消费中的碳排放量，基本目标是建成低碳能源乃至无碳能源的国民经济体系，最终目标是真正实现社会发展模式的清洁化、绿色化和持续化。[①]

其三，低污染。一定程度上讲，低碳经济是人类为解决人为碳含量增加所导致的碳失衡背景下地球生物圈环境恶化而实施的人类自救行为。另外，还要看到，随着时代的变迁特别是能源活动领域问题的不断产生及发展，能源利用安全的内涵也在不断扩展。初期的能源安全战略主要体现在为经济社会的发展提供稳定、持续的能源供给，随着能源活动领域所引发的环境问题的进一步发展，特别是全球气候变暖及大气质量的进一步恶化，能源生态环境的保护问题开始成为能源使用安全所需要重点应对的问题。因而，低碳经济的发展依赖低碳能源，但清洁生产也应是低碳经济的关键环节。

（三）低碳经济与相关概念辨析

低碳经济与通常见到的生态经济、循环经济、绿色经济及低碳社会等概念都是当前产生的新的经济发展思想。从其产生的时代背景看，都是在传统不可持续性的经济增长模式弊端下，重新思考和认识人类和自然关系、反省自身发展模式的产物，因此它们之间既存在着联系，也存在着一定的区别，主要体现在两个方面。

其一，低碳经济与这些相近概念之间存在着共同点。相对于传统生产模式，都属于新的价值观念和消费理念，都追求人类的可持续发展和环境友好的实现，

[①] 邢继俊. 低碳经济报告[M]. 北京：电子工业出版社，2010：38.

具体都涉及良性循环，生态修复及人类社会、经济、环境和谐相处等具体理念，提倡绿色和循环消费观念；其支撑点都注重绿色技术及科技的生态化，强调社会、经济的发展应建立在与生态环境和谐相处的基础上。

其二，低碳经济与这些相近概念之间也存在着诸多不同点。如生态经济重点在于实现经济系统与生态系统的有机结合，突破口在于创造，实现人与环境之间关系的可持续性；绿色经济的侧重点在于以人为本、关爱生命，兼顾物质与精神需求，突破口在于发展绿色技术，以科技发展为手段实现绿色生产、绿色消费及绿色分配；循环经济注重于实现整个社会物质的循环利用，探寻在社会经济活动中如何利用减量化、再利用及再循环原则实现资源节约和环境保护的具体路径，突破口在于提倡在生产、流通、消费全过程的资源节约和充分利用；低碳经济则是主要针对能源消费中的碳排放量来讲的，突破口则是通过提高能源利用效率、采用清洁能源等方式减少碳排放量，缓和在生态环境特别是气候变暖问题上的压力，因而其本身追求在保持较高经济增长水平基础上，实现碳排放量比较低的一种经济形态。

二、低碳经济产生的时代背景

(一) 全球气候变暖

低碳经济日益受到世界各国关注的原因与全球气候日益变暖的事实密切相关。随着人类经济社会的不断发展及人口数量的不断增长，作为发展基础的传统化石能源的不可持续性日益凸显，各种有关的环境公害现象也不断涌现，尤其是全球气候变暖与人类大规模温室气体排放之间的关系问题日益进入人们视野。1992 年联合国巴西里约热内卢环境与发展大会中，150 多个国家签署《联合国气候变化框架公约》(简称《公约》)，该公约成为世界上第一个为全面控制温室气体排放的全球性公约。《公约》的目的是采取全球性行动抑制、改善对社会经济日益产生不利影响的全球气候变暖问题。而低碳经济理论体系则是由美国学者莱斯特·R. 布朗 1999 年在其著作《生态经济革命——拯救地球和经济的五大步骤》中首先提出，面对"地球温室化"的威胁，他提出应当尽快把以传统化石燃料为核心的经济转变成以太阳、氢能源等为核心的经济作为基本对策。此后，伴随着联合国应对气候变化的《京都议定书》及后京都时代各国温室气体减排任务谈判的开启，联合国政府间气候变化专门委员会(IPCC)第四次评估报告的发布及"遏制全球气候变暖、拯救地球的路标"的巴厘路线图的通过等一系列事件，应对全球气候变暖问题的全球行动不断走向深入，并开始在全球层面逐步形成了低碳发展道路的基本共识。这些在应对全球温室气体问题的思想与实践奠定了目前低碳经济的基本理论基础。

现实中,全球气候的变化已经开始成为影响人类生存与发展的重要问题。2006年10月英国政府发布了由著名经济学家尼古拉斯·斯特恩主持完成的《从经济角度看气候变化》评估报告,该报告对全球变暖可能造成的经济影响给出了迄今为止最为清晰的图景:"如果在未来几十年内不能及时采取行动,那么全球变暖带来的经济和社会危机,将堪比世界性大战以及20世纪前半叶曾经出现过的经济大萧条。届时,全球GDP(国内生产总值)的五分之一都有可能灰飞烟灭"。另外,联合世界各国政府气候变化专门委员会,由于在气候变化方面的研究成果在2007年获得世界诺贝尔和平奖,依据其研究结论,造成气候变化的主要原因是人类的活动。如果人类不采取积极的改善措施,那么在未来的一个世纪之内,全球的气温将会急剧升高。我们的子孙后代将不得不生活在筑有穹庐的社区中,以防止紫外线的辐射,或者被迫居住在大堤后面,以抵挡全球变暖造成的海平面上升。要制止全球气温异常变化及其带来的各种潜在危害,就需要在未来的社会经济发展中减少温室气体排放,这就需要一种以低能耗、低排放、低污染为特征的新的社会经济发展模式。近年来,世界上许多国家和地区出于应对气候变化以及对能源供应安全的担忧,已经开始把追求低碳发展作为实现本国持续发展的根本措施。围绕着减少温室气体排放量的基本目的,英国计划完成2050年减少60%的温室气体排放的总体目标;挪威计划2050年之前降低50%~80%的温室气体排放量;美国虽然至今没有依据《京都议定书》对温室气体加以限制,但是国内的某些地区已经开始限制二氧化碳的排放,如加州地区计划到2020年温室气体排放量与1990年相比减少大概是25%等等。

需要指出的是,虽然人类的行为特别是温室气体排放的行为是造成全球气候变暖的主要原因已经成为世人的主流意识,但是在温室气体减排的问题上仍然存在着诸多的其他声音,也必然对全球国家积极采取措施应对气候变暖的前景产生不利的影响。美国前总统布什曾表示,他反对《京都议定书》的原因除了认为议定书规定的要求太高会损害美国的经济外,他还强调目前科学界对于气候变化的研究还没有定论,要判断气候变化存不存在,到什么程度才会变得危险,还需要开展更多科学研究。目前来说,因为没有人能够确定变暖的危险界限,因此,无法确定什么水平是必须要避免的。除去美国之外,对于国际社会花费如此大的力量来推动《京都议定书》的另一种批评意见认为,国际社会并没有把当前世界面临的重点问题顺序排对,"哥本哈根共识"的组织者比约恩·隆伯格是其代表人物,他表示,一些世界顶尖的经济学家,包括诺贝尔奖获得者认为,艾滋病、饥饿、自由贸易和疟疾是人类的当务之急,人类在以上方面的投入会取得最佳效果。相比之下,气候变化的应急反应是最不重要的所谓当务之急。事实上,与会的经济学家们将这些冒险行为包括《京都议定书》称为"不良项目",因为它们事倍功半。

　　另外，也有学者针对温室效应理论进行了批评，认为其是一种欲盖弥彰的理论；并认为温室效应理论者描绘的海平面将上升、洪水与毁灭相伴、数百万野生物种将永远消失等预言都是毫无来由的恐慌。如瑞典地质学家尼尔斯·阿克苏·莫纳称这一切为"完全伪造的科学观测事实"，他认为在过去的 300 年间，海平面并没有显示出上升的趋势，而且，通过卫星遥感测试也显示，在过去的几十年里，海平面几乎没有变化。针对联合国政府间气候变化专门委员会在 1990 年做出的人为造成的气候变暖将使海平面到 2100 年上升 30—100cm 预测，美国环境保护局曾出版一份研究报告说，到 2100 年全球海平面上升达到 45cm 的概率是 50%，而上升达到 110cm 的概率只有 1%；海平面委员会的专家则相信，在 21 世纪根本没有任何办法科学地预测任何海平面的上升。显然，如果存在着诸多与加快抑制全球变暖相反的不一样的声音，就会成为推迟温室气体减排的挡箭牌，国际社会就无法形成对落实《京都议定书》的一种稳定信念，从而导致众多的、分散的、不稳定的个体的存在，最终也就不可能形成实现国家或地区制定的温室气体减排目标所需要的整体合力。

　　2013 年 9 月 27 日，在来自全球 110 个国家和地区代表的见证下，联合国政府间气候变化专门委员会于瑞典斯德哥尔摩正式发布了关于全球暖化趋势的第五次评估报告。这份长达 36 页，题为《气候变化 2013：自然科学基础》的报告称，在 1901—2012 年的 100 多年间，全球地表温度升高了 0.89℃；过去 30 年的气温比 1850 年以来任何时期都要高，而且很可能是北半球在过去 1 400 年来最热的阶段；21 世纪的头十年是有史以来最热的十年，但预计全球地表温度将继续升高，到 21 世纪末达到比工业革命前高 1.5—2℃的水平。届时，热浪极有可能发生频率越来越高、持续时间更长。同时，随着海洋变暖，冰川和冰原面积逐渐减少，全球平均海平面会继续上升，但是会以比过去 40 年更快的速度上升。最后，该报告认为，来自全球大部分地区的确凿科学观测证据显示，人类活动对气候系统的影响是"毋庸置疑"的，而且有 95% 以上的可能性是造成自 20 世纪中叶以来全球暖化问题的主导原因。显然，尽管气候科学的部分领域还存在一些不确定性，由人类活动引起的气候变化的科学证据正年复一年地增加，而不作为所导致的严重后果的不确定性正日益减少。基于此，联合国政府气候变化专门委员会也进一步指出，在 2015 年之前达成一个具有全球约束力的新的联合国气候变化协议对于全球生态环境的改善，尤其是应对气候变暖问题至关重要，同时加快国家与社会向绿色经济和低碳未来转型也将会带来多重实际性的益处，如改善公众健康、提高粮食安全、促进民众就业，以及应对极端气候变化等。

　　2019 年，联合国环境署最新发布的《排放差距报告》指出，即使各国无条件履行自己的减排承诺，到 2030 年气温仍恐将上升 3.2℃，如果想实现将未来十年的升温控制在 1.5℃以内的目标，全球整体减排力度必须继续加大。

（二）传统化石能源的不可持续性

能源是整个世界发展和经济增长的最基本的驱动力，是人类赖以生存的基础。其中，化石能源的大规模使用推动了人类工业文明的快速发展，但在全社会发展极度依赖化石能源，而其赋存量又极其有限的情况下，化石能源必然呈现出稀缺状态。进入 21 世纪以来，在人们享受着能源的大量消耗带来的经济稳定发展、科学技术飞速变革带来的各种利益时，世界能源危机也在进一步加剧。首先，全球能源需求保持着高速增长。2013 年全球一次能源消费总量增长 2.3%，相较 2012 年的 1.8%有所反弹，但是低于近 10 年 2.5%的平均水平。其中，石油依然是世界主导性燃料，占全球一次能源消费量的 32.9%。天然气比重较 2012 年下降 0.2%，达到 23.7%。煤炭的占比上升到了 30.1%，是自 2013 年以来最高值。2018 年从全球平均水平来看，石油、天然气、煤炭的占比更加均衡，分别为 34%、24%、27%；美国、欧盟的化石能源都更加依赖于石油和天然气，而煤炭占比仅分别为 14%、13%。根据经济学家和科学家的普遍估计，到 21 世纪中叶，即 2050 年左右，石油资源将会开采殆尽，煤炭资源也仅能维持一两个世纪。在世界能源消费以石油为主导的条件下，如果能源消费结构不改变，新的能源供应体系不能够尽快建立，人类将面临更加严峻的能源危机的挑战。另外，安全的内涵也随着社会的发展不断得到扩展，当前在对于人类发展至关重要的能源领域中，传统的化石能源日渐消耗殆尽，再加上人类社会的科技约束、生态环境约束等客观因素的存在，社会经济发展中能源需求与供给时常呈现出一种不确定的动态变化特征，这也决定了能源安全不仅是一个短期的供给安全问题，而且还是一个具有全局性、长远性和前瞻性的安全问题。

为此，积极提倡和推广使用各种可再生能源、替代性能源，加快发展以低能耗、低污染、低排放为基本特征的低碳经济，是世界各国保持经济社会持续发展的必然选择。

（三）社会发展模式的低碳转型

低碳经济是建立在低能耗、低排放及低污染的基础之上的社会经济发展模式，是一种侧重于提高能源利用效率技术、开发各种替代性能源及温室减排技术的经济发展体系，有利于建立起新的社会发展模式。其一，生产的低碳化。一方面，注重物质资料生产的低碳化，具体涉及提高资源开发利用的效率、科学技术效率、发展循环经济等方面；另一方面，还注重社会发展所需的人口数量及其素质控制，以与社会经济发展水平及生态环境的承载力相适应。其二，流通领域的低碳化。目标是在生产要素及其产品自由流通过程实现优化配置，具体会涉及建立现代物流产业、环保高效的交通体系、建立现代金融服务业等途径。其三，分配的低碳化。主要是以政府的法律、税收、财政转移支付等手段，对社会生产要素及收入按照资源节约、环境友好的产业政策在市场主体之间进行倾斜分配，对符合低碳目标的产业和市场主体进行引导、鼓励，限制高碳产业发展，实现产业低碳化。其四，消费的低碳化。注重在消费结构上引导树立适度消费、绿色消费及反对奢侈、浪费观念。

从现实的角度看，新的低碳经济发展模式也符合各国社会经济发展利益上的追求目标。低碳技术会涉及电力、交通、建筑、冶金、化工、石化等部门，以及可再生能源及新能源、煤的清洁高效利用、油气资源和煤层气的勘探开发、二氧化碳捕获与封存等有效控制温室气体排放的新技术领域。从欧美国家的实践看，实现低碳经济的具体途径涉及产业结构的调整，降低高能耗产业比例，改变产业发展模式；改变公众生活方式，建立资源节约型与环境友好型的消费模式；改变经济发展的现有能源结构，尽量开发新能源与使用清洁能源。因此，除了立足于温室气体减排、改善环保状况外，相关国家也着眼于探索新的经济发展模式，积极培育本国新的经济增长点与动力。因而，英国学者的研究数据认为，世界的经济规模在 2050 年要比现状扩大 3—4 倍，但经济发展所需要的碳排放总量会比现状降低 1/4，很显然这期间需要有新的经济模式作为支撑，发展低碳经济是现实的必然选择。联合国环境规划署发布的报告显示，2018 年全球可再生能源投资总额为 2 889 亿美元。目前，越来越多的国家开始投入到低碳技术研发、低碳产业发展实践中。

第二节　中国低碳经济发展现状及立法情况

一、中国低碳经济发展现状

（一）中国低碳经济发展转型现状

目前，中国向低碳经济转型的现状主要体现在构思能源可持续发展对策框架、坚持节能减排及积极应对全球气候变化等方面，具体表现如下：

1．构思能源可持续发展对策框架

总体上看，能源是经济发展的主要动力因素，一国能源的利用与供应状况直接决定着本国经济的发展速度与规模，能源对社会经济稳定发展的作用主要体现在三个方面：①能源是社会经济发展所必需的基本物质基础。人类社会经济发展的每一步都和能源的开发利用密切相关，从薪柴到煤炭、石油，再到今天的多元化能源利用，可以说人类社会经济发展的历程也就是人类开发利用能源的历史。

②能源的开发利用是推动经济领域技术进步的重要动力因素。社会的进步、工业革命的产生、科技的兴盛无不与能源的开发利用密切相关。③能源是促进社会经济领域新产业产生与发展的重要驱动力。随着传统能源的日渐耗竭、能源环境保护特别是全球温室气体减排的进一步开展，新能源产业与低碳经济领域将会得到进一步的发展，特别是在全球气候变化的背景下，"低碳经济""低碳技术"日益受到世界各国的关注。低碳经济领域涉及电力、交通、建筑、冶金、化工、石化等部门以及可再生能源及新能源、煤的清洁高效利用、油气资源和煤层气的勘探开发、二氧化碳捕获与封存等有效控制温室气体排放的新技术等方面，几乎涉及社会发展所必需的所有部门。

对中国而言，经济稳定发展的能源需求能否得到满足，现实中还存在着诸多不确定性因素，其中最主要的就是我国能源供应的对外依存度在逐渐地加大。虽然作为能源生产大国，我国将主要依靠立足国内来解决经济稳定发展所需要的能源供应问题，我国的能源供应对外的依存度在总体上只是达到 6%左右，但是在关系到我国经济稳定发展所必需的个别能源品种领域，我国能源供应对外的依存度变化形势严峻。

2009 年我国累计进口煤 1.26 亿吨，比上年增长 211.9%；出口煤 2 240 万吨，下降 50.7%；全年净进口 1.03 亿吨，第一次成为煤炭净进口国。2019 年，中国的煤炭产量超过了 37.455 亿吨，接近全球煤炭总产量的一半。按照海关总署公布的数据显示，2019 年中国共进口煤炭 29967.4 万吨（近 3 亿吨），同比增长 6.3%，再次成为全球进口煤炭最多的国家。同期，只出口了 600 多万吨的煤炭，这意味着我们消耗的煤炭超过了 40 亿吨，超过全球煤炭总消耗量的一半。自从 1993 年首度成为石油净进口国以来，中国的原油对外依存度由当年的 6%一路攀升，到 2006 年突破 45%，其后每年都以 2 个百分点左右的速度向上攀升，2007 年为 47%，2008 年为 49%，到 2009 年突破 50%的警戒线，2018 年我国的原油对外依存度已经达到 72.5%。显然，现实中我国能源供应的缺口不断加大，对我国能源安全带来了不确定因素，必将给我国经济的稳定发展前景带来阴影。另外，能源尤其是化石能源并不可能无限开采，现实中能源的供应安全还受到能源技术、交通运输、环境容量等制约，现实中我国优质能源资源相对不足，制约了供应能力的提高；能源资源分布不均，也增加了持续稳定供应的难度；经济增长方式粗放、能源结构不合理、能源技术装备水平低和管理水平相对落后，导致单位国内生产总值能耗和主要耗能产品能耗高于主要能源消费国家平均水平，进一步加剧了能源供需矛盾。我国经济的稳定发展日益受到能源形势的制约，能源与经济的协调发展也变得尤为重要。

正因如此，1994 年《中国 21 世纪议程》第 13 章标题为"可持续的能源生产与消费"，其总体目标是通过加强能源综合规划与管理，制订和实施与市场经济体制相适应的政策法规体系，开发和推广先进的、环境无害的能源生产和利用技术，提高能源效率，合理利用能源资源，减少环境污染，实现能源工业的可持续发展，满足社会和经济发展的需要。2004年通过的《中国能源中长期发展规划》决定采取综合措施解决能源供应不足的问题，要大力开发水电、积极推进核电建设、鼓励发展风电和生物质能等可再生能源，在提供优质、经济、清洁的终端能源的同时，尽量减弱能源开发与利用给生态环境造成的负面影响，促进人与自然的和谐发展。2006年，我国《国民经济和社会发展第十一个五年规划纲要》开始把"构筑稳定、经济、清洁、安全"的能源供应体系作为未来国家的重要战略任务。国家于2007年4月发布了《能源发展"十一五"规划》，其指导方针是：用科学发展观和构建社会主义和谐社会两大战略思想统领能源工作，贯彻落实节约优先、立足国内、多元发展、保护环境，加强国际互利合作的能源战略，努力构筑稳定、经济、清洁的能源体系，以能源的可持续发展支持我国经济社会可持续发展。2007年12月，中国政府对外发布了《中国的能源状况与政策》白皮书，从国家层面宣传了我国目前既定的能源战略、方针、政策。之前，中国政府曾在1995年、1997年发布过《中国能源》（白皮书），但均类似于年度发展报告，而且是以部门名义发布的。2007年白皮书指出，中国能源发展坚持节约发展、清洁发展和安全发展；坚持发展是硬道理，用发展和改革的办法解决前进中的问题；落实科学发展观，坚持以人为本，转变发展观念，创新发展模式，提高发展质量；坚持走科技含量高、资源消耗低、环境污染少、经济效益好、安全有保障的能源发展道路，最大限度地实现能源的全面、协调和可持续发展；同时，白皮书还指出，顺应历史发展趋势，借鉴国际经验，中国的发展不能以浪费资源和污染环境为代价，只能走科学发展道路，即走经济效益好、科技含量高、资源消耗低、环境污染小的能源发展道路；重申未来中国能源发展战略的基本内容是坚持节约优先、立足国内、多元发展、依靠科技、保护环境、加强国际互利合作，努力构筑稳定、经济、清洁、安全的能源供应体系，以能源的可持续发展支持经济社会的可持续发展；这一能源发展战略是中国建设现代能源体系的必由之路，是中国能源实现科学发展的必然要求。

为促进可再生能源产业高质量发展，切实做好"十四五"可再生能源发展工作，保障国家规划和地方规划的衔接，增强规划的指导性，根据《可再生能源法》及国家能源局2020年发布的编制"十四五"可再生能源规划方案的有关要求，做好可再生能源发展"十四五"规划。可再生能源发展"十四五"规划是能源发展"十四五"规划的重要组成部分，是贯彻落实"四个革命、一个合作"能源安全新战略的重要举措。可再生能源发展"十四五"规划是"十四五"时期指导可再生能源产业高质量发展的工作指南，对明确可再生能源发展目标、优化可再生能源产业布局、实现可再生能源高质量发展意义重大。各地区、各有关部门要高度重视可再生能源发展"十四五"规划编制工作，紧紧围绕"四个革命、一个合作"能源安全新战略，科学提出可再生能源发展目标，明确可再生能源发展的主要任务、重大工程、创新方式和保障措施，推动可再生能源持续降低成本、扩大规模、优化布局、提质增效，实现高比例、高质量发展，为推动"十四五"期间可再生能源成为能源消费增量主体，实现2030年非化石能源消费占比20%的战略目标奠定坚实基础。

2. 坚持节能减排

能源节约策略在能源安全策略中真正受到世界各国的重视是在1973年第一次石油危机导致美国、日本等石油进口消费国经济衰退之后，在各国采取各种措施以追求本国能源独立的过程中，能源节约策略逐渐成了重要的手段。解决能源约束问题，一方面要开源，加大国内勘探开发力度，加快工程建设，充分利用国内资源；另一方面，必须坚持节约优先，走一条跨越式节能的道路，节能是缓解能源约束矛盾的现实选择。与"开源"策略相比较，能源节约策略自身也具有突出的意义。在遇到能源供应短缺的时候，通常人们的思维是寻求或开发更多的能源来满足自身的能源需求，为此世界各国之间常常展开对能源资源的竞争，彼此之间有时还不惜采取外交甚至战争的手段。但是采取"开源"的策略通常也有它自身的弊端，因为伴随着开源行为的常常是更为随意的消费习惯，同时对于能源领域的基础设施和投资设备等更多的物质需求，从而能源的消费量也将加大。因此推行"开源"策略常常也是导致能源供应短缺的潜在原因之一。现实中，节约能源行为虽然是建立在"开源"策略的基础上，但是不会加大现有能源资源的开发，反而有利于现有能源资源的保护。而且它不会要求额外的能源基础设施的建设与投入，也不会产生通常"开源"策略实施过程中所产生的生态环境、生活环境破坏等诸多的负外部性。除此之外，节约行为的开展还具有涉及范围更广、实施期限更短等特点，从而能源节约策略实际是一种更为"清洁"和"环保"的能源。

基于对自身资源赋存量、国家能源需求量及生态环境维护的考虑，20世纪80年代初，中国制定了"开发与节约并重，近期把节约放在首要位置"的能源发展方针。在20世纪80年代中叶，提出以效益为核心的能源开发利用战略和以电力为中心的能源消费结构调整战略。在20世纪90年代，进一步将各项方针具体化，进一步强调了能源发展的总方针，即开发与节约并举，把节约放在首位。2004年，为推动全社会大力节约能源，提高能源利用效率，加快建设节能型社会，缓解能源约束矛盾和环境压力，保障全面建成小康社会目标的实现，国家发展和改革委员会发布了《节能中长期专项规划》，这是改革开放以来我国制定和发布的第一个节能中长期专项规划。该规划提出的保障措施包括坚持和实施节能优先的方针、制定和实施统一协调促进节能的能源和环境政策、制定和实施强化节能的激励政策等。1998 年颁布了《节约能源法》(2016 年修订)，进一步从法律上确立了节能的管理制度和措施。

2012 年 8 月，国务院发布了《节能减排"十二五"规划》，该规划提出的减排总体目标是：到 2015 年，全国化学需氧量和二氧化硫排放总量分别控制在 2 347.6 万吨、2 086.4 万吨，比 2010 年的 2 551.7 万吨、2 267.8 万吨各减少8%，分别新增削减能力 601 万吨、654 万吨；全国氨氮和氮氧化物排放总量分别控制在 238 万吨、2 046.2 万吨，比 2010 年的 264.4 万吨、2 273.6 万吨各减少 10%，分别新增削减能力 69 万吨、794 万吨；该规划同时要求，火电行业二氧化硫削减 16%、氮氧化物削减 29%，钢铁行业二氧化硫削减 27%，水泥、造纸、纺织印染行业污染物削减 10%以上；农业源化学需氧量和氨氮分别按8%和 10%的总体削减水平确定行业减排任务；城市污水处理率提高 8 个百分点，到 2015 年达到 85%；首次对减排任务较重的重点工业行业、城镇居民生活污染、农业污染源等提出了具体目标要求；另外，该规划针对节能减排提出 3 项主要任务，即调整优化产业结构，强化重点领域污染治理，加强污染减排能力建设。还确定了 5 个方面的主要污染物减排重点工程，包括提升脱氮除磷能力、继续加大水污染深度治理和工艺技术改造、推进脱硫脱硝工程建设、开展农业源污染防治及控制机动车污染物排放。

根据"十四五"相关计划，2020 年完成了《可再生能源发展"十四五"规划（征求意见稿）》，科学论证"十四五"各类可再生能源发展目标。全面评估可再生能源"十三五"规划实施进展情况，总结规划实施成效和面临的问题。围绕国家 2025 年非化石能源消费占比目标要求，认真分析本地区各类可再生能源资源开发条件和特点，综合考虑技术进步、发展经济性、电网消纳和送出、创新发展及系统优化等因素，统筹研究提出"十四五"时期本地区可再生能源发展的总体目标和水电、风电、太阳能、生物质能、地热能、海洋能等各类可再生能源发展目标。可再生能源受入地区还应研究提出"十四五"时期从外部受入可再生能源的目标。在此基础上，明确本地区可再生能源电力、非水可再生能源电力占全社会用电量的比重，以及可再生能源消费占一次能源消费的比重，并建立相应的指标体系，纳入本地区能源"十四五"规划。

3. 积极应对全球气候变化

1992 年联合国环境与发展大会后，中国组织制定了《中国 21 世纪议程》，并综合运用法律、经济等手段全面加强环境保护，取得了积极进展。中国高度重视环境保护和全球气候变化，中国政府将保护环境作为一项基本国策，签署了《联合国气候变化框架公约》，成立了国家气候变化对策协调机构，提交了《气候变化初始国家信息通报》，建立了《清洁发展机制项目管理办法》，制订了《中国应对气候变化国家方案》，并采取了一系列与保护环境和应对气候变化相关的政策和措施。

科技部等六部委联合发布的《气候变化国家评估报告》总结了我国在气候变化方面的科学研究成果，全面评估了在全球气候变化背景下中国近百年来的气候变化观测事实及其影响，预测了21世纪的气候变化趋势，综合分析、评价了气候变化及相关国际公约对我国生态、环境、经济和社会发展可能带来的影响，提出了我国应对全球气候变化的立场和原则主张以及相关政策。该报告明确指出，积极发展可再生能源技术和先进核能技术，以及高效、洁净、低碳排放的煤炭利用技术，优化能源结构，减少能源消费的温室气体排放。另外，强调了增加碳吸收以保护环境，走低碳经济发展道路的必要性，除向国际社会进一步表明我国高度重视全球气候变化问题的态度外，也为我国参与全球气候变化的国际事务提供了科技支撑，为未来我国参与全球气候变化领域的科学研究指出了方向。

在应对气候变化上，我国坚持以科学发展观为指导，统筹考虑经济发展与生态建设、国际与国内、当前与长远，把应对气候变化与实施可持续发展战略、加快建设资源节约型、环境友好型社会和创新型国家结合起来，纳入国民经济和社会发展总体规划和地区规划，努力控制和减缓温室气体排放，不断提高适应气候变化的能力，促进我国经济发展与人口、资源、环境相协调，为改善全球气候做出新的贡献；落实控制温室气体排放政策措施方面，则要求全面落实国务院确定的各项节能降耗措施，通过调整产业结构、推动科技进步、加强依法管理、完善激励政策和动员全民参与，大力推进节能降耗。逐步改善能源结构，大力发展水电、风电、太阳能、地热能、潮汐能和生物质能等可再生能源，积极推动核电建设等措施。

中国应对气候变化的指导思想是：全面贯彻落实科学发展观，坚持节约资源和保护环境的基本国策，以控制温室气体排放、增强可持续发展能力为目标，以保障经济发展为核心，加快经济发展方式转变，以节约能源、优化能源结构、加强生态保护和建设为重点，以科学技术进步为支撑，增进国际合作，不断提高应对气候变化的能力，为保护全球气候做出新的贡献。依据《中国应对气候变化的政策与行动》的内容，在国内领域，中国在调整经济结构，转变发展方式，大力节约能源、提高能源利用效率、优化能源结构，植树造林等方面；在农业、森林与其他自然生态系统、水资源等领域；以及海岸带及沿海地区等脆弱区领域，都采取了一系列积极实施适应气候变化的政策和行动，并取得了显著成效。在国际层面，中国本着"互利共赢、务实有效"的原则积极参加和推动应对气候变化的国际合作。中国长期以来积极参加和支持《气候变化框架公约》及其《京都议定书》框架下的活动，努力促进《气候变化框架公约》和《京都议定书》的有效实施；在多边合作方面，中国是碳收集领导人论坛、甲烷市场化伙伴计划、亚太清洁发展和气候伙伴计划的正式成员，是八国集团和五个主要发展中国家气候变化对话以及主要经济体能源安全和气候变化会议的参与者。在亚太经合组织会议上，中国提出了"亚太森林恢复与可持续管理网络"倡议，并举办了"气候变化与科技创新国际论坛"；在双边方面，中国与欧盟、印度、巴西、南非、日本、美国、加拿大、英国、澳大利亚等国家和地区建立了气候变化对话与合作机制，并将气候变化作为双方合作的重要内容；另外，中国积极与外国政府、国际组织、国外研究机构开展应对气候变化领域的合作研究，内容涉及气候变化的科学问题、减缓和适应、应对政策与措施等方面，包括中国气候变化的趋势、气候变化对中国的影响、中国农林部门的适应措施与行动、中国水资源管理、中国海岸带和海洋生态系统综合管理、中国的温室气体减排成本和潜力、中国应对气候变化的法律法规和政策研究，以及若干低碳能源技术的研发和示范等。

应对气候变化是国际社会的共同任务，也是中国科学发展的内在要求。中国政府高度重视应对气候变化问题，把绿色低碳循环经济发展作为生态文明建设的重要内容，主动实施一系列举措，取得明显成效。总体上看，在落实科学发展观、构建和谐社会的实践进程中，我国已经将环境保护摆在了发展领域的优先位置，坚持发展循环经济、建设资源节约型和环境友好型社会，诸多配套措施的实施不仅对我们国家自身的经济、社会与环境协调发展具有积极的推动作用，在减缓全球温室气体排放、消除全球气候变化的不利影响及全球生态环境的改善方面也将会产生积极的作用。

（二）中国低碳经济发展障碍因素

虽然众多现实显示了中国加快发展低碳经济的必要，但若想实现从黑色发展模式向绿色发展模式、从高碳经济向低碳经济的转变，中国未来的低碳经济之路依然将面临诸多困难。①中国的能源结构呈现出高碳特征，化石能源依然占中国能源结构的82%左右，其中煤炭占68%左右，这一高碳国情决定了很长时间内低碳能源资源选择的有限性，对我国低碳技术与低碳经济的发展都具有重要阻碍作用。②城镇化、工业化、现代化不断推进的中国，正处在能源需求快速增长阶段，这将必然带来更多的能源需求，不断改善人民生活水平，又避免高能耗、污染环境的发展的道路，是中国未来可持续发展必须要考虑和解决的现实难题。③作为发展中国家，谋求低碳经济发展的最大障碍还是整体科技水平落后，技术研发能力有限。目前，我国能源技术、能源装备主要还是依靠国外引进，传统的化石能源核心技术依然严重落后于世界先进国家。数据显示，中国由高碳经济向低碳经济转变，年需资金 250 亿美元。对于我国来说，低碳经济的加快发展显然也会是一把"双刃剑"，既充满机遇，更面临着挑战。

但从长远看，加快低碳经济发展与我国落实科学发展观、建设和谐社会的长远目标是一致的。追求以较少的温室气体排放实现经济发展目标，强调经济发展与环境保护相协调的低碳经济与未来社会可持续发展战略目标是高度一致的。另外，低碳经济要求不断促进能源技术创新、环保制度创新和转变传统不可持续经济发展模式根本转变的技术经济特性与我国目前所追求的节能减排、转变经济增长方式、建设"两型社会"等发展目标是一致的，在实践中也会有利于缓解我国日益突出的能源供需矛盾，促进我国实现全面建成小康社会目标的实现。因此，低碳经济的加快发展是中国作为"世界公民"的责任担当，也是中国转变经济发展模式、实现可持续发展模式的重要举措。

二、中国低碳经济立法应对能力现状

（一）中国低碳经济立法现状

目前，围绕着能源供应安全、社会持续发展、环境保护等目标，我国已经颁布诸多有利于低碳经济发展的法律，并逐步形成有利于低碳经济发展的法律保障体系。

1. 常规能源立法

常规能源，一般指已经大规模生产和广泛利用的能源，此处常规能源内涵主要指长期以来社会发展的基础能源，即化石能源领域，表现为石油、煤炭、天然气领域。尽管石油和煤炭等化石能源的开发与利用行为本身存在着诸多的负"外部性"，并且是目前导致全球变暖的主要原因之一，但是世界各国的社会经济发展对于化石能源的依赖性仍将长期存在。在可以预测的未来，出于社会经济发展对于能源资源的巨大需求，即使考虑到环境保护的因素，煤炭的应用可能会减少，但是传统的石油、天然气的需求量仍将会进一步加大。虽然可再生能源在各国政策与技术的支持下会得到较快的发展，但是受制于社会各方面现实条件的约束，特别是它们在开发利用的经济优势上仍不及化石能源，与社会对化石能源的需求量相比，在很长的时间内其竞争力仍然不强，暂时还难以占据主流。就备受争议的煤炭领域而言，过去几年内煤炭在世界能源结构中的比重显著增加，尤以中国、美国和印度的消费量增长最大。中国煤炭消费增量占世界煤炭消费增量的 72% 左右，而美国和印度各占世界煤炭消费增量的 9%。特别是在电力行业，持续上涨的石油和天然气价格将使燃煤发电更加具有优势。国际能源署（IEA）发布《世界能源展望 2019》，对全球至 2040 年的能源发展前景进行了展望。报告预测，在 2040 年前全球能源需求将以每年 1% 的速度增长。

2．节能立法

20 世纪 80 年代以来，中国提出了开发与节约并重的能源政策，20 世纪 90 年代以来还把节能置于能源政策的优先地位，相应制定了一系列有关节能的经济政策和技术政策，建立了中央、地方和行业、企业三级节能体系。中国政府进一步提出把节约资源作为基本国策，发布了《国务院关于加强节能工作的决定》，制定并实施了《节能中长期专项规划》，确定了能耗降低目标，并将节能任务具体落实到各省、自治区和直辖市以及重点企业。我国自 1997 年《中华人民共和国节约能源法》（2016 年修订）颁布以来，按照节约能源法的有关规定和制度安排，目前已经初步形成了由行政性法规、地方性法规，以及部门规章、制度和一系列标准构成的节约能源法规体系的基本框架。

3．可再生能源立法

传统能源供应的潜在耗竭危机决定了新能源是未来经济稳定发展的必然选择。广义上的新能源包括核能、新型可再生能源（太阳能、风能、现代生物质能、地热能和海洋能）、潜在新能源（天然气水合物、核聚变能和氢能）等。虽然在很长的时间内新能源与可再生能源竞争力仍然相对不强，与社会对化石能源的需求量相比，加快化石能源的开发能够为经济发展带来及时、稳定的能源供应，但是其本身不可再生的特点决定了其潜在的耗竭危急时刻存在。《BP 世界能源统计 2020》的数据表明，由于大规模的消耗，世界上的化石能源枯竭期限即将到来，全球石油探明储量可供生产 40 多年，天然气和煤炭则分别可以供应 60 年和 133 年。因此，传统能源供应的潜在耗竭危机决定了新能源与可再生能源是未来经济稳定发展的必然选择。另外，由于传统能源资源本身的有限性和分布的不均衡性，世界上的大部分国家单纯依靠本国的能源供应并不能完全保证稳定充足的能源供应。虽然各国在实践中为了保障经济稳定发展所需要的能源供应安全在积极提倡节约能源战略，但是为了从根本上解决经济稳定增长对能源的需求问题，开发新能源也是必然的选择。同时化石能源的过度消耗所带来的生态危机也决定了发展新能源是世界各国缓解环境压力的重要手段，也日益显示出新能源特别是可再生能源更符合未来社会经济发展的需要。

4．核能立法

传统的过度依赖煤炭的能源结构，在消耗大量资源的同时，也给环境和交通运输带来了巨大的压力。而新能源中，与风电、水电相比，只有核电具有容量大和基本不受天气影响的优点，能够稳定地供应大量电力。核电与水电、火电一起构成世界能源的三大支柱，在世界能源结构中有着重要的地位。全世界核电总装机容量为 3.69 亿千瓦，分布在 31 个国家和地区；核电年发电量占世界发电总量的 17%。其中，欧、美、亚三大洲各发达国家的核电，提供了本国 20%—75% 的电能。我国是世界上少数几个拥有比较完整核工业体系的国家之一。为推进核能的和平利用，20 世纪 70 年代国务院做出了发展核电的决定，经过 30 多年的努力，我国核电从无到有，得到了很大的发展。由于核电不向大气中排放污染物，在人们越来越重视地球温室效应、气候变化的形势下，积极推进核电建设，是我国能源建设的一项重要政策，对于满足经济和社会发展不断增长的能源需求，保障能源供应与安全，保护环境，实现电力工业结构优化和可持续发展，提升我国综合经济实力、工业技术水平和国际地位，都具有重要的意义。在未来的发展中，中国在要在大力开发新能源技术，逐渐我国电力供给结构，大力发展采用新能源发电以及核能发电。

5. 循环经济立法

循环经济，是指在生产、流通和消费等过程中进行的减量化、再利用、资源化活动的总称。传统经济体现的是一种由"资源—产品—污染排放"所构成的物质单向流动的经济，这种经济模式会导致物质与能源的极大消耗，且在生产、消费过程中产生过量的环境污染行为，最终导致资源的短缺、生态环境的恶化。与传统经济相比循环经济反映的则是建立在物质不断循环利用基础上的经济增长模式，其经济活动过程体现为"资源—产品—再生资源"的反馈式生产流程，进而会产生物质与能源的循环利用，并把对环境的不利影响降低到最小化，最终与低碳经济所倡导的资源消耗最小化、能效最大化、环境影响最低化的基本目标相一致。

6. 清洁生产立法

清洁生产，是在满足人类社会经济发展需要的基础上，将环境风险防范原则或策略持续融入社会生产过程和产品中，以减少或者消除它们对人类自身及生态环境可能产生的各种危害，进而使社会经济效益最大化的一种生产模式。我国立法对清洁生产的定义为，不断采取改进设计、使用清洁的能源和原料、采用先进的工艺技术与设备、改善管理、综合利用等措施，从源头削减污染，提高资源利用效率，减少或者避免生产、服务和产品使用过程中污染物的产生和排放，以减轻或者消除对人类健康和环境的危害。依据该定义，具体来看，清洁生产要求在生产过程中应尽量节约原材料与能源，减少废弃物的数量，并淘汰有毒原材料。对产品，要求贯彻"从摇篮到坟墓"的理念，尽量消除产品从原材料提供到产品终端处置过程中所产生的对人类及生态环境的不利影响；对服务的过程，也要求将环境保护理念纳入其服务设计与提供的实践中。就清洁生产的观念而言，其强调的重点主要体现在：其一，清洁能源，涉及节能及可再生能源技术革新，尽量采用节能技术、合理利用常规能源等；其二，清洁生产过程，涉及尽量不用或少用有毒有害原料，注重生产过程中的效率与环保要求等；其三，清洁产品，涉及产品生产原材料的提供、产品生产及消费过程、产品中终端处置程序等应尽量实现减少原材料应用、减少环境不良影响、尽量循环应用等方面。显然，清洁生产符合低碳经济发展的理念，而其本身也是低碳发展的重要内容。20 世纪 70 年代末期以来，很多国家开始把推行清洁生产作为本国经济和环境协调发展的重要战略措施，鼓励企业进行清洁生产技术研究开发，进而开辟污染预防的新途径。

7. 环保立法

在我国有关环境保护立法中，业已存在诸多有利于低碳经济发展的条款。如我国 1989 年《中华人民共和国环境保护法》（2014 年修订）第四条规定，保护环境是国家的基本国策，国家采取有利于节约和循环利用资源、保护和改善环境、促进人与自然和谐的经济、技术政策和措施，使经济社会发展与环境保护相协调。第七条规定，国家支持环境保护科学技术研究、开发和应用，鼓励环境保护产业发展，促进环境保护信息化建设，提高环境保护科学技术水平。第四十条规定，国家促进清洁生产和资源循环利用；国务院有关部门和地方各级人民政府应当采取措施，推广清洁能源的生产和使用；企业应当优先使用清洁能源，采用资源利用率高、污染物排放量少的工艺、设备以及废弃物综合利用技术和污染物无害化处理技术，减少污染物的产生。《大气污染防治法》（1987 年制定，1996 年、2000年修订）对大气污染防治的监督管理体制，主要的法律制度，防治燃烧产生的大气污染，防治机动车船排放污染以及防治废气、尘和恶臭污染的主要措施、法律责任等均做了较为明确、具体的规定。突出的是，《大气污染防治法》针对我国煤炭占能源消费结构 70%、同时煤炭利用产生的污染严重的现实，对控制煤的硫分和灰分、改进城市能源结构、推广清洁能源的生产与使用、发展城市集中供热、要求电厂脱硫除尘、大力发展洁净煤技术等做出了详细的规定，对我国节能减排策略的实施具有重要意义。

8. 其他领域立法

目前，我国传统立法领域在和谐社会、科学发展观、生态文明建设等理念的影响下，在资源节约与环境友好型社会的实践基础上，环境保护、节能减排、低碳理念及技术发展等开始逐步进入其立法内容。如我国 1997 年刑法就开始专门规定了破坏环境资源保护罪章节，相关的司法解释不断出台，针对现实中突出的环境问题逐步细化、强化。例如，2011 年 5 月 1 日起施行的刑法修正案（八）对刑法第三百三十八条"重大环境污染事故罪"做了较大修改。该条规定：违反国家规定，排放、倾倒或者处置有放射性的废物、含传染病病原体的废物、有毒物质或者其他有害物质，严重污染环境的，处三年以下有期徒刑或者拘役，并处或者单处罚金；后果特别严重的，处三年以上七年以下有期徒刑，并处罚金。对比前后条文，该条款将刑法构成要件中的犯罪结果由"造成重大环境污染事故，致使公私财产遭受重大损失或者人身伤亡的严重后果"修改为"严重污染环境"，这显然将会加重行为人的责任，即只要造成了重大环境污染，无论是否属于污染事故，都将被追究刑事责任。同时，将"危险废物"修改为"有害物质"，据此，有放射性的废物、含传染病病原体的废物、有毒物质都被列入了有害物质的范畴，无须再通过《国家危险废物名录》来确定适用范围，进而扩大了该条的适用范围。

另外，2019年国务院总理李克强主持召开国务院常务会议，确定《政府工作报告》责任分工，强调狠抓落实确保完成全年发展目标任务；明确增值税减税配套措施，决定延续部分已到期税收优惠政策并对扶贫捐赠和污染防治第三方企业给予税收优惠。会议透露信息显示：环保企业迎来减税利好，从2019年1月1日至2021年底，对从事污染防治的第三方企业，减按15%税率征收企业所得税。这也体现了我国政府保护环境，发展低碳经济的决心。

（二）中国低碳经济立法应对能力简析

如前所述，我国目前已经颁布诸多有利于低碳经济发展的法律与政策，并逐步形成有利于低碳经济发展的法律政策保障体系，凸显了国家重视应对气候变化、保障能源安全、实现低碳发展的决心，也为低碳经济在中国的发展创造了良好的法律与政策环境。但从进一步促进低碳经济发展战略的目标来看，未来的相关立法还需要进一步完善。

第一，立法应对体系有待完善。目前，我国还没有出台专门性促进低碳经济发展的立法，关于低碳经济的立法规定主要表现在《可再生能源法》《节约能源法》《循环经济促进法》《清洁生产促进法》等立法方面，在其他有关立法中有利于低碳经济发展的条款也较为分散，且不具有专门的针对性，这将导致发展低碳经济的基本原则、基本制度、发展机制、发展体制等并不能得到集中规范，进而导致各立法在低碳经济发展的应对能力方面缺乏有效协调。同时，在对低碳发展具有重要支撑作用的能源立法领域，其法律体系本身仍处于薄弱状态，除了能源基本法缺位之外，石油、天然气、原子能等主要能源领域的能源单行法律仍然缺乏，同时也缺少能源公用事业法，这将导致能源利用领域的低碳发展规范不够全面，也不能全面适应环境保护、气候变化应对问题的发展。

第二，现有法律制度的执行性有待强化，立法内容有待扩展。客观地说，我国在促进低碳经济发展领域的立法建设方面还是取得了积极的效果，其规范的领域涉及节能减排、鼓励低碳技术发展、新能源发展、税收激励等多个方面，规范的行为也涉及低碳经济发展的各社会主体，但很多方面的规范由于长期以来中国立法"宜粗不宜细"的传统、条款的针对性不强、立法的配套措施不够等原因，现有的一些立法条款并不能够得到积极有效的执行。诸如推进低碳经济发展的管理、考核、督察机制及低碳领域的技术创新机制、低碳经济发展的多元投入机制、低碳经济法律的宣传教育机制、低碳生活的构建机制等在我国目前的立法中虽有所体现，但表现出抽象性且基本上缺乏执行性保障机制。同时，立法内容不够系统，有待进一步扩展，这也是我国低碳立法效果差强人意的重要原因所在。在一些对低碳发展具有重要促进作用的领域，如碳税、碳金融、碳交易等已在国际层面开展的低碳经济制度目前在我国的相关立法仍处于空白，也应成为国内法律领域的重点关注对象，并尽快进入立法内容之中。

第三，低碳经济立法制度的激励性与公众的低碳参与性不足问题有待改善。低碳经济的发展需要全社会的参与，激励机制所提供的动力支持必不可少。在我国低碳发展相关立法中也有鼓励社会各主体参与的条款，如依据我国《环境保护法》《大气污染防治法》的相关规定，在污染防治领域国家及各级政府应该鼓励、支持科学技术研究及其推广应用，加强宣传教育、对相关实践中取得显著成绩的单位和个人给予奖励与表彰。其他相关立法中，也大都有类似的规定，如《节约能源法》第六条规定，国家实行节能目标责任制和节能考核评价制度，将节能目标完成情况作为对地方人民政府及其负责人考核评价的内容；第八条规定，国家鼓励、支持节能科学技术的研究、开发、示范和推广，促进节能技术创新与进步；第六十七条规定，各级人民政府对在节能管理、节能科学技术研究和推广应用中有显著成绩以及检举严重浪费能源行为的单位和个人，给予表彰和奖励。但是由于没有详细的执行细则及程序保障，在实践中诸如类似条款基本上很难得到贯彻实施，不能激励社会各主体积极参与的制度其实施效果也可想而知。

总体上看，低碳经济发展法律与政策体系的具体构建措施，应该涉及低碳经济发展的政府调控机制、市场调整制度、社会调整制度及科技创新机制等重要领域，最终保证形成一个由政府推动、企业实施、全社会共同参与的低碳发展格局。

第三节 中国低碳经济法律体系完善的策略和机制

一、未来中国低碳经济立法完善的基本策略

（一）完善中国低碳经济立法体系

低碳经济发展保障机制的构建需要多方面的因素，但一个系统、全面的立法应对体系必不可少，这也是低碳经济发展领域所处的客观环境所决定的。一方面，低碳经济发展涉及的领域众多，几乎涉及社会、经济发展的所有领域，且涉及社会各方主体利益，该类问题的解决，必须依赖于法律的明确规范，在对各方主体行为予以有效规范、低碳经济有序发展的同时，也可将各方利益关系维系在一定

的秩序之内，缺乏系统、全面、公平的立法应对体系，其低碳经济发展、低碳社会构建的实践显然很难达到理想效果。从现实看，温室气体碳排放从根本上源自人类为自身发展所涉及的各项活动，因而低碳经济的发展意味着人类必须对以往发展理念、发展模式、生活方式等方面进行自觉或强制性改变。在低碳经济发展的初始阶段，国家将低碳发展上升为国家战略层面，进而具体到法律领域予以强制性规范显然将是低碳发展的关键保障因素。就国外低碳经济发展推进策略实践看，欧盟、英国、美国等国家在低碳经济发展策略上都实施立法先行的促进和保障模式，通过推行法令并努力形成较完整的法律对策体系、创新低碳制度来确保低碳经济有序发展。就我国而言，结合上述我国低碳经济法制建设现状，未来的低碳经济立法体系应在以下几个方面加以完善。

第一，目前我国还没有针对低碳经济发展具有专门性统领作用立法的现实，应适时出台低碳经济发展促进的基本法，把低碳经济上升为法律概念、将低碳经济理念纳入其中，并把低碳经济发展所需的基本制度，诸如低碳发展规划制度、低碳目标责任制度、低碳经济基本管理制度、低碳经济评价指标制度、低碳经济统计制度、低碳领域公众参与、低碳信息公开制度、低碳经济发展激励制度等以立法的形式明确下来，进而实现我国目前有关低碳经济立法内容的协调、统一，为低碳发展领域目标一致之行动奠定制度保障基础。

第二，针对目前我国低碳发展所需的某些立法缺位领域，尽快出台规范性文件，以形成低碳发展所需的整体制度应对体系。如针对我国能源立法不完善的现状，加快能源基本法、石油、天然气等法律的制定，并把低碳理念和相关制度融入其中；针对我国《循环经济促进法》过于原则性的现状，加快发展与之相关的容器包装回收利用、家用电器回收利用、建筑材料循环利用、食品循环利用等具体领域立法，加快循环经济全面发展；针对我国目前环保立法对低碳发展条款规定缺乏针对性、过于分散的特点，可以考虑在环保基本法中着重加以强调，进而统领未来环保立法的制定与修改，毕竟环境保护立法的初衷目的与低碳发展理念统一；对低碳产业、低碳技术、低碳生活等方面进行低碳经济专项立法等。

第三，完善既有低碳立法及其具体的配套条款。在对立法进行未来规划的同时，也应注重发挥现有的立法功能，特别是细化现有立法规定的配套实施，以提高现有立法的实施效果。其具体领域应该涉及推进低碳经济发展的管理、考核、督察机制建设；在价格、财税、金融等细化低碳经济发展创新激励机制；细化低碳经济发展多元投入机制建设，明确具体的权益保障规则；建立低碳立法效果评估机制，运用科学和可行方法，遵循既定的原则和程序，进行法律实施效果评估和跟踪问效，从而使立法进一步贴近低碳社会建设，以实现低碳立法价值的最大化。

第四，完善低碳发展支持手段。依靠法律与政策，尽快研究制定促进低碳发展的科技、产业、税收、金融、价格等政策和措施，建立发展低碳经济的财政转移支付制度；围绕提高能效、新能源开发、产业调整、建筑节能、碳捕获与封存技术等方面加快完善我国低碳经济技术标准体系建设，直接推动低碳经济发展。

（二）完善我国低碳经济立法内容

低碳经济发展法律与政策体系的具体构建措施，应该涉及低碳经济发展的政府调控机制、市场调整制度、社会调整制度等重要领域，最终保证形成一个由政府推动、企业实施、全社会共同参与的低碳发展格局。

第一，完善低碳经济发展的政府调控机制，强调政府在低碳经济发展中的主导性作用，推动低碳经济发展示范。低碳经济的发展对于改善国民生活与生态环境、加快经济与社会的可持续发展是至关重要的，低碳经济的发展也具有典型的公共事业性，政府在推动低碳经济发展方面应该起到主导性的作用。而从世界各国的实践上看，低碳经济发展的形势一定程度上与本国政府的支持力度密切相关，政府的支持将是低碳经济能否得到及时、快速发展的关键因素。

从现实来看，低碳经济领域中的很多产业仍处于商业化的初期，存在成本高、风险大、回报率低等问题，投资者往往缺乏投资的经济动因，因而低碳经济领域中的很多产业不可能依靠市场自发形成，必须依靠政府政策的支持。首先，政府需要加强社会主体对加快低碳经济发展的重要性认识。根据国际经验，低碳经济的发展将促进新的行业发展，如可再生能源行业、核电、节能技术行业等。但是某些行业的发展亟需政府的支持与重视。其次，需要完善政府对我国低碳经济发展的财政体制。以可再生能源的发展角度来看，目前政府对我国新能源发展的财政体制提供的支持远远不能够满足发展新能源的现实需要，甚至在有关可再生能源的公共财政体制上还存在诸多利益冲突，成为阻碍可再生能源发展的一大因素。最后，积极完善有利于低碳经济发展的税收立法与政策。社会各主体积极参与低碳经济发展领域实践，激励机制所提供的动力支持必不可少。促进新事物发展的激励措施中，财政与税收政策的完善对于低碳经济的发展显然是至关重要的。

第二，构建低碳经济发展的市场调整机制。建立在灵敏的价格调节机制、优胜劣汰机制基础上的市场调控机制可以充分、全面地体现资源的经济与生态价值，可以促使市场主体的行为符合外部成本内在化的要求，最终可以在资源的节约利用与环境保护、社会经济发展方面提供足够的激励与约束机制。

目前，政府在市场调控方面没有制定明确地对低碳经济发展予以倾斜的政策体系，特别是在市场准入、政府集中采购方面，并没有体现出对低碳产业的大力支持，使得低碳产品在市场竞争中很难占有一席之地，甚至还会出现同等价格下，在地方和行业垄断利益的保护下，低碳企业被挤出市场的情况。[①]现实中，完善政府采购制度是有效促进低碳新技术采用和低碳产品生产的一个强有力工具，我国应该结合低碳经济发展的重要性，重新审视采购政策，突出有关环境标准在决策中的重要地位，从而促使企业积极采用有利于低碳经济发展的技术，形成有利于低碳经济的市场氛围。另外，合理的价格能够反映出资源的稀缺程度、产品的供求状况及生态恢复成本、产品消费后的环境损害成本，完善的价格形成机制是有效应用市场机制来有效配置资源的基础。[②]目前，我国低碳产品在市场中的定价机制也有待完善。例如，目前制约我国风力发电的一个重要因素就是风力发电上网价格的确定问题。国外的风力发电价格通常采用的是强制入网价格和固定电价收购政策：丹麦政府对煤电征收能源税和二氧化碳排放税，对风电的收购价格进行补贴，使风电机组的用户从满足自用转向销售；德国将风电上网电价分为最低保护电价和鼓励电价两部分，通过调节授予鼓励电价的时间，减少因资源条件引起的收益差别；另外，初期制定较高的保护电价，可以激励产业的发展，形成较大规模的风电设备制造能力，再通过逐年递减最低保护电价，可促使设备制造商努力降低成本，西班牙的风力上网电价与政府每年公布的电力基准电价挂钩，而且逐年递增。[③]但是，中国目前的风电上网电价还是普遍高于火电的上网电价，这在很大程度上限制了风电的发展。其他新能源，如潜力巨大的太阳能发电的并网也一直是国内太阳能市场发展的"瓶颈"，其最主要的原因也是在于相对于目前的火电价格而言，其发电的价格过于高昂。如果国家能够借助于目前新能源发展的时代契机，积极协调、平衡新能源产业的定价机制与电厂、电网公司、终端用户等多方市场主体之间的利益，通过国家立法与政策给予风电、太阳能发电等提供积极的补贴，加上风电及太阳能发电技术的不断改进带来的成本下降，对低碳经济发展至关重要的新能源产业必将得到快速的发展。

第三，完善低碳经济发展的社会调整制度。根据调整主体的不同，社会调整可以包括政府、企业的自我调整及社会公众的参与制度等，但是现实中以公众的参与制度为主。社会调整方式可以有效地弥补市场与政府失灵的缺点，它可以在政府、企业与各社会生活主体之间起到沟通与协调的作用，并在很大程度上影响政府与企业所追求的目标的实现。因此，在加快低碳经济发展的过程中，社会调整制度的完善必不可少。

环境保护的最初推动力来源于社会公众，公众参与制度完善的程度与实践状况直接决定着环境保护事业的成败，直接影响着可持续发展目标的实现。公众参

[①]崔民选. 中国能源发展报告（2008）[M]. 北京：社会科学文献出版社，2008：294.
[②]朱达. 能源——环境的经济分析与政策研究[M]. 北京：中国环境科学出版社，2000：162
[③]崔民选. 中国能源发展报告（2008）[M]. 北京：社会科学文献出版社，2008：253.

与制度的重要性已经在我国有关政策与立法中得到了体现。我国 1994 年颁布的《中国 21 世纪议程》第 20 章专门规定了团体及公众参与可持续发展事项并指出，实现可持续发展目标，必须依靠公众及社会团体的支持和参与；公众、团体和组织的参与方式和参与程度，将决定可持续发展目标实现的进程。并特别设计了保障妇女、青少年、少数民族和民族地区、工人和工会、科技界等在可持续发展中的作用的五个行动方案领域。在立法中，除了我国《宪法》规定了公众可以依照法律规定，通过各种途径和形式，管理国家事务，管理经济和文化事业，管理社会事务的公众参与根本法律依据外，我国《立法法》也对公众参与立法的途径、方法、程序等做出了可操作性的规定。在有关环境保护立法中，公众参与制度也得到了极大的体现。我国《环境保护法》《水污染防治法》《大气污染防治法》《清洁生产促进法》《环境影响评价法》及《矿产资源法》《可再生能源法》和《电力法》等有关能源立法中也都有鼓励公众参与的条款。需要指出的是，我国一些诸如《环境影响评价公众参与暂行办法》《环境信息公开办法（试行）》等法律规范性文件的出台，对于完善我国公众参与制度，特别是加强其制度的可实施性方面起着重要的作用。

低碳经济发展的社会调整制度的构建核心显然是要以公众参与为基础，倡导理性消费导向机制，通过倡导低碳生活方式，引领社会进步。我们要实现宏大的节能降耗战略，或许要取决于很多细微之处。我们应看到，这"细微之处"不只是制造业、建筑业中许多节能技术改进的细节，也包括日常生活习惯中许多节能细节。中国有着广阔的低碳消费市场空间，能够充分实现低碳产品、低碳技术、低碳服务市场化。因而，面对众多的普通公众消费者，政府应该出台积极地鼓励低碳经济消费的相关措施，如通过对于低碳消费方式增加补贴等方式进行激励可以提升低碳消费的市场需求；通过提高价格，增加消费者高碳消费成本来戒除以高能耗、高污染为代价的"便利消费""一次性"用品的消费、"面子消费""奢侈消费"等高碳消费方式；基于市场需求，各级政府可以通过价格补贴等行政手段结合市场价格调整功能，降低消费者的消费转换成本，激发消费者低碳消费需求等。在构建公众低碳消费氛围的过程中，政府需要注重企业低碳标识制度的建设，因为它可以积极地引导社会公众方便、自动地选择符合低碳要求的消费模式。

二、低碳经济发展的政府调控机制

政府在环境治理、社会发展、经济增长相关的诸多方面都发挥着重要的作用，在加快低碳经济的发展方面也是如此。低碳经济的发展对于改善国民生活与生态环境、加快经济与社会的可持续发展是至关重要的，低碳经济的发展也具有典型的公共事业性，政府在推动低碳经济发展方面应该起到主导性的作用。而从世界各国的实践上看，低碳经济发展的形势一定程度上与本国政府的支持力度密切相关，政府的支持将是低碳经济能否得到及时、快速发展的关键因素。

（一）创新低碳行政管理制度

1. 节能减排目标责任制度

围绕着节能减排目标，我国在政策与制度创新方面进行了诸多探索，其中目标责任制开始逐渐成为中国节能减排制度中的核心制度，且在实践中发挥出突出的实效。充分挖掘节能减排目标责任制度的潜在功效，进一步提高各级政府及企业在节能方面的积极性，在当前资源、环境约束形势严峻的情况下，对低碳经济发展目标的实现具有重要作用。

2. 创新建设项目行政审批制度

把能耗标准作为项目审批、核准和备案的强制性门槛，进而遏制高耗能行业过快增长应成为未来我国建设项目行政审批制度创新的重要内容。当前来看，在新项目审批时，严格执行《环境影响评价法》，优先审批清洁生产项目，引导约束企业实行清洁生产，淘汰落后产能项目应成为建设项目审批制度完善的主要目标。在创新建设项目行政审批制度具体实践中，"环评区域限批"制度的充分运用日渐普遍。

3. 创新节能减排行政管理模式

目前的节能减排行政管理方式还主要体现为命令—控制模式，这种模式主要体现为政府部门依据国家节能减排需要按照行政命令来强行加以推进，这种模式经常伴随着对违反者常采取强制性的处罚措施。从经济学的角度，"胡萝卜加大棒"式的行政命令手段往往是高成本和低效率的，同时容易受到政府财政能力、地区壁垒、行业壁垒等因素的掣肘。但环境的公共治理模式仍然是目前环境保护实践中的最主要手段，因为它可以最大效率地引导社会公众意识，实现环境保护行为的有效协调。同样，不适宜的机构设置和政策扭曲也是加剧环境恶化的基本动因。所以，环境保护包括节能减排成效在很大程度上仍将依赖政府。为此，在"节能减排"过程中，政府仍要起主导作用，积极创新行政管理模式来提高其成效仍将是未来节能减排的主要依赖方式。就节能减排过程而言，主要涉及各级政府之间节能减排目标的分配、地方政府依据用能主体情形具体分配其减排任务，进而实现节能减排目标。显然，创新节能减排行政管理模式的核心应实现各级政府间以及政府与用能主体（主要是企业）之间的良性互动关系进行。如前所述，当前比较单一的行政命令式节能减排管理手段在政企之间尚难以形成良性的节能动力机制，创新节能减排行政管理模式具有必要性。目前来看，结合行政约谈制度完善当前的节能减排行政管理模式具有积极的可探索性。

（二）健全低碳发展经济调控制度

从现实来看，低碳发展所涉及的产业仍处于商业化的初期，存在成本高、风险大、回报率低等问题，投资者往往缺乏投资的经济动因，因而低碳经济发展初期不可能依靠市场自发形成，必须依靠政府管理与政策的支持，制定积极的低碳发展经济调控制度不可或缺。

社会各主体积极参与低碳经济发展领域实践，激励机制所提供的动力支持必不可少。在促进新事物发展的激励措施中，财政与税收政策的完善对于低碳经济的发展显然是至关重要的。

1．完善低碳发展财政支持制度

作为政府宏观调控、合理配置资源的重要手段，财政政策也是政府促进低碳经济发展的重要政策手段，在促进低碳经济发展过程中发挥着保障、调节和引导作用。

2．完善低碳发展税收调节制度

节能减排作为减少温室气体排放、有效解决环境污染的手段之一，所产生的效果具有明显的正外部性。为更好地规范市场经济主体在能源使用和节能行为中的外部效应，需要政府在节能事业中采取一系列经济、法律以及必要的行政手段对此进行干预和调控，而税收政策将是政府节能事业管理和调控中最灵活、有效和重要的政策措施。因此在设计绿色税收政策时必须将能源生产和消费以及污染物排放的负外部性内在化，建立环保的长效机制，最大限度地提高资源与环境的配置效率，从根本上解决环境与经济发展的冲突。

第五章　共享经济发展的法律规制

第一节　共享经济的法律基础解读

一、问题的提出

或许什么社会经济现象背后都有可以追寻的"法律问题"，也都有可以纠结不止的"因果关系"。

近年来，共享经济的出现，在提高经济效益和生活便利的同时，人们也开始关注起它所带来的法律理论与实践上的挑战。

一般认为，这些挑战包括（但不限于）："①共享经济的商业模式创新；②共享经济带来的组织法挑战；③共享经济带来的劳动法挑战；④共享经济带来的消费者保护问题；⑤共享经济带来的监管挑战"等。这些"挑战"在几乎涵盖市场经济法制所有方面的同时，却并未指明属于"共享经济"的核心法律问题到底是什么？即使是那些冠以"共享"名头的共享专车、共享单车、共享酒店或者民居（Airbnb）乃至共享融资（P2P 和众筹）等所谓共享经济现象，到底是不是真正的"共享经济"？或者与"共享经济"有多大的关系？其中又包含哪些具体法律问题，都不甚了了。

二、对共享经济的初步理解

目前，学界尚未对共享经济（又称为分享经济，英文是 Sharing Economy，甚至有好事者发明了一个新的单词：Shareconomy）有统一、权威的认识和界定。一般认为，所谓共享经济就是基于共享社会关系而存在的一种社会经济样态；而这种共享社会关系是建立在对物（商品、资源等）与服务的共同利用、共同运营关系之上的一种人与人之间的社会关系；其核心之一便是对社会"闲置资源的重新利用"。显然，用于共享的社会资源是否为闲置资源，是判定以此资源为基础所搭建的经济运作模式是否符合共享理念，是否是真正的"共享经济"的重要标准之一，而不仅仅是传统商业活动换了一件所谓"共享经济"的马夹而已。此外，对闲置资源的利用方法和途径本身，即以何种方式进行共享利用，也应当成为辨别"共享经济"真伪的标准之一；从规制角度来看，可能对闲置资源的利用方式加以监管，或许更具监管可行性。其实，只要观察早期人类社会中的分享关系，就可以获得某种启发。

（一）早期人类社会中的共享／分享关系

从广义的角度而言，人们之间的各种相互扶助关系，甚至赠予关系都可以看作一种共享经济现象。从这个意义上来说，所谓"共享经济"现象在人类社会早期便已存在。易言之，只要存在人与人之间存在分享关系，就有可能存在所谓的"共享经济"。当然这种人类社会早期的分享现象，不能与现今的"共享经济"同日而语，人类社会早期的分享现象，存在以下几个特点：

第一，分享主体范围的局限性。早期人类社会的分享关系，多发生在特定的人群之内，这些人群或存在血缘上的亲族关系，或存在地域上的近邻关系。他们之间存在生存关系上具有某种共同体利益关系；而辨别这种共同体关系的依据就是相对容易区分的血缘标准或者地域标准。

第二，分享目的的单向性。早期人类社会的"分享关系"绝大多数情况下都是基于一方对某种共同利益关系的一种单方评价与判断，进而采取的单方／单向行为，典型如赠予。这种单方对于共同利益评价的做法，亦尚未形成为某种权力／权利义务关系；因为一旦进入某种权力／权利义务关系体系下，这种关系的"共享"属性就在很大程度上被掩盖甚至否定掉了。

第三，分享阶段的消费性。早期人类社会对于分享的认识基本限于"共同消费"，这种共同消费直接体现为对特定资源、物的直接利用与享用。现代人们根据共享目的的不同，将共享经济分为消费型、生产型和发展型三大类型。就此来看，早期人类社会的"共享经济"也就算是处于消费型共享经济阶段。当然，共享经济是否存在这样明确的阶段或者层次划分，值得讨论。

（二）现代共享经济与信息实时及无差别共享

从狭义角度而言，共享经济也被认为是一个含义广泛的概括性术语，通常用来描述那些通过互联网进行的各类在线交易现象或交易行为。显而易见，在这一极其概括性的表述背后，实际上是人们对共享经济这一经济现象应当包含的基本范畴、特征以及构成要素等基本规定性的粗糙认识。

或许，给共享经济下一个准确的定义更应当是经济学家应该完成的任务。不过，从一般法律人的角度观察，狭义的现代共享经济对信息传播的依赖显而易见。

无论是创新还是革命，狭义的共享经济都与互联网有着紧密的联系：没有互联网的大规模普及，就没有所谓现代共享经济的存在。互联网在其中扮演的是一个超级信息传播者的角色。所谓超级，一是指互联网将信息传播的范围无限扩大，其潜台词就是潜在的交易机会与交易对象无限扩大；二是信息传播的成本大大下降，这就意味着交易机会的倍数增加，"过了这个村，就没有这个店儿了"不再是交易双方可能会顾及的因素，多次比较、反复对比成为通过互联网交易的常态，有人把这称为之"民主化的市场手段"；三是信息传播的对等性，这是相对于传统市场信息不对称／信息偏在而言，互联网信息传递几乎都可以看成点对点的信息传播，其中不存在第三方修改、影响原始信息内容的可能。类似表见代理等与意思表示有关的法律制度，在互联网信息传播与网络在线交易方式下，遇到了前所未有的有力挑战。

此外，开放源代码、免费 APP 软件以及网络虚拟社区的存在，也是现代共享经济得以发生、发展的重要客观物质依赖。同时，这也是为什么现代共享经济目前仍被限定于网络经济范围之内的一个基本原因：共享经济的前提是信息的实时、无差别共享。

（三）共享经济与自助利用

现代共享经济的另一个重要特征是共享者／利用者往往可以通过本人直接地对资源进行自助利用或者自助消费。自助利用，突出了共享者／利用者在这一经济模式中的主动、主导地位，在一定程度上反映出共享者／利用者对他人依赖程度的减少或减轻，使得共享者有机会提前介入或者直接参与到生产的前端与上游，从而模糊了市场供给与消费之间的截然分割，并隐隐预言了市场中介机制共享经济中的没落。就微观具体权利的实现机会而言，共享者／利用者实现权利将更多地依赖其自身的智识与能力。换句话讲，权利实现状况在很大程度上将依赖于其行为能力的提升。

一方面来说，自助利用或消费模式本身就体现了共享经济的效率优势：降低交易成本，降低资源的利用成本。这也是共享经济成为环境友好型经济模式主要原因——效率、成本、环保。例如，有日本学者观察到：由北陆高速向金泽市内的通勤车辆经常发生交通堵塞现象，而大部分的车辆都只是驾驶员一人使用，既没有乘客，也没有运输货物；假如，每一辆车内都有多名乘客，则不仅会减少出行汽车数量，而且也会减少道路拥堵现象，提高道路通行效率，减少能源消耗。

另一方面来说，自助利用或者消费必然在一定程度上对共享者／利用者的利用技能、能力提出了要求。例如，在共享汽车的场合，共享者即必须具备相应的驾驶技能，拥有对应车型的驾驶执照。再如，国内已经多次发生的未成年人因擅自不合理使用"共享单车"而出现人身损害事故等案例，都从不同的角度对共享经济条件下，自助利用或者自助消费风险责任、损害赔偿责任的认定、划分等都对现有《产品质量法》《消费者权益保护法》乃至《合同法》《侵权责任法》的有关制度设计提出了挑战。如传统合同法和消费者权益保护法很难在共享经济模式中给共享者／利用者带来足够的保护。

三、共享经济与市场经济之间的关系

从长远发展的眼光来看，共享经济势必将突破网络经济的桎梏，而延伸至实体经济领域，并实现共享经济的实体经济化（当然，也可以从相对的角度将此理解为实体经济的共享化或者网络化）。在可以预见的未来，可能呈现给我们的未来经济样态或将是共享与实体混合的某种样态，这种混合经济样态，或许向我们回证了共享经济与市场经济的以下关联：

（一）供求关系规律未发生本质变化

从微观角度来看，共享经济并未改变市场经济赖以存在的基本供求关系规律。市场经济孜孜以求地通过市场配置资源的基本供求关系原理和规律不仅依然有效，更在市场信息传递的环节得到了极大的加强。也就是说，在供给与需求不变的情形下，共享经济由于信息传递环节的高效与强化，使得供给变得更有针对性，同时需求也更容易获得及时的满足。从某种意义上来看，共享经济实际上更贴近包括斯密等人对于理想的自由竞争市场经济的最初设想。

（二）市场参与主体更加广泛

任何人只要上网，都有可能成为共享经济的参与者。对于商品或者服务提供者而言，一方面降低了进入市场的准入门槛，为任何愿意从事市场交易的主体，提供了参与市场的交易的机会；但另一方面也有可能使得现有的各种市场准入制度面临崩溃的风险。对于商品或者服务的接受者而言，其选择交易的机会和可能大大地增加了，几乎可以达到，"想要什么交易就有什么交易，想要交易什么就能够交易什么"的自由境界。同样对于自然人而言，借由互联网技术以及现代物流技术的扶助，人的行为能力对于其达成特定交易的影响在不断减少，甚至有关其权利能力与行为能力基本法律制度设计都能够重写。例如，最新实施的《民法总则》中有关民事行为能力年龄阶段设置的调整就是如此。

（三）市场价格发现能力增强

得益于互联网信息传递技术的帮助，即使在同等条件下，共享经济市场中的价格敏感度更为精准细腻。在传统市场中存在的各类价格欺诈、价格垄断等问题，在更为清晰透明的共享经济下生存空间日渐收窄、减少。但仍需说明的是，在共享经济下最终决定价格的依然是前文已经提到的供求关系规律，以及市场竞争关系规律的双重作用；换言之，共享经济能够更为及时、迅速地反映市场价格变化，但无法决定市场交易价格。作如此提示的目的在于，在共享经济条件下，政府要干预市场价格的依据依然是供求关系规律以及竞争关系规律，那种认为，"在商业经济里'价格是资源分配主要的调节信息，也是重要动力'；但在分享经济里它却被'非价格因素的社会关系'所代替的观点，"就不能不审慎推敲。

（四）节约资源、减少交易成本

共享经济作为一种新的经济形态，正逐渐成为结构转型升级的驱动力量以及稳定经济发展前景的最优途径。这反映了人们普遍认为："在共享经济的模式下，能做到无限节约资源，降低交易成本。"①的确，在一些显而易见的领域，共享经济能够极大地节约资源、减少交易成本，从而提高了交易效率。相对于传统的交易方式而言，共享经济模式中交易效率的显著提高可能包括两个层面的意思：第一，达成交易或合同缔结的成功率，或日签约率在提高；缔结合同变得越来越容易。第二，交易效率的提高，意味着随着签约率显著提高，对应地提升了合同的及时、完全履行。这似乎说明共享经济是有效率的。

实际上，节约资源、减少交易成本是提升共享经济背景系交易效率众多重要条件之一，但不能就此得出共享经济就一定是有效率的这种判断。可能的问题，一是共享经济的效率前提是需求的同质化。在市场需求多样化、个性化的条件下，共享经济到底能够在何种程度和范围上满足这种需求，尚待观察。二是现有的关于共享经济节约资源、降低交易成本的观察，往往是集中于生产消费的一段、一端，而不是从生产消费的全产业链来进行整体的观察与评价。

（五）市场中介机制发生变化

传统市场中介机构以及中介平台将不得不面临转型。各类实体中介机构将不断延展其中介业务链，传统的代客买卖、居间服务将更多地在客户终端由客户自主实施（至少从法律上来看）。当然，这是否意味着市场中介机构的蜕化，或者所谓的"去组织化、去中介化、去中心化"尚难定论。但基于互联网的共享经济的中介成本要远远低于现有市场组织的交易成本，因此现有市场中介机构的调整与发展将是不可逆转的，一种可能的发展方向是现有中介机构将不断演变为社区信息交易平台，更多地从事提供公告栏式的服务；同时，其中介服务行为也将演变为基础性在线及时信息服务；从盈利的角度而言，提供信息服务本身很难继续成为中介机构的盈利来源，更多的获益将来自信息中介平台所提供的具有延伸性、针对性的增值类服务。

四、共享经济对"所有权"概念的影响

显然，市场经济不是人类经济发展的最终形态，但共享经济也并非替代市场经济的真命天子。共享经济只不过是市场经济交易组织方式的最新版本，它所能更新或者替换的充其量是市场经济中的某些"软体"部分。就像在芝加哥期货交易所里，交易员们手里漫天飞舞的纸片，变成了手中的电子终端一样。更多的情况下，人们更愿意把共享经济看作一种混合市场形态，这种介于公私之间的经济

---

① 刘国华，吴博. 共享经济2.0：个人、商业与社会的颠覆性变革[M]. 北京：企业管理出版社，2015：（Kindle 位置 2283-2294）Kindle 版本.

模式，或许会对"所有权"概念形成某种冲击。

"所有权"概念作为现代民商事法律制度、市场经济法律制度的基础性概念，已经不是第一次被人们所质疑了。近代以来，出于对工业社会生产关系的保护，所有权制度在整个财产法律制度体系中的地位得不断提高，尤其是近代物权制度更是对这一概念进行了巩固。然而，事情总是有两面性的，那位气宇轩昂地宣称"风能进，雨能进，唯独国王不能进"的流浪者，在秋雨绵绵里依然需要干燥的床榻与温暖的阳光，并在相应的财产权利无论是资本主义的私有化，还是计划经济的国有，都在一定程度上限制了经济领域内人们"共享资源"的可能。无论是对所有权四项权能的分解，还是通过信托制度架设所有权与其用益权能的分离，其实都是对传统所有权概念的一次扩张，从而使得"所有权与使用权"的分离，获得理论上的合理性与正当性。这不仅无可厚非，相反却是理论自愈与自治的一种正常现象。

（一）所有权的取得角度

共享经济条件下，或许人们取得所有权的目的不再是满足自己的实际消费或者直接使用，而是转而谋取某种获益的可能。取得所有权以作为生活资料的目的似乎削弱了，而使其在具有生活资料功能的基础成为某种生产资料的多目的性开始显现出来，这一点在 Airbnb 的运用中可以显而易见地表现出来。在海南各城市，尤其是三亚不是也有这样很多随着季节变化而迁徙的人们吗？然而，取得所有权目的的多样化，并不能直接说明所有权概念已经过时，或者所有权概念已经变得不重要。

实际上，在杰里米·里夫金在 2000 年出版的《使用权时代》（*The Age of Access*）中所倡导的"摒弃市场和产权交易，从观念上推动人际关系以实现结构性转变。这就是从产权观念向共享观念的转变"。这种产权观念的更新，更多的是在强调共享经济条件下，"共享"行为在经济上是效率的，能够实现共享者与社会整体资源利用之间的"双赢"乃至"多赢"。其实，这种摈弃多种所有权多样性制度安排的"美好愿望"在计划经济倡导者那里早已不是新鲜的东西：全国社会财富只有一个所有者，那就是国家；国有企业、集体企业以及个人，都只是国家所有权下的使用者而已。只不过，共享经济倡导者实现这种"双赢"或者"多赢"的过程不再是靠计划和指令，而是借助于人们手里的手机而已。所以，共享经济对于"所有权"概念的冲击、更新，或许不像人们想象的那样巨大。反而，更需要人们警惕的是：不能通过对"共享"概念肯定而滑落至对计划经济的肯定。

（二）租赁权对所有权的影响

人们认为所有权的重要性已经被租赁权所替代。"分享经济经常代表了与传统的所有权的彻底分割……租借，与拥有不同，能在更大的人群中将更少的物质更有效地利用起来。"①的确，从用益关系角度而言，仅由所有权人直接行使其权利的现象在一定程度上减少了。这是一个法律人格与对应财产关系的脱离过程，反映出人与物的基本关系的某种革命性变化：脱离物的限制，人格自由与自我实现不再依赖于其对物质财富的拥有与控制。

然而，这一切美好生活的实现，必须依赖一个更为广阔背景下，社会福利体系对特定个体的"供养"体系，没有这种体系的保障，租赁权就无法替代所有权成为个体赖以生存的必需。然而无论中外，这样的供养体系目前尚无法实现，所以我们看到的租赁权对所有权的冲击，也仅仅是在特定领域，尤其是对城市生活消费领域的"替代"或者"冲击"。尽管"使用但不拥有"确实存在潜在的巨大效率优势，但除了房屋和汽车之外，是不是所有的东西都适合发展成为规模化的点对点租用市场呢？它们的远期价值是否与所有权紧密相关呢？如果它们开始发展，将对经济产生什么样的影响呢？会不会因为出现更多的交易而推动经济发展呢？"冲动购物，再租出去"的情况会成为现实吗？经济会不会因为人们停止购买而发展减缓呢？

从某种意义上讲，共享经济的核心不过是在物之所有权与使用权分离基础上，因实时交易而存在的租赁关系／租用关系。这种租用关系在本质上尚未脱离租赁关系的基本权利交换结构。其中核心不过是"一破一立""破，所有权的局限性、专属性"；"立，租赁权的扩张"。而这恰恰在某种程度上印证听所有权的不可替代性。

比较我妻荣先生 20 世纪就提出的"债权在现代法中的优越地位"的命题，现在关于共享经济条件下租赁权对所有权的冲击，仍未能超越我妻荣先生的视野，而另辟一个新的天地。

（三）"接入权"对所有权的冲击

"部分共享经济和协同消费研究者认为'接入权'相比'使用权'更准确地刻画共享经济。"显然，这里的"接入权"也被表述为"链接权"，是指在共享经济条件下，潜在交易者获得交易机会的权利。就此而言，这种"接入权"与传统实体市场交易中，在遵从法律和交易习惯前提下的缔约谈判权利而已，甚至更为简单，它不过是标准契约的谈判、签约权利。

从传统权利形态来看，所谓"接入权"与所有权分属不同的权利形态，没有可比性，甚至也没有进行比较的必要性。但其亮点在于"接入权"概念背后隐含的自治属性：取得"接入权"，须以接受相关 APP 服务协议为前提。有学者将这

---

① [印]阿鲁·萨丹拉彻. 分享经济的爆发[M]. 周恂译. 上海：文汇出版社，2017：（Kindle 位置 1203-1207）Kindle 版本.

一过程看作共享经济的"造法功能"。或许，共享经济这种"造法功能"的出现，是由传统法制的某种局限性所致，但就此断定或者期冀通过共享经济拥有这种"造法功能"就可以修正现实立法的某些缺陷，未免将立法以及司法实践中公权与私权博弈过程看得过于简单了。

之所以主张共享经济无法否定"所有权"概念的理由，一方面来源于对传统财产权利制度的尊重与不愿割舍。始终认为，法学应该是社会科学体系里仅次于神学的一门保守的科学。在法学领域，过多的"创新"往往适得其反。另一方面则是对这样一个问题的疑惑：在共享经济条件下谁来决定我们共享？如果依然离不开财产所有者意志的话，那么共享经济就不能否定"所有权"概念的存在；如果答案是相反的话，那就另当别论。

五、共享经济的自治理念

共享经济从骨子里透出来的对自由意志和自由精神的追求，高度契合市场经济的价值取向——自主意思与自由竞争。换句话讲，共享经济的法律基础依然是自治理念。市场经济中的自治理念来之不易，但当下社会经济生活中私权自治的领域却越来越小。综观近代私法三原则：意思自治、权利平等以及所有权绝对等，皆系人类制度文明之产物与象征。在共享经济的规制问题中，应当重视并保护这种自治理念。前文中提到的共享经济中"去中心化"的现象一方面这可以理解为对传统管控机制的一种逃避，另一方面也可以理解为共享经济自治理念的具体体现。共享经济可以在去中心化之下获得发展，并非所有去中心化都是错的。需要指出的是，"自治"和"他治"两者实属并行不悖；同时，共享经济中的自治理念并非要新创一个自治体或自治机制。

共享经济的自治理念下蕴含对社会公益性的追求与肯定。从这个意义上讲，共享经济具有连带经济（日语"連帯経済"）的某些特征，即以社会经济整体关联性为基础的经济运行活动的基础，这种社会关联性突破了传统市场经济法制中以资本为核心的制度设计，即以股东为代表的私权主体（资本主义的）的保护设计，而扩展至对劳动者保护、环境保护等更为广阔的社会生活领域。印度学者阿鲁·萨丹拉彻就将共享经济与群体资本主义画上了等号，在他看来共享经济不过是"雇佣的终结以及群体资本主义的兴起"而已。由此观之，共享经济的自治理念应是对传统私权自治理念的升华与更新，是对共享经济参与者个体利益与社会公益兼顾与平衡的结果。

另外，《哈佛商业评论》《金融时报》都曾经刊文认为，"共享经济"只不过是一种误称。《哈佛商业评论》曾经指出，广义的共享经济这个词的正确含义是"准入经济"。还有人提出，如果极端一点，也许我们今天津津乐道的共享经济，其实不过是一种协作消费而已。较之于共享经济的自治理念带来的冲击，传统的强化法律规制观念的惯性反弹，反而会更有可能成为阻碍共享经济发展的力量。

第二节　共享经济中的法律问题分析

一、共享经济下的消费者权益保护问题探究

（一）"共享经济"与"分享经济"的特征思考

在对共享经济的研究中，我们发现现有文献资料中有"共享经济"和"分享经济"两种不同的称谓。二者的英文都是 sharing economy，但仔细斟酌，又发现二者还是有区别的。从检索出的文献对这两个词的使用情况来看，分享经济更多地指闲置资源的重新配置和联结，如滴滴顺风车，是对存量资源的进一步利用，提高资源利用效率，但共享经济更多地强调共享的概念，即使用权不具有排他性；但共享经济整合利用的资源不一定是已有的闲置资源，或者说它是一种广义的闲置资源，是国家和社会进行整合的资源，仍然是通过新投入来促进经济的思路，如共享单车，共享单车都不是已有的闲置单车，而是企业重新购置的单车，从这个层面上看，共享单车更多的是国家或企业从宏观角度，为了提高资源利用效率，保护环境等的目的而出现的产物，与分享经济中闲置资源的再利用有很大不同。从交通运输部与十部委联合发布的《网络预约出租汽车经营服务管理暂行办法》（以下简称《网约车管理暂行办法》）和《关于鼓励和规范网络租赁自行车发展的指导意见》（以下简称《指导意见》）这两个规范性文件看，也没有使用"共享""分享"等字眼。故笔者认为"共享经济"与"分享经济"是有区别的，是两种不同的商业模式。以国内最大的网约车平台"滴滴出行"为例，真正符合分享经济特点的，只有滴滴顺风车和滴滴拼车，即以个人闲置资源与他人分享的经济模式；共享单车更是挂着"分享"的名头，实为一种分时租赁，即互联网平台共享自行车使用权分时租赁的新型经济模式。共享经济产权层面的特点是所有者暂时让渡使用权以获取收入的租赁经济，是从"以买为主"向"以租为主"的消费模式发展，从一定要拥有资产所有权的时代，跨越到轻资产消费的时代。共享经济最重要的特点是传统经济与互联网的结合，具体来说是个体经济借助于互联网平台重新回归。从经济发展的历史看，最初的个体经济因不能抵抗大型企业的竞争压力逐渐萎缩，但随着当前互联网技术的发展，互联网为个体经济提供了进行交易的平台，且减少了交易成本，可以说技术帮助个体经济重新回归市场。但也正由于这种互联网经济模式，很多传统经济中没有出现过的新问题出现了。本书着重于消费者保护问题，暂不对二者进行区分，下文从广义上统一称"共享经济"，一起进行研究。

（二）共享经济中出现的消费者保护问题

基于上述共享经济的特点，共享经济出现了很多传统经济不会出现的问题。主要有以下几个方面：

1. 行业重新洗牌带来的垄断与不公平竞争问题

在共享经济最早发力的网约车市场，经营者正是看到了传统巡游出租车以特许经营的方式垄断了整个出租车行业，造成消费者打车难的弊端，故以维护消费者权益为名，采取疯狂补贴的免费消费方式成功打开了市场。网约车的出现受到消费者的广泛欢迎，在站稳网约车市场后，又立即取消补贴，采取高峰时段加倍收费的方式，招致消费者不满。网约车平台经营者打破了旧的垄断的同时，也有滥用市场支配地位、形成新的垄断之嫌。同时部分城市依据交通运输部《网约车管理暂行办法》出台的地方性法规对网约车的市场准入和监管规定与传统巡游出租车有所差异，也引发了社会上的广泛诟病，被指违反《国务院关于在市场体系建设中建立公平竞争审查制度的意见》（国发〔2016〕34号）。2021年，市场监管总局发根据《中华人民共和国反垄断法》的规定，发起了对滴滴的反垄断调查。

竞争法具有保护消费者的价值功能，限制竞争就是限制了消费者的自由选择权和公平交易权。任何经营者的行为以及政府的行为，只要它侵害了消费者的利益，破坏了公平竞争秩序，都必须被禁止。

2. 消费者的各项权益难以得到保障

共享经济模式下，消费者的人身安全、财产安全、信息安全以及知情权、公平交易权、求偿权等权益的实现存在诸多困难。以网约车为例，除神州租车和首汽约车采用劳动合同关系外，滴滴快车、滴滴专车与司机之间形成的是劳务合同关系，不直接聘用员工，不为其购买社保等，司机的行为不是平台公司的职务行为，平台公司不为其行为承担法律责任。在这种劳务关系模式下，消费者的人身安全保障权、财产权和求偿权都只能依赖保险制度，缺乏保障，极易受到侵害。通过在无讼案例网上的检索，涉及网约车的案件共728件，其中《网约车管理暂行办法》颁布之前的案例为142件，在新规颁布后案件数量激增，达到586件，这在一定程度上说明了新规对网约车领域法律规制的加强。同时，有616件为民事案件，98件为刑事案件，31件行政案件。其中涉及消费者权益保护的案件类型主要是：①欺诈扣费案件，这类案件主要有临时加价、虚拟行程扣费、退款不及时、因延误接送乘客导致的赔偿纠纷等；②暴力殴打、性侵、抢劫以及行凶杀人等故意犯罪案件以及泄露消费者信息和侵犯消费者隐私权等；③交通事故责任纠纷，案件类型主要包括网约车交通事故致乘客受害、网约车交通事故致第三人损害等类型。

3. 经营主体的法律责任不明确

在共享经济中，消费者权利受到侵害难以维权的一个重要原因就是经营主体的法律责任不明确。在共享经济的模式下，共享公司与平台劳动者的关系存在不同模式，有劳动合同模式、劳务合同模式（挂靠协议模式）和信息技术服务合同模式。共享经济中的经营主体主要是提供信息服务的网络平台与个体经济经营人。对于共享单车这种由政府或企业提供的商品或服务，消费者押金安全权的保障更需要在传统民事责任的基础上研究突破与发展，以解决实践中出现的各种损害消费者权益的新问题。一些共享单车平台经营者收取消费者 99—299 元不等的押金及预付款，对押金和预付款的使用与监管没有及时规定备付金的比例、存管和提取的相应制度，出现了严重的制度漏洞，导致平台经营者擅自提取、挪用消费者的押金和预付款，在公司倒闭破产后拖欠不还，积累了巨大的社会矛盾与风险。侵害了消费者的财产权，造成极其恶劣的影响。此外，在"互联网平台+个体经济"模式下，自然人个体是否为经营者？其承担责任是否应当有上限？互联网平台主张自己只是起搜索引擎的作用，对于实体交易中出现的侵害不应承担责任，而个体经济经营者只是短期让渡使用权以获得收入，有的甚至是无偿的，其并没有安全保障的意识或动力，且让个体经济经营人承担全部责任可能会超出这一群体的承受能力，从而导致这一模式萎缩。

目前我们需要探索一个合理的责任分配制度，既要保护消费者权利，使消费者受到侵害后能得到及时救济，同时也要注意保护这一商业模式的发展。例如，要求平台严格履行其资格审查义务和管理义务，在其没有尽到这些义务时，对消费者的损害须先行赔付。

4. 政府监管缺位问题

由于共享经济是新兴事物，政府监管还存在很大不足。首先，市场准入问题，即商品或服务的质量和标准化问题。传统的出租车行业，司机必须符合一定条件，获得许可证，才可以从事出租车工作。由于共享经济中实际提供商品或服务的人基本都没有专业的资质，没有受过专业培训，也无须许可证，存在很多安全隐患。例如，网约车的司机大多是私家车，在开车过程中可能有接单、接电话行为，以及车辆本身的性能问题都会产生安全问题。其次，是人员资质问题。传统的出租车行业司机需要考取相应的资质，网约车司机也需要满足一定的条件才可以接单。最后，市场运营规范问题。共享经济中的商品、服务提供者往往是非职业化，缺乏管制机制，易产生投机行为，从而扰乱市场秩序。例如，在恶劣天气条件下网约车涨价问题，传统的出租车在政府和出租车公司的双重监管下，这种情况相对较少。所以政府需要对其进行管理调控，避免社会经济秩序的混乱。

5．法律存在真空地带与相关规制的缺位

法律的滞后性使法律不能及时对共享经济各类不同的经营模式进行及时的规制，由于无法可依，消费者权益保护和政府监管等方面都困难重重。但由于共享经济本身的模式复杂性，对其进行立法规制是对立法者的一次挑战，但共享经济要想继续繁荣发展，立法规制是不可缺少的。我国目前仅对网络预约出租车出台了管理暂行办法，立法层级上，属于在全国内具有法律效力的部门规章；对网络租赁自行车仅有一个鼓励和规范其发展的指导意见，不具有行政强制性效力。例如，《指导意见》关于要求押金设立银行专用账户的意见，许多银行并没有真正执行，押金仍然放在普通银行账户，对其在使用上的监管措施没有实施到位。其他共享经济领域法律仍有大片空白。

（三）共享经济下保护消费者权益的几点建议

共享经济是典型的互联网创新经济，共享经济对消费的引领和冲击，在消费方式、消费内容、消费法律关系方面产生诸多变化。因此，研究共享经济模式下消费法律关系的变化，完善消费者权益的法律保护，对发挥消费在经济发展中的基础性作用具有重要意义。

1．针对共享经济消费风险加快立法进程，弥补法律漏洞

共享经济消费模式下，消费者权益受损害的形态发生了变化，出现了新的风险来源。以共享单车为例，借助"互联网+"打破传统的单车租赁模式，使得消费者能够接受随用随走的便捷服务。但是所带来的重大问题就是降低了经营者对于单车的控制力，单车质量安全受到各类复杂因素制约，消费者消费安全风险在消费的便捷化发展过程中被放大。人为破坏的风险、自然作用的风险以及单车本身损耗带来的安全问题，虽然在《产品质量法》以及《消费者权益保护法》能够得到相应的法律调整依据，但是却又是不充分的。另外，押金的性质是物权担保还是债权担保，如果是物权担保，属于质押，事实上则无实际质押物的存在，也没有发生物的转移占有，只是账户上货币数额的变化而已，依传统理论无法完全解释，大量押金沉淀在资金池中，《指导意见》中所说的"即租即押，即还即退"在现实中是否具有可操作性，押金是否应该收取，收取后如何严格控制其使用等，这些问题均有待法律规范。法律存在空白，使现实中的共享经济问题无法可依。必须加快立法进程，弥补法律漏洞。首先，在相关立法中，要在共享经济的背景下对消费者权利重新理解，使消费者得到更好的保护。其次，要对共享经济中新出现的法律主体（即互联网平台和个体经济人）进行法律定位，明确其权利义务以及需要承担的法律责任，建立合理的举证责任分配制度，设计合理的诉讼制度。前文也阐述过，如何设计一个既能促进共享经济发展，不损害这些新兴主体的积

极性，又能保障消费者权益的法律制度是一个难点，需要我们法律人继续探索。最后，政府的监管制度也要在法律中体现出来，以法律的形式将政府的责任和义务确认下来，同时避免政府监管过多，抑制共享经济的创新与活力。

2. 合作监管，政府建立监管体系

如前文所言，政府应对共享经济的市场准入、人员资质，市场运营状况进行一定的监管，由于共享经济不同于传统经济，政府必须创新监管理念和监管模式，找到与共享经济相适应的监管路径。在这一过程中，既要建立政府部门之间的合作监管机制，也要建立政府部门与平台公司之间的合作监管机制。要明确合作监管主体、监管内容、合作方式，避免政府各部门互相推诿责任。在政府监管中，可以通过政府各部门间的合作，利用互联网技术互通信息，建立统一的监管网络和信息共享网络，在这一合作监管的基础上，政府能更好地掌握市场信息，做出更加科学的决策，也能衍生出一系列高效的新管理平台，比如建立信用管理平台和统一的投诉平台及投诉处理机制，同时为消费者维护自己的合法权益提供一条救济渠道。在政府与企业的合作监管中，可以依托企业在技术上的优势，侧重于技术和信息的提供与对接。最后，对于网约车等共享经济，政府可组织建立保险制度，分担风险，为消费者提供多一层保障。

3. 发挥消费者保护组织的作用

消费者保护组织在共享经济中，应发挥其独特作用。一是针对有关共享经济的大量投诉案件，消费者保护组织要积极代表消费者提起公益诉讼，尽力帮助消费者解决问题，维护消费者的合法权利，成为消费者维护自身合法权益的重要渠道。二是消费者保护组织应利用自身优势，对自己掌握的有关共享经济的相关信息进行整合分析，与各大科研机构或高校合作，为共享经济的消费者保护问题提供智力支持。三是积极参与政府相关决策，代表消费者发言，为促进更合理的政府决策与立法贡献自己的力量。

4. 消费者教育

随着共享经济的发展，我们也要重视消费者教育以及消费者责任意识的提高，向消费者普及共享经济下所涉及的消费知识、社会责任与义务及相关的维权途径，提高消费者在互联网经济的交易中自我保护的能力，减少消费者权益遭遇侵害的事件。在这一过程中，互联网技术和自媒体的发展可以发挥重要作用。

5. 分类研究网约车、共享单车等不同市场的竞争秩序规制与消费者权益保障

任何一种生产模式和消费模式的发展都会给社会带来新的风险。出行分享除网约车、共享单车等热点外，网络租车市场还在继续升温，其中以汽车分时租赁

表现亮眼，布局者众多，尤其是主打新能源的网约车和汽车分时租赁正在快速起步，整体市场开始升温；住宿分享市场培育逐步成熟；服务众包、教育分享也获得资本青睐，为防范和避免以消费者保护为借口的过度竞争、不正当竞争以及不公平竞争和经营者过度集中问题的出现，最终不利于消费者权益的长远保护，应当对不同类型的市场竞争秩序严格规制，避免市场的大起大落。

二、共享平台法律性质问题分析

（一）共享经济平台

共享经济的参与主体包括物品或者服务的提供者，物品或者服务的接受者以及共享经济平台。有学者认为，事实上，共享经济与传统经济最不相同的地方是利用现代互联网信息技术，通过建立一个平台公司把那些具有暂时且分散的供需信息的人员连接起来，由此促成供需双方建立不需要转移所有权的共享机制。另外有学者认为，实际上，共享经济更为重要的发展原因，在于数据收集和分析技术的进步，前所未有地降低了供需双方的匹配成本。可以说，学者们均看到了共享经济中平台的重要作用。平台企业的存在使得共享经济的发展成为可能，平台应是共享经济的核心。共享经济平台也集中体现着共享经济发展的模式和状态。由于平台连接着物品或者服务的供需两端，对外代表着共享经济，因此共享平台也成了共享经济矛盾汇集的焦点。因而，如何牵住共享平台——这个共享经济的"牛鼻子"，对于规制共享经济至关重要。当前学界对于共享经济的讨论多针对共享经济如何规制或者针对共享经济中某一类行业，如共享出行类网约车进行研究，很少对于作为共享经济核心的共享经济平台进行专门研究，而对于共享经济平台的研究应该首先充分认识到共享经济平台的类型与法律定性。

共享经济平台是共享经济公司为实现资源共享之目的依托互联网建立的虚拟信息平台。有学者认为平台经济是互联网时代的主要商业模式。平台经济为导致或促成双方或多方客户之间的交易提供了一种现实或虚拟的空间。在平台经济模式下，交易双方在平台提供者或平台企业的组织下，通过信息纽带缔结在一起，平台企业为供求双方提供信息空间、撮合市场交易、降低交易成本、提升交易效率。而正是基于此，本书认为，共享经济亦属于平台经济的一种，而共享经济平台则是众多网络平台的一种，不同的是共享经济平台强调使用权的接入与获得。

（二）共享经济平台的分类及其法律性质

1. 共享经济平台的分类

共享经济平台的样态既反映共享经济的运行模式，也是共享经济发展的集中体现。对于共享经济的分类，蒋大兴教授和王首杰认为，从功能角度，共享经济中的平台可分为四种类型：一为交易建构型（即一次性随机交易关系），车辆共享和房屋共享均属该种类型；二为协议兼构型，如交换照顾孩子、经常性借车以及共享办公空间等；三为组织建构型，如共建社区、食物共享以及工具租赁组织等；四为基础设施建构型，如社区自行车共享项目等。共享经济平台在当前存在不同的发展模式，对于共享经济平台的分类应该看到共享经济内涵的发展和具体共享经济平台的发展。首先，在传统狭义共享经济概念下，共享经济平台仅仅作为信息的中介，链接具有闲置资源的供方与物品或者服务需求者双方信息。其次，当前广义共享经济概念下，笔者认为共享经济平台呈现出三种不同的形态：第一，作为链接供需双方信息的中介，但是供方资源并不限于闲置资源，扩大了利用资源的类型。如会唐网，它链接酒店或者会议中心的会场及其配套资源，实现会议资源的有效匹配。第二，平台介入供需双方的交易，如控制价格，控制订单、培训服务人员等。如滴滴出行平台对平台下的网约车具有很强的管理能力。对于网约车和网约车司机有着严格的要求，对于网约车的服务价格，网约车的订单都可以进行控制。并且由于滴滴专车主打高端市场，对网约车还提出了更高的服务要求。第三，平台自身拥有资源，并利用自身资源提供服务。比如滴滴出行中的滴滴快车和滴滴专车，滴滴平台企业通过购置或者融资租赁的方式获得汽车，并与网约车司机签订协议，从事专门的快车或者专车的业务。另外，近年来，共享单车、共享充电宝、共享篮球、共享雨伞甚至共享马扎等新型共享经济类型异军突起，这些新兴共享经济类型都是通过自身平台拥有资源进行匹配实现运营的。

2. 共享经济平台类型变化的原因分析

共享经济平台呈现出多种类型的原因是多样的。首先，从共享经济自身而言，共享经济平台作为一个新事物，很难界定平台的法律性质。在现有法律法规模糊的状况下，平台为最大化减轻自身责任，尽量将自身定位为信息中介当然是最好的选择。比如，优步（Uber）专车在它的"服务协议"中强调，"为了避免疑问，特澄清如下信息：优步出行平台本身不提供汽车服务，并且优步也不是一家承运商。汽车服务是由汽车服务提供商提供的，您可以通过使用应用程序和／或服务发出请求。优步只是充当您和汽车服务提供商之间的中间人。因此，汽车服务提供商向您提供的汽车服务受到您与汽车服务提供商之间（将要）签订的协议的约束。优步绝不是此类协议中的一方"。可见，传统狭义的共享经济下，平台倾向于将自己定位为信息中介。其次，随着共享经济的发展，共享经济涉及的领域不断拓展，这时便产生了问题。共享经济是通过供需匹配收取佣金获得利润，但是如果这种供需匹配频率太低，共享经济就很难持续，因此共享经济得是规模经济。那么，扩大接入资源的类型就属必然了。这时共享经济平台就表现出了接入资源多元化的特点，以应对资源供给的不足。并且平台也扩大了资源需求方的范围，产生对公服务。同时，平台自己拥有资源的模式也出现，无论是原有共享出行等平台自营业务的出现，还是共享单车等新兴共享经济平台的出现都是如此。再次，共享经济由于其人人共享的理念和最初接入人们手中闲置资源的资源供给，导致共享经济实际服务质量不高，这对于共享经济也有很大的影响。因此，共享经济平台便出现了对资源的接入或者服务者提出了更高的要求的情形。平台对于资源提供方的管理也就越加深入。最后，由于共享经济极大地冲击了传统行业，因此传统行业奋起反击通过各种方式压制共享经济的发展，这也迫使共享经济平台做出改变。还有一点原因对于共享经济平台的发展至关重要，那就是政府政策对于共享经济的影响。以网约车为例，政府顾及安全和秩序等问题，从中央到地方纷纷对于网约车提出了诸多管理要求，而其规定的内容则主要针对的就是共享出行平台公司。这使得平台公司不得不做出调整，从而加大了自身的管理功能，增加了自身责任。

3. 共享经济平台的法律性质

当前共享经济平台类型多样，如何认定不同共享经济平台的法律性质当是共享经济平台法律规制必须面对的问题。蒋大兴教授和王首杰认为，平台的法律地位存在三种可能性：类型一，平台不是交易主体，只是达成交易的辅助方，与买家和卖家仅存在较弱的法律联系，直接责任由买卖双方承担；类型二，平台是交易主体，与卖家一起属于运营方，二者共同向买家承担经营者责任；类型三，平台是直接的运营方，买家可要求平台对其承担经营者责任。以网约车平台为例，有学者总结对该共享平台法律性质的认识有三种不同观点：第一，网约车服务平台的法律地位仅仅是交通信息的提供者，即信息供应商；第二，网约车服务平台促成乘客与网约车合同的达成，因此属居间人；第三，网约车平台是运输服务合同的提供者，即承运人。而该学者最终认为，网约车运营体现了共享经济的理念，实现了网约车的人车合一经营模式，只有认定网约车平台承运人法律地位才能有效保障各方权益。上述两种对于共享经济平台法律性质的认识都各有其道理，但是也都存在不足。本书认为对应上文共享经济平台的分类，根据平台类型对平台的法律性质进行逐一分析当更为全面合理。

首先，由于传统狭义共享经济概念下的共享经济平台仅仅提供信息平台、广义共享经济概念下仅仅作为信息中介的平台类型，本书认为不是交易主体，仅作为交易辅助方提供信息。其次，对于不仅仅是信息发布，同时还管理供需双方信息，具有评价制度，完善交易条件，经常性利用各种优惠活动促进交易实现的共享平台，其促成交易收取酬金的行为，与《合同法》第424条规定的"居间合同是居间人向委托人报告订立合同的机会或者提供订立合同的媒介服务，委托人支付报酬的合同"中的居间行为类似，该类共享经济平台符合居间人的法律地位。

再次，对于平台介入供需双方的交易，如控制价格，控制订单、培训服务人员等，共享平台则是交易主体，与资源提供者一起属于运营方，二者共同向买家承担经营者责任。最后，对于平台自身拥有资源，并用自身资源提供服务的，平台即可直接认定为独立运营方，资源的使用方可要求其承担经营者责任。

（三）共享经济平台法律性质的认定理念与法律适用

1. 共享经济平台法律性质的认定理念

共享经济平台类型多种多样，法律性质也各不相同。在具体认定共享经济平台的法律性质的时候应该遵循几个理念：

第一，应该顺应共享经济发展的现实，将发展的共享经济的平台类型纳入共享经济平台类型中来，认可其共享经济平台的地位，然后在共享经济平台的不同法律性质中进行归入。

第二，共享经济有着自身的发展和嬗变。初始内涵下的狭义共享经济和发展了的广义共享经济存在着差异。初始内涵下的共享经济强调人人共享，利用闲置资源，可以说是具有重要的进步意义的；而发展了的共享经济虽也具有创新性和进步性，但是相较前者则更商业化。不同含义的共享经济中共享平台的法律性质必当不同。相较后者，对于前者应该给予更强的鼓励。

第三，当前阶段，对于正在不断发生变化的共享经济平台的认定应该具体平台具体分析，具体看到平台的不同，予以法律定性，不建议简单以行业或者提供资源类型为标准进行粗暴地划分，进而以该种划分对所谓一类的平台进行统一定性。

第四，鼓励共享经济的发展，应该尽量减轻共享经济平台的责任。在鼓励初始内涵下共享经济平台发展，引导共享经济更多在这个范围内创新发展的同时，在平台法律认定存在争议时尽量不认定平台为交易的直接相对方。

第五，由于共享经济的发展，共享经济平台的多元化，除了不同平台存在差异以外，还表现为平台自身的多元化。如滴滴出行平台就是一个汇集着闲置车辆资源和专业租车资源的混合平台。而一直以平台拥有资源作为运营方式的共享单车领域发生着改变。可以说平台的混合运营模式是不断发展的。因此在对同一平台进行法律定性时也应该分清其不同业务中平台的不同角色，合理定性。

2. 共享经济平台不同类型的法律适用

共享经济平台的法律性质的确定对于平台的各项法律关系的确定、法律问题的解决都有着重要的前提性作用。例如，对于不同类型的共享经济平台与资源接受方关系的处理上就各有差别。

第一，仅作为交易辅助方提供信息的平台，正如杨立新教授指出的，互联网企业提供的网络，可以作为交易平台，也可以作为媒介平台。当网络作为交易平台时，在平台上进行交易的消费者受到网店的销售者或者服务者行为的损害，具备法律规定的条件，网络交易平台提供者应当承担赔偿责任。当网络作为媒介平台时，网络用户将该平台作为自媒体发表信息等，侵害了他人的民事权益，在符合法律规定的情形下，网络媒介平台提供者应当承担侵权责任。《消费者权益保护法》第 44 条和《侵权责任法》第 36 条规定的正是这样的。该类性质的平台应该适用《消费者权益保护法》第 44 条对"网络交易平台"和《侵权责任法》第 36 条对"网络服务提供者"的规定。

第二，对于除信息发布职能外，还进行供需双方信息管理、评价，通过各种机制创造交易条件的共享平台，本书认为其符合居间人的法律地位，在适用法律时，可以适用《合同法》第 424 条至第 427 条有关居间合同之规定，享有居间人的权利，承担居间人的义务。

第三，当平台介入并且掌控供需双方的交易活动时，平台与资源提供者一起属于运营方，二者共同向买家承担经营者责任，则可根据资源使用方主张的不同适用《消费者权益保护法》有关"经营者"之规定共同承担经营者责任，适用《合同法》有关"当事人"之规定承担违约责任或者适用《侵权责任法》有关"侵权人"之规定承担侵权责任。而平台与资源提供者之间的责任分担，本书认为应该是连带责任，并需要进一步的规定予以完善。第四，平台自身拥有资源，平台应认定为直接的运营方，资源的使用方可要求平台对其承担责任。则可如上述第三种平台性质一样根据资源使用方权利主张的不同，适用《消费者权益保护法》承担经营者责任，适用《合同法》承担违约责任或者适用《侵权责任法》承担侵权责任。只不过在此种情形下，平台是唯一的责任承担主体。

第三节　共享经济的法律及数量规制解析

一、论共享经济的法律规制

（一）共享经济的理解

共享经济是基于互联网技术，特别是移动互联网技术而发展起来的信任经济。共享经济最大好处就是闲置资源的合理配置。共享经济当中涉及三方当事人，分别是平台机构、供方和需方。平台机构起到交易纽带中介的作用，它是一个最主要的对公共利益负责的责任主体，同时也需要起到调节平衡保护交易各方当事人的权益作用。共享经济当中一定要有一个能为需方使用的具体的标的物。共享经济中的需方是多主体集合，按照一定规则在竞争使用供方提供的标的物。这种互联网平台机构对接供需双方，而目标对准闲置标的物，众多需方通过平台设置的交易规则竞争获得标的物使用权的原理，告诉我们理解共享经济的核心是"互联网+"，而不是"行业+互联网"。

我们经常把互联网以及"+行业"没有理解清楚。如互联网金融，它不存在互联网"+金融"的说法，因为互联网金融本身就是数字技术产物，虚拟的数字与数字金融本身就是互联网金融的数字本质，而其他领域像共享经济领域就需要"互联网+实体物"，比如共享单车就是一个"互联网+实体物"的产物，原因在于它是一个线上线下结合的一个产物。如果从理论上去分析，共享经济并不是完全的虚拟世界，它也不是完全的实体世界，它是实体世界和虚拟世界结合的一个产物，这就是共享经济。而互联网金融是纯虚拟世界的产业，所以我们说互联网金融的"金融"能不能成为共享，在理论上还有疑义。如依据前面理论出发，我们认为在虚拟世界即线上独立完整可以完成的，和单一的虚拟世界不能完成而需要借助线上线下结合才能够真正实现效用的，这两者间还存在着不同。

（二）共享经济规制的原因

从法律、经济学思想认识看，如果说一个新的经济产业，它完全符合公平效率的市场要求，其实它完全可以按照市场的规则去发展，也就是说市场可以完成自我调节无须其他外力干预。如果一种经济产业无法自身调节、存在负外部性，或者说发展中存在着与公平、正义、效率等价值取向发生偏离，它可能对公共利益或者社会秩序带来破坏的话，我们就需要用监管的力量去进行规制。

对共享经济之所以提倡规制理念，而不是禁止理念，在于共享经济有其特有的益处，那么共享经济到底有哪些益处？这个益处是很明显的。作为供方而言，能够借助共享经济中介平台在特定时间内以合理的价格转让闲置资源的使用权，或者是提供某种服务获取回报。就需方来讲，其所获得的不是所有权，而是获得使用权或被服务，以满足其需求。对于平台来讲，它可以获得数据信息、广告收入等各种利益。这些数据也为平台机构开展下一步的数据资源开发、利用的提供资源，也为一些平台后来的垄断提供了一种基础。

对于共享经济的应有模式或者应该的价值取向，我们不可能事先设定，只有当我们看到共享经济中出现的一些常态化、普遍性的问题以后，特别是涉及公共利益和秩序的影响时候，我们就需要对它进行规制调整。比如共享中出现个人隐私信息泄露、非法吸收公众资金、非法发行证券、垄断、不正当竞争、安全隐患、消费者权益受侵害等问题后，人们思考如何规制，以达扬善抑恶、规范发展的目的。有一些打着所谓的共享经济旗帜的企业，很多时候是以物的形态发行凭证或者说筹集资金。比如共享单车，它甚至不是以一物一押金的模式，而是一物对应着多份押金，一辆共享单车就收取了几百块钱的押金，如 100 个人甚至更多人对着同一辆自行车交押金，相当于向公众公开发行融资。据可靠推算有的共享单车平台有几十亿的押金，这些押金的性质不明，被平台控制占用。这样的问题，实际上就涉及共享单车企业是否在发行证券筹集资金。这些资金收集以后放在哪里、干什么用、如何管理等没有任何信息公示和说明。如此一来，怎能保证资金安全呢？一旦共享经济平台跑路，押金无法收回，造成公众事件。对于这样的情况，就应该有所规制约束。

（三）共享经济的规制之路

共享经济运行中存在的问题，要求法律人寻求科学的解决路径和方案。作为规制本身应该是清晰的，我们要通过一种制度的设计，通过外力的使用监管的开展，纠正共享经济行为的偏离，实现公平、正义和有效率的真正的共享经济。至于具体的解决方案，主要是经济法的几个方法。

第一，市场准入管理，要对共享经济平台的准入进行设定，对其行为和产生的结果进行监管。平台是对公共利益安全秩序负责的责任主体。当然这种准入根据各个共享经济本身对公共利益的相关性，进行不同的备案或者审批制。同时也要对平台的准入标准进行设定，包括技术标准、信息安全标准等。

第二，日常共享经济行为管理。通过现代互联网技术，对共享经济行为进行监测、行为正当性合理性进行认定，对违法违规的共享经济行为进行处理。

第三，平等保护共享经济参与者的合法权益。关于消费者权益保护的问题，共享经济有一个不同的观点，那就是不能光说消费者保护，应该是共同平等保护，共享经济参与者的各方利益都应该加以合法保护。比如对于供应商来讲，就是合理收取费用，对于使用者来讲，要在使用时承担保护所使用物品的义务。

第四，建立共享经济的信用。共享经济同时也应当建立社会评价体系，运用大数据评价共享经济参与各方的信用，也可以借助如芝麻信用等，对不同信用者实行差别待遇，倒逼共享经济参与者注重信用积累，失信违规者失去共享经济的参与权资格，等等。

总之，共享经济利大于弊，运用法律手段合理规制共享经济行为，引导正向的共享经济文化和价值，共享经济使人类生活更加美好！

二、共享经济与数量规制

（一）共享经济与数量规制

近年来，"共享经济"成为热门话题，继我国引入国外共享专车（如国外的 Uber 及国内的滴滴出行）、共享民居（如 Airbnb 及国内的小猪短租）后，ofo、摩拜单车等共享单车行业异军突起，并走出国门，成为我国"新四大发明"之一。此后，共享书屋、共享汽车、共享金融等词汇与产业如雨后春笋，似乎"共享"可以包罗万象，把所有的经济形态包含在内。

然而，"共享经济"一词存在诸多含义。从其起源而言，"Sharing Economy"一词本初含义来源于马丁·威兹曼的《分享经济：克服滞涨》一书，探讨的是在滞涨的经济环境中，通过建立一套劳动者与企业的利润分享机制，从而实现解决高失业、高通胀和生产停滞的问题。20世纪80年代以来，人们对共享经济的讨论日益增加，而共享经济一词的内涵也逐步发展。有人认为，共享经济是指"以现代互联网信息技术为依托，通过分享资源旨在实现资源利用最大化的商业范式"。有学者提出了"分享价值"（Shared Value）的概念，并认为企业的价值便在于创造分享价值。不论共享经济的定义如何发展．其核心都是如何解释"共享"一词。笔者认为，一方面，共享要求实现资源最大效率的利用，而近年这一目标借助网络平台的发展具备了现实可能性：另一方面，共享要求这种资源最大利用后的收益能够为各方所分享。

但是，如何界定共享经济，并非本书讨论重点。本书重点是监管部门如何应对这些自称为共享经济的经济形态，而相关的政策法规和新闻报告体现监管部门往往采用数量规制的监管方式。2016年年底，北京、上海等地颁布网约车管理细则，要求从事网约车运营必须遵守"京人京车""沪人沪车"的规定；2017年8月18日，上海交通委称暂停新增投放共享单车，同时，要求运营商解决违规停放车辆清理等诸多问题。这些手段各不相同，有的通过禁止投放控制供给端，有的通过控制服务提供者的资质减少潜在供给源头，但其本质思路均为数量规制。2020年广州出台《广州市互联网租赁自行车管理办法》对互联网租赁自行车的经营、使用和管理进行了系统的描述和规定。

因此，本书将以数量规制为切入点，探讨我国的监管者运用该手段对共享经济的管制。需要说明的是，由于我国对共享经济的规制仍然处于探索阶段，相应的政策法规并不完善，本文分析的重心，将集中在网约车和共享单车之上。此外，本文所分析的数量规制，并不单指限定具体数额的数量规制——间接的规制方法，但本质上为达到数量规制效果的，也属于本书所讨论的数量规制范畴。

（二）数量规制的缘由

我国学者已对共享经济提出诸多监管理念和具体措施。张力教授认为，对于共享经济，应当采用"模糊性战略"，以地方分级实验为依托，使用"渐进、实验和灵活的规制技术和方法"；唐清利教授则强调采取政府监管与行业自律并行的"混合规制模式"，并要发挥共享公司再分配和替地方政府执行公共职能的作用；蒋大兴教授、王首杰博士从共享经济多个法律关系出发，区分平台作为不同商业功能的法律地位，并分别从平台和卖家的劳动／劳务规制、平台与买家的信息／信用规制、平台与政府的税收规制、平台与传统企业的竞争规制、平台与参与者的外部性规制多个角度描绘了共享经济的具体规制方法。

数量规制则为我国监管者所青睐。例如，出租车行业，数量规制是各地政府均采用的规制策略。例如，《上海市出租汽车管理条例》第5条第2款规定："出租汽车的数量、停车场（库）、营业站和调度网络等的发展规划和计划，由市交通局根据城市建设和社会、经济发展的实际情况编制，报市人民政府批准后实施。"《北京市出租汽车管理条例》虽然没有明确规定出租车的数量规制，但《北京市"十四五"时期交通发展建设规划》说明"实施总量动态调控机制，并与城市社会经济发展水平相协调"。总量控制似乎没有被人们怀疑是否为出租车行业合理的规制方式抑或规制目标。

而在新的经济形态中，数量规制也常为监管机构使用。不论规制理由为何，均需面临两步问题：其一，对于一种商业行为，政府缘何进行经济上的管控？邓峰教授总结了各国对共享单车的规制措施，认为规制理由本质是因为共享经济触碰到公共领域而超脱了私人事务的范畴，而这种公共性，可以理解为公共资源短缺、负外部性抑或产业引导需求。其二，为何采取数量规制的方法？在认为数量规制包含间接性数量规制的前提下，其缘由或包括下述几种。

1. 资源有限性

共享单车发展饱受诟病原因之一在于造成城市拥堵。但事实上，2017年6月高德地图发布的数据表明，共享单车和网约车广泛发展后，2017年第二季度全国城市拥堵出现下行拐点，一百座城市中77%的城市拥堵同比得到缓解，其中拥堵降幅超过8%的城市达15个。也即在共享单车出现后，城市拥堵得到了缓解（虽因果关系须进一步证明）。但分析共享单车资源限制问题时，将所有城市土地纳入分析范围是不妥的——问题集中于微观层面，即拥堵时段拥堵地段共享单车造成的拥堵和占道问题。例如，上班高峰期地铁站集聚出现的共享单车；又如，校园内的共享单车，事实上已经造成了道路的拥堵，并挤占了人行道等不应当用于自行车停放的位置。

资源的限制或可成为对数量进行规制的理由，但仍需解决：市场经济以资源稀缺作为特征，为何这在共享单车问题上便可成为政府直接规制的理由？第一种解释是国家的土地所有权——既然法律规定城市土地属于国家，国家自然有权对土地使用者进行规制。第二种解释是资源稀缺可能造成对公共利益的重大影响，如美国西部夏季对水资源的规制。而在共享单车的规制中，部分拥堵土地资源的稀缺，似乎难以构成对公共利益的重大影响；用国家土地所有权理论解释似乎更为有效。

2. 防止过度竞争

一般经济学分析认为竞争有利于提高效率,但是过度竞争有可能会造成损害:从竞争的过程来看,由于规模效应的存在,后来者难以与形成规模的先行者竞争,这使得企业间的竞争从商品与价格的竞争转换为围绕尽早获得市场的竞争,使企业加大早期开发力度——这种技术抢滩行为不利于社会总体效率;此外,防御竞争者的投入也是无效率的。

网约车和共享单车都存在过度竞争的问题。两种商业模式都经历多家公司参与激烈竞争(如补贴大战),最终淘汰成为寡头的过程。这是由平台的网络外部性决定的——一旦抢占市场份额,供给与消费两端均会对平台产生依赖,对于企业而言,前期最重要的工作就是抢占份额。但是,不论是滴滴快车的补贴大战,还是摩拜与 ofo 的疯狂投放,从社会总体收益而言均为资源浪费。此外,这种过度竞争造成了竞争手段的扭曲——网约车本来更应当注重安全性和便利性,竞争中却基本依靠补贴进行;单车竞争既要看数量也要看质量,过度竞争使运营商更多关注覆盖面和数量。同一地段常摆满各式各样的共享单车,而许多地段却都没有任何共享单车。进行数量规制,或许可以减缓恶性竞争问题,并将企业关注重心转移到提高服务质量上。

3. 维持传统的规制结构

网约车行业直接冲击的是出租车(也即网约车新政出台后的"巡游出程车")行业的传统管制方式。上海、北京等地都曾以法规乃至政策直接控制城市出租车数量,出租车牌照成为一种总量控制下的特许。

共享民居冲击传统旅馆管制系统。根据《旅馆业治安管理办法》,开设旅馆需要经过主管部门批准,而各地也因此颁发了特种行业许可证,而这种许可与卫生、消防等问题无关,后者有专门的许可需求。特种行业许可证虽无数量限定,但严格的审批制度可能带来数量控制的间接效果。而在某些情形下,监管部门可能采取直接的总量规制——例如《厦门市鼓浪屿家庭旅馆管理办法》第 5 条第 1 款规定:"开办家庭旅馆首先必须符合鼓浪屿相关规划和景区有关规定,按照家庭旅馆专项规划实行总量控制,退一补一,并取得鼓浪屿管委会的规划审查合格证明。"

共享单车的出现则冲击了原城市公共自行车管理系统。城市公共自行车是指城市有桩式公共租赁自行车,2013 年至 2015 年间全国出现了城市公共自行车的规则制定高峰。总结这些规定,无非包括以下内容:第一,自行车道路规划的管制,主要由交通行政管理部门负责,思路上是行政规划,例如《广州市人民政府办公厅关于印发广州市公共自行车系统管理办法的通知》(穗府办〔2015〕50 号)对自行车道设施的规定。第二,公共自行车网点的管理,实体上的要求包括设置的地点、公共性的考虑、具体设施的建设等；程序上要求经过听证调研等；网点的规划建设由行政机关决定，资金也由财政提供。第三，对公共自行车运营的规定，相比于网点设置的行政主体性，一般规定自行车运营由企业（或是模糊的"单位"）进行，并履行相应的管理、维护等义务。三种规制方式总结起来就是由行政规划建设网点，由企业运营自行车。

虽无直接数量规制，但公共自行车网点的限制实际上起到限制自行车总量的作用，显而易见，自行车数量客观上无法超过车桩的数量。而共享单车的进入，导致这种规制失效——共享单车企业可以自行决定自行车投放量，而这又导致了拥堵和占道问题。监管机关对共享单车泛滥的担忧，很大程度可能上来源于其对传统公共自行车管制方式的冲击。

4. 减少共享经济的负外部性

共享单车带来的负外部性直接体现为在某些时段某些地段的拥堵和占道问题；共享单车也可能带来威胁交通安全等问题。网约车将大量乘坐公共交通工具的消费者引导至网约车，可能加剧城市道路的拥堵，而缺乏严格规制的网约车可能在安全和信用等方面发生风险。共享民居则可能带来噪声等问题，对周围居民的生活产生不利影响。负外部性是经济规制存在的重要理由，但负外部性并不代表需要采用数量规制。然而，数量规制在某种程度上或可解决负外部性问题。极端而言，控制数量必然带来价格的提高，最终将消费者驱赶回原有的消费模式。

5. 维护既得利益

共享经济的出现压缩了原有行业既得利益者的获利空间。最典型的案例是网约车——出租车司机对网约车的抵制乃至暴力对抗的新闻在 2015 年前后充斥着我们的眼球。共享民居抢夺了酒店行业经营者的市场，同时也扩大了房屋供给，损害出租方的利益。数量规制的方式无疑会受到既得利益者的欢迎——减少网约车的供给，自然更多人会重新乘坐出租车。若既得利益者能对决策产生影响，这可能成为监管者进行数量规制的理由。

6. 社会规制目标

透彻解释共享经济数量规制的缘由，必须超越经济规制的视角，与监管机构所欲达成的总体社会规制目标相配合。究其本质，"京人京车"政策实质配合了北京市控制人口数量的政策导向。2016 年 3 月颁布的《北京市国民经济和社会发展第十三个五年规划纲要》要求到 2020 年，"全市常住人口总量控制在 2300 万人以内，城六区常住人口比 2014 年下降 15% 左右"，而依据艾媒咨询发布《2016 中国网约车新政对市场影响度监测报告》，北京市网约车司机中具有本地户籍的仅占总数 3.6%。若"京人"政策得以实行，相当于剩余 96.4% 的网约车司机将暂时失业，并可能因此搬离北京。相比较而言，云南、重庆等地的网约车管理办法对网约车司机户口没有要求，而这些地方也没有过大人口压力。此处，数量规制服务于政府的社会规制目标。2020年滴滴平台对司机准入资格进行规定，依据国家网约车法规，对司机的驾龄、犯罪记录、酒驾记录以及安全驾驶时间等资格进行审查。

（三）共享经济数量规制的手段

基于上述理由，监管部门积极运用数量规制的手段对共享经济进行管制。现有手段包括：

1. 直接数量控制

直接控制共享经济产业的数量，典型体现于沿袭出租车规制思路的网约车。兰州市对网约车的规制最开始试图采用直接数量规制的模式——2016年8月9日，兰州市城市交通运输管理处张建彪处长新闻媒体通气会上表示，该处已经制定了网约车相关实施细则，对网约车进行了数量规制，正待市政府批准；而相关新闻报道显示，兰州市相关负责人表示兰州市运营车辆饱和度为1.5万辆，媒体计算得出其中留给网约车的仅有3000辆。而根据2017年2月7日公布的《兰州市网络预约出租汽车经营服务管理实施细则（试行）》，仅模糊规定"网约车数量根据市场发展和群众需求，综合考虑道路资源承载能力、环境保护等因素，建立动态监测和调整机制，逐步实行市场调节"。据媒体报道，兰州市运输委、运输管理处负责人在说明会中指出，"兰州市网约车实行动态监测和调整机制，具体到网约车的规模，要充分征求各方意见，由第三方的专业机构进行科学的市场调查，测算出我市出租汽车的总量需求，并结合城市规划的情况，制定近期、中期、远期的发展规划，报市人民政府批准后实施。总量上也没有规定要上多少辆车，根据兰州市经济发展水平、动力、出租车市场保有量等条件确定数量"。虽没有文件表明兰州市政府规定何种具体数量，但可见在短期规划中，兰州市以直接数量控制作为规制手段。

2. 增量控制

增量控制的手段最典型的案例是北京等地对共享单车的"暂停投放"令。据新闻媒体报道，2017年9月7日，京市交通委召集各区管理部门和15家共享自行车企业负责人，并研究决定暂停共享单车投放；与此同时，上海、深圳、广州等12座城市先后宣布暂停投放共享单车。公示信息显示，2020年，北京市各互联网租赁自行车运营企业报备车辆共84.4万辆。

3. 目标与手段不匹配的市场准入规制

市场准入有着多种目的，如安全要求、资本要求、卫生资质要求、管理人员要求、人员技能要求等，不能认为市场准入控制就是数量控制。但是，特定的准入规制必定包含特定的规制目标——例如，北京市对网约车司机的资格限制，从第二项到第七项都不难理解，即为了保证驾驶员的技术和谨慎。而某些目标与手段不匹配的市场准入规制方式，本质上发挥着数量规制的作用。例如，北京市对"京人"的规定。既然北京市从事网约车运营的驾驶员绝大多数并非京籍，而政府又要求对每位从业人员进行考核和身份备案，难以想象要求北京户籍对网约车规制目标的意义。更合理的解释是"京人"本质上发挥着数量控制的作用。而京籍车辆、轴距等要求也类似。

4．比例控制

比例控制即不直接限制共享经济的数量，但限制共享经济产业在整体产业中的比例。例如，2017 年 8 月 15 日，北京市交通委员会运输管理局出租汽车管理处副处长李松透露，北京将严格把控小客车中出租车的规模。随着管理措施的加强，2020 年包括网约车和巡游车在内的出租车占交通出行约在 3%—4%。由于巡游出租车的数量向来受到政府严格管制，比例调控事实上是网约车数量控制。

5．其他控制方式

还有两种达到数量控制效果的规制方法。第一种方式是对价格规制以间接影响投放量——但我国对共享经济的规制尚未出台价格管控，网约车价格规制基本也未实行。第二种方式是控制平台的数量——不论是直接控制，还是通过目标与手段不匹配的准入规制。网约车目前的管理规则中确有对平台资质提出要求，但没有直接限制平台数量，而依照目的和手段相符合的原则进行审查，也不存在疑似数量控制的规则。因此，目前国内对共享经济的数量规制主要是上述五种途径。

（四）数量规制的缺陷

对于某些目标而言，数量规制会产生立竿见影的效果：例如，对于既得利益者的保护，控制网约车驾驶员资格，自然减少了网约车的供给，从而降低了出租车行业的竞争压力。但是数量规制可能导致下述的问题：

1．损害消费者福利

网约车数量的限制，直接引发就是损害消费者福利的后果，不论体现于数量、质量抑或价格。在北京上海等地颁布网约车管理细则征求意见稿后，滴滴公司曾回应称，严格执行这些规制措施将导致专车价格高涨甚至达到出租车的两倍以上。而在生活中，消费者也常发现网约车新政台后打车难、打车贵现象重新出现（但也有人分析认为价格上涨并非受数量限制影响，而是企业逐渐取消补贴大战的结果，而价格上涨才是真正遵循市场定价的结果）。但数量控制导致价格上涨和供给不足是简单的经济学分析结论——若控制数量高于市场均衡数量，则相当于无数量规制；若低于市场均衡数量，必然结果是供给不足和价格上升，最终导致消费者剩余的减少。此外，一旦网约车采用了类似传统出租车的数量管制模式，出租车行业存在的服务质量低下等问题也都会重现。

2. 对既有竞争结构的过度保护

对既有竞争结构的过度保护分为两个层次。

第一，对传统行业竞争结构的过度保护，如对共享民居、网约车的数量规制会对传统的酒店和出租车行业发生保护作用，降低其竞争压力。

第二，数量规制还会对既已形成的新经济模式竞争结构产生保护作用。如共享单车暂停投放政策，使既有的投放量和投放共享单车的平台维持既有规模，小平台和新进入者却无法扩大自身规模。控制数量和比例的政策必然引发各平台间的"分赃"问题，而"分赃"标准要么是参考既定的竞争结构，要么通过某种招投标手续，但不论采用何种渠道，现有的大企业都有强烈的竞争优势。

这种过度保护，事实上是以行政机关的公权力为私营企业背书，并用行政手段维持既有市场参与者的利益。若竞争结构已形成寡头抑或垄断的竞争态势，这种以公权行为维护垄断的做法更是荒谬。

3. 寻租

数量限制意味着牌照资源的稀缺性，行政控制的稀缺易诱发寻租。在配额的分配环节，大企业和与监管机构存在裙带关系的企业更容易获得配额。在运营环节，这些企业又有可能通过各种规避禁令的方式转让牌照，构成"倒卖指标"。

4. 规制目标合理性与手段目标匹配性

该问题存在两个层次：上述的规制目标是否合理；数量规制能否完成上述目标，抑或是否有成本更低、负外部性更弱的规制手段。资源有限性总体上或许是合理的规制理由，但以国家所有权作为严格数量控制的基础在逻辑上还值得探讨。防止过度竞争并不一定需要通过数量控制的方式解决，规制者可以对具体的企业行为进行规制，如对补贴的限制、对恶意竞争行为的限制等。维持传统的规制思路乍看是政府的惰性行为，实际上依然具有合理性，传统规制手段和带来的秩序是公共产品，一旦改变重建的成本巨大——但是，对待新经济，似乎可以采取更为宽容的措施，容许进行一定的探索，而不是以行政命令禁止。解决共享经济的负外部性问题，更合理的措施是根据具体的问题采取具体手段，如共享单车乱停乱放的问题，更适当的方式是对其停放位置（及其违法行为的追责）的规制。维持既得利益似乎不是一个妥当的规制目标，尽管实践中很难避免。其他社会规制目标则多种多样，不合理的政策目标，在政治基础上往往被认定为存在不合理性；

而若有其他的社会规制目标，也应当做具体的判断——但是经济规制机关是否需要考虑社会规制目标，仍有待讨论。

综合上述分析，笔者认为，共享经济的数量规制现实存在，也具有合理性，但也存在诸多弊端。本书并非否认数量规制在任何领域实施的必要性——但具体到共享经济，贸然使用传统的数量规制，仍需更多支撑理由。在决定如何规制共享经济的问题上，笔者认为应当遵循以下的推进逻辑：

第一，在共享经济规制的法律基础上形成自洽逻辑。对共享经济的规制，究竟是基于对新经济模式的恐惧、对既得利益者的保护抑或就新问题提出的解决方案？国家介入商业活动需要一定缘由，共享经济的公共性是否足以呼唤政府对私人自治的介入？若缺乏自洽逻辑，易导致规制手段上反复和自相矛盾。不同逻辑基础导向不同规制方式，数量规制手段严苛，需要更为坚实的逻辑基础，如资源短缺达到严重影响公共利益的程度——而共享经济管制的逻辑基础不足。

第二，确立合理的规制目标。目前，监管机构将网约车的规制目标确立为"更好地满足社会公众多样化出行需求，促进出租汽车行业和互联网融合发展，规范网络预约出租汽车经营服务行为，保障运营安全和乘客合法权益"，将共享单车的规制目标确立为"深化供给侧结构性改革，有效推进'互联网+'行动计划，鼓励和规范互联网租赁自行车发展，提升互联网租赁自行车服务水平，优化交通出行结构，构建绿色、低碳的出行体系，更好地满足人民群众出行需要"。从规定看，这些目标一方面基于发展新经济、绿色经济的产业政策，另外基于保障群体利益或公共利益的需求，并试图将共享经济纳入良好社会治理的整体目标中。这些目标本身并不存在"控制规模""控制数量"的表述，也不导向"控制规模""控制数量"目的。

第三，采取与规制目标相匹配的规制措施。若将规制目标确定为消费者权益保护，那么必然采取倾向于消费者的具体措施；若规制目标是一种促进绿色出行的社会规制目的，就应当对共享经济采取一定的宽容政策。目前的数量控制，却与规制目标不相符合——例如，"京人京车"政策，或有助于规范经营服务行为、有助于保障乘客利益，但其关联如此虚弱，使人怀疑其本质目的在于控制服务提供者数量。这实际上是监管部门在法定规制目标之下，另隐藏有规制目标。

最令人担忧的结果是数量规制发生异化，从维护公共利益转变为对既有竞争结构的保护。此时，数量规制便成为国家保护下又不受价格规制的垄断——这种双重监管的缺失是极其危险的。

第六章　法律视域下沿海地区经济发展

第一节　沿海地区经济带建设的法律问题以及法治经验

21世纪初叶以来，国家先后在我国沿海地区实施沿海经济带发展规划或者海上经济产业带发展规划，如广西北部湾经济区发展规划、天津滨海新区发展规划以及辽宁沿海经济带发展规划等。国家已经意识到，进一步加快我国沿海经济带发展，关系到国家发展全局，具有重要的战略意义。实施沿海经济带建设战略有利于完善我国沿海经济布局、培育和形成新的经济增长极，将提升我国沿海地区发展水平，有效应对当前国际金融危机影响，促进我国相关区域融合，同对有利于实施国家区域发展总体战略。我国沿海经济带建设系一个庞大的系统工程，涉及的领域非常之广，培育和发展沿海经济产业集群千头万绪。而其中强化沿海经济带建设中的软环境建设是实施沿海经济带建设战略的关键的一环，关涉实施沿海经济带建设战略的成败。

辽宁沿海经济带就是在辽宁沿海地区划分的经济发展区域。是辽宁以辽宁沿海经济带、沈阳经济区、突破辽西北、沈抚新区、县域经济为主要内容的"五大区域发展战略"。2009年7月1日，国务院常务会议讨论并原则通过了《辽宁沿海经济带发展规划》（以下简称《规划》），标志着辽宁沿海经济带建设上升为国家战略。作为辽宁振兴乃至东北振兴的新引擎，辽宁沿海经济带建设必将进一步增强辽宁和东北地区总体经济实力，促进东北老工业基地振兴，推动形成全国区域协调发展的良好格局。辽宁沿海经济带的发展，必将提升辽宁乃至整个东北地区对外开放水平，进一步增强综合实力和国际竞争力，为加强与东北亚各国的经济技术合作、深化中日韩战略合作伙伴关系和加快东北亚区域经济一体化进程创造条件。辽宁沿海经济带了解该规划制订过程的人士透露，此次国务院审批通过的规划以辽宁此前提出的"五点一线经济带"发展规划为核心，将原有规划的范围进一步扩大。规划将从空间布局、产业发展、城乡发展、社会事业、基础设施、开放合作、资源环境、保障措施等方面确立辽宁沿海经济带2020年前的发展方向。

2021年，国家发展改革委地区司委托中国国际工程咨询有限公司组织召开《辽宁沿海经济带高质量发展规划》（以下简称《规划》）专家评估论证会，对以辽宁沿海经济带高质量发展推动东北振兴取得新突破，并着重对发展思路、发展目标、具体任务以相关措施进行了分析和研究。

辽宁沿海经济带位于我国东北地区，毗邻渤海和黄海，包括大连、丹东、锦州、营口、盘锦、葫芦岛 6 个沿海城市所辖行政区域，海岸线长约 2920 公里，海域面积约 6.8 万平方公里。辽宁沿海经济带是东北老工业基地振兴和我国面向东北亚开放合作的重要区域，在促进全国区域协调发展和推动形成互利共赢的开放格局中具有重要战略意义。国务院《规划》的出台，为进一步完善我国沿海经济布局，促进辽宁沿海经济带又好又快发展，充分发挥其对东北等周边地区的辐射带动作用，具有纲领性的作用。辽宁沿海经济带是我国北方沿海发展基础较好的区域，具有诸多的比较优势。该区域资源禀赋优良，拥有约 2000 平方公里的低产或废弃盐田、盐碱地、荒滩和 1000 多平方公里可利用的滩涂。该地区宜港岸线约 1000 公里，80% 以上尚未开发。不仅如此，辽宁沿海经济带工业实力较强，造船、机床、内燃机车、成套设备等装备制造业具有较强的国际竞争力，是我国重要的装备制造业基地。在经济全球化和区域经济一体化深入发展的大背景下，辽宁沿海经济带发展面临着前所未有的机遇。国家继续深入实施东北地区等老工业基地振兴战略，使东北地区步入全面振兴的新阶段，为辽宁沿海经济带加快发展注入新的活力和动力。与此同时，辽宁沿海经济带进一步发展仍然面临着较为严峻的挑战：①整体发展缺乏统筹协调，尚未形成一体化发展格局；②产业集聚度不高，结构有待进一步优化；③淡水资源严重不足，生态环境压力较大；④体制机制尚不完善，对外开放总体水平不高。

一、沿海经济带建设的主要法律问题

辽宁沿海经济带建设作为重要的国家规划，学者纷纷从不同的角度针对沿海经济带建设的各个领域进行研究，并提出众多有益的对策。本书通过初步调研，认为目前对沿海经济带建设的研究，多是从经济学或者管理学的角度展开，如高焱森的《辽宁省沿海经济带产业集群研究》、苗森的《辽宁沿海经济带发展中的地位本位问题研究》等。而从法律的角度研究沿海经济带建设中的核心和热点问题；是国务院《规划》中"指导思想""发展原则"及"战略定位"的要求，也是实现依法有序地实施沿海经济带建设战略的关键所在。

本书的切入点则放在辽宁以及我国其他省（自治区、直辖市）在实施沿海经济带建设中亟待解决的法律问题，撷取实施沿海经济带建设战略中若干领域法律问题为研究对象，根据科技创新配套政策实施的效果分析原理，从法治层面来研究实施沿海经济带建设战略的关键领域问题。根据实施沿海经济带建设战略的总体要求，主要法律层面的问题集中在以下几个方面：其一，辽宁沿海经济带开发建设中沿海滩涂利用、滩涂海域使用补偿和失地农民安置的法律问题。其二，辽宁沿海经济带建设中环境保护法律问题。目前辽宁沿海经济带建设中环境保护存在的主要问题是，近岸海域受到不同程度的污染，个别地区污染严重。近年来海洋资源的开发，使海湾、海岸、海岛、河口等沿海原始生态系统和生态功能受到一定程度的损害。某些地方水资源过度开采，海水入侵，造成水资源缺乏。上述问题已成为制约辽宁沿海经济带发展最大的软肋。辽宁沿海钢铁、石化等企业较多，工业污染负荷比重大，一些企业生产对沿海自然保护区构成严重的威胁。解决上述问题的地方性法规体系不够健全，环境执法缺乏力度，地方保护主义影响了环境保护的成效，环境保护的监管机制还没有落实。其三，装备制造业出口和融资风险的法律调控。国际金融危机背景下，各国的贸易保护主义逐渐抬头，作为我国装备制造业基地的辽宁，在装备制造业的出口和融资领域会遭遇到各种风险，针对可能遇到的相关法律问题，在我国法律法规和世界贸易组织（WTO）框架下提出相应的对策。其四，两岸海运直航背景下大连建设国际航运中心的相关法律问题，也是实施沿海经济带建设战略所应该关注的问题之一。其五，如何合理开发和利用海洋是发展规划沿海经济的重要一环。本书对于海域使用权在市场经济条件下的产生和流转机制进行了必要的探讨，着重研究了海洋环境污染损害救济机制创新的可能性。

二、沿海经济带建设的相关法治经验

我国实施沿海经济带战略的区域不局限于辽宁沿海经济带，在国务院常务会议讨论并原则通过《规划》后，我国先后通过了《广西北部湾经济区发展规划》《天津滨海新区发展规划》以及《江苏沿海地区经济发展规划》等，加之早期的根据《上海市城市总体规划》而制订的《上海浦东新区发展规划》等，我国目前基本形成具有一定规模的沿海经济区域。考察我国各个沿海经济区发展规划以及实施沿海经济带建设战略过程中面临的各种问题，既具有沿海经济区域的个性，又具有一定程度的共性。这是由每个沿海经济区域的产业格局和特点相异所决定的。我国某些沿海经济区在发展规划中积累了很多成功的经验。本书根据掌握的相关资料，分别考察了我国天津滨海新区和广西北部湾沿海经济区的相关实践，在实施沿海经济带建设过程中积累的相关经验主要有以下两点。

（一）地方立法完善的主要经验

天津滨海新区位于天津东部沿海，环渤海经济圈的中心地带，包括天津经济技术开发区、天津保税区、天津港、东疆保税港区、中新天津生态城 5 个功能区和塘沽区、汉沽区、大港区 3 个行政区，以及东丽区、津南区的部分区域。

规划面积 2 270 平方公里，海岸线 153 公里，是我国参与经济全球化和区域经济一体化的重要窗口。天津滨海新区开发建设最成功的经验就是法制先行，坚持依法建区和依法治区。天津市人大常委会于 1993 年制定了《天津港保税区管理条例》；于 1995 年制定了《天津新技术产业园区管理条例》；根据国家政策和开发建设的发展情况，于 1993 年和 2001 年对《天津经济技术开发区管理条例》进行两次修正，2003 年又将其修订为《天津经济技术开发区条例》；2001 年修订了《天津港保税区管理条例》，2003 年将其修订为《天津港保税区条例》；2002年制定了《天津滨海新区条例》。2005 年，天津滨海新区被写入"十一五"规划并纳入国家发展战略，成为国家重点支持开发开放的国家级新区。2014 年，滨海新区获批自贸区，成为北方第一个自贸区。天津滨海新区的开发建设始终在法制的轨道上顺利展开，区内各行政区和功能区是平级的机构，而滨海新区管理委员会只具有指导和协调的功能，不是领导机构。为解决滨海新区内各行政区和功能区各自为政的问题，天津市委、市政府成立了以市委书记为组长、市长为副组长的滨海新区开发开放领导小组，负责协调滨海新区发展中遇到的各种问题。由一名市委常委兼任滨海新区开发开放领导小组办公室主任和滨海新区管理委员会主任，加强协调工作。建立这样一个有利于强化统一领导、理顺利益关系、充分调动各方面积极性的领导机构，极大地推动了滨海新区的发展。2020 年 6 月，天津滨海新区经中央依法治国委入选为第一批全国法治政府建设示范地区和项目名单。

（二）实施强有力组织领导的基本经验

广西北部湾经济区是指南宁、北海、钦州、防城港市所辖区域范围，同时包括玉林市、崇左市的交通和物流。广西北部湾经济区处于中国—东盟自由贸易区、泛珠三角经济圈和大西南经济圈的中心结合部，东连珠三角、南临北部湾、背靠大西南、面向东南亚，是我国西部唯一的既沿海又沿边的地区，既是西南地区最便捷的出海大通道和我国通向东盟的陆路、水路要道，又是促进中国—东盟全面合作的重要桥梁和基地，区位优势明显，战略地位突出。

广西北部湾经济区上升为国家战略的有效经验，是实施强有力的组织领导，设置高规格领导机构来推动工作的开展。为了加强行政领导力度，广西北部湾经济区的相关领导在四个方面采取了有力的举措：①成立广西北部湾经济区规划建设领导小组，领导小组组长由自治区党委书记担任。在领导小组的领导下，由自治区政府副主席兼任管理委员会主任和办公室主任。②把高起点、高标准、高质量编制规划作为加快北部湾经济区开发开放及纳入国家发展战略的首要任务来抓。近年来，经济区邀请国内外著名专家编制了包括《广西北部湾经济区发展规划》在内的 10 多项规划，以科学规划、统筹北部湾经济区的发展。③为推进北部湾经济区开发建设，加大行政审批改革力度，建立了行之有效的行政审批制度。在不违背法律原则的前提下，省（自治区）级的审批权限都下放到北部湾经济区的六个市，自治区有多大的审批权，六个市就有多大的审批权。与此同时，实行联合审批，由国家发展和改革委员会（以下简称发改委）牵头，政府相关部门参加，每个月利用几天时间集中办公。④在全国首创行政效能电子监察系统。自治区、市、县三级联网，实现行政效能电子监察全覆盖。对行政许可和非行政许可审批事项实行全程实时监督，与投资软环境关系密切的审批事项和与人民群众生产生活等切身利益相关的审批事项，均进入电子监察系统，接受自治区、市、县三级监察部门的直接监督。行政许可和非行政许可审批事项的咨询、申请、受理、办结、领证全过程，都在电子监察网上直接接受监督，并严格规定办结时限。

上述我国天津滨海经济新区和广西北部湾经济区建设虽然各有特色，但是，将两者综合考虑，其所蕴涵的共性问题也是实施沿海经济带建设战略必须面临的热点问题，具有一定的代表性。由于实施沿海经济带建设战略的复杂性，从法律视角去考察沿海经济带建设中若干领域的热点问题，具有非常重要的实践价值。我国已有部分省（自治区、直辖市）实施沿海经济带建设战略，由于各地的经济布局不同，其具体举措不是千篇一律的。通过考察发现，我国数个沿海省（自治区、直辖市）实施沿海经济带建设战略面临的课题，通常在沿海土地如沿海滩涂等土地资源利用、海洋开发和保护、对外贸易风险的规避以及邮轮经济等领域。但是，上述领域问题的解决，单单倚靠行政的力量往往不具有长效性，容易受到人为因素的制约，欲构建沿海经济带建设健康的长效机制，则必须从法律的视角展开研究，探索沿海经济带建设的法治规则。只有形成沿海经济带建设的法律规则，才能构建沿海经济带建设的健康软环境。

第二节　沿海滩涂可持续利用与发展的法律问题探讨

一、沿海滩涂利用的现状及其法律规范

（一）地方沿海滩涂利用的现状

根据辽宁有关部门的统计，辽宁沿海经济带是国内为数不多的没有整体开发的地域，未利用土地面积超过1万平方公里，其中废弃的盐田、盐碱地、荒滩约2000平方公里，可利用的滩涂约1 000平方公里。大陆海岸线2 920公里，其中宜港海岸线约1 000公里，深水岸线400公里，优良商港港址38处，大小港湾40

余个，80%以上尚未开发。一般而言，海岸带主要包括近岸海域、滨海陆地、滨海型湿地和海岛。对于滨海陆地的开发利用有《中华人民共和国土地管理法》（以下简称《土地管理法》）可资调整；对于海域的利用，有《中华人民共和国海域使用管理法》（以下简称《海域使用管理法》）进行规范，《辽宁省湿地保护条例》基本上为辽宁的滨海湿地的依法开发和利用提供了基本的法律依据。辽宁海岸线资源丰富，有近1000平方公里的沿海滩涂蕴藏着巨大的开发利用价值。然而在开发沿海滩涂方面存在着以下亟待解决的问题：①开发层次比较低，经营管理没有规范化；②开发利用沿海滩涂缺乏长远的规划，缺乏法律的依据和统一高效的行政管理；③开发沿海滩涂与环境保护兼顾不够。从法律的角度研究沿海滩涂可持续利用问题，是国务院《规划》中"集中、集约"利用资源的要求，也是辽宁在沿海经济带建设中利用沿海滩涂必须面对的重要课题之一。

（二）地方沿海滩涂利用的法律规范

我们对辽宁在沿海滩涂可持续利用中亟待解决的法律问题进行研究，目标是促进辽宁在沿海滩涂利用中形成可持续性和规范性的局面。

与南方省份的沿海滩涂开发相比较，辽宁沿海滩涂的开发成本比较低，但由此带来的不利局面是利用沿海滩涂没有遵循集中、集约、发展民生以及环境保护等可持续发展理念。我国的《土地管理法》和《海域使用管理法》在沿海滩涂利用上缺乏细化的可操作性，因此，沿海滩涂利用在产权、程序、征用补偿、环境保护等领域存在法律上的空白，或者缺乏可操作性。更为令人尴尬的是，现行的法律规范在内容上有重叠之处，甚至还有冲突，土地管理类法律和海域使用管理类法律在规制沿海滩涂的利用方面存在冲突。辽宁沿海滩涂的利用无统一规划，只注重开发利用，而不注重沿海滩涂的可持续利用，特别是沿海滩涂的环境保护问题。另外，行政管理缺乏有效的组织协调机制，沿海滩涂开发利用中存在众多的矛盾。由于沿海滩涂与陆地、海域以及湿地相比较，具有复杂性、脆弱性以及不稳定性等特点，所以对沿海滩涂的法律规制一定要遵循"公法和私法共治"的原则，使沿海滩涂利用中所涉及的产权明晰化，利用中的补偿、民生以及环境保护等一系列问题得到依法解决。

以大连市沿海滩涂的分布为例，有关部门的统计资料表明，大连市滩涂面积广阔，现有滩涂资源6.6万平方公里，占该市土地总面积的5.2%，黄海与渤海沿岸均有分布，其中黄海约占65%，一般滩面宽3—4公里，沿海滩涂潮汐换水条件好，有利于发展虾和贝类的养殖；渤海约占35%，属淤泥质，渗透力好，有利于建设盐田。此外，还有宜盐滩涂面积为2.2万平方公里，多数分布于瓦房店市、普兰店区、金州区以及旅顺口区沿海。滩涂经济开发离不开对滩涂资源优势的发挥和运用，而对其优势的认识则必须结合市场条件重新评估并在滩涂开发中充分体现，这样在实践中才能从资源的特点和优势出发，扬长避短，将资源优势转变为经济优势与竞争优势。大连市人多地少的矛盾比较突出，一定程度上制约了沿海经济带的建设。充分合理地开发利用沿海滩涂资源，是缓解沿海用地紧张的一个重要方面，保护和开发这片处女地，发展滩涂经济，并在此基础上拓展其他海洋经济产业，是一项意义深远的历史性事业。

就目前的调整和规制沿海滩涂的法律法规体系而言，具有多层次的法律法规，诸如《中华人民共和国宪法》(以下简称《宪法》)、《土地管理法》《海域使用管理法》以及《中华人民共和国民法典》等，上述主要法律都调整了沿海滩涂的某些领域。但是由于上述各个法律法规出台于不同的历史时期，受到立法技术和价值诉求的约束，上述法律之间对于沿海滩涂的规制是互相冲突和矛盾的。同时，有的法律对沿海滩涂的法律调整只是宣示性的。我国没有统一的海岸带利用规划，涉及海岸带利用的各类规划无法有效执行，使政府主管部门无法实施有效的行政管理，局部海岸带和近海水域开发利用秩序较为混乱，生产力布局和区域生产结构不合理，海域的污染和赤潮等使海岸带生态系统遭到破坏，并由此引起海洋资源的破坏、海平面上升与海岸侵蚀、沿岸低平原土地盐碱化等一系列灾害。我国对于沿海滩涂在法律上规范的缺失，势必影响到在实施沿海经济带建设战略中对于沿海滩涂的依法有序地利用和开发。

二、自治与管制平衡下的沿海滩涂的保护与利用

沿海滩涂独特的地质学上的特征，导致现行土地类法律和海洋类法律下对沿海滩涂的保护与利用具有冲突性和不协调性。在海洋权利群出现公法与私法互相交融的情形下，对于沿海滩涂的法律规制应该在自治与管制平衡的机制下寻求一种合理的制度模式。这决定了沿海滩涂的保护与利用，应该是融入环境理念、生态维护和经济效益等因素的一种受限制的法律调整模式。由此所形成的沿海滩涂的保护与利用制度，应该囊括沿海滩涂的法律属性、沿海滩涂使用权流转机制、沿海滩涂征收问题，以及沿海滩涂利用中的环境保护机制等。

(一) 沿海滩涂保护与利用的现实基础与理论前提

1. 沿海滩涂保护与利用的现实基础简析

从优化我国区域经济结构的角度出发，国家先后对沿海地区推出沿海经济带建设规划或者海上经济产业带规划，如广西北部湾经济区规划、天津滨海新区规划及辽宁沿海经济带建设等。进一步加快我国沿海经济带的发展，关系到国家发展全局，具有重要的战略意义。国务院常务会议讨论并原则通过的《规划》对辽宁沿海经济带建设提出了全方位的要求。作为实施辽宁沿海经济带建设战略的纲

领性文件,《规划》的提出也植根于辽宁的实际。就辽宁沿海滩涂的利用和保护而言,辽宁省政府法制办公室提供的相关资料显示,辽宁沿海滩涂的利用和保护的法律问题主要有以下两点:①辽宁沿海经济带开发建设中土地征用补偿、滩涂海域使用补偿和失地农民安置的法律问题。这方面有三个问题比较突出:第一是相关法律法规对补偿标准的规定不明确,没有补偿的统一标准,造成沿海滩涂使用和征地动迁工作存在很大阻力;第二是补偿方式单一,基本都是一次性支付补偿费,被征地农民主要依靠补偿费生活,无后续保障,给社会带来不稳定的隐患;第三是失地农民安置及社会保障缺乏统一的管理办法,制度建设滞后,使一些问题无法得到根本解决。②辽宁沿海经济带建设中环境保护的法律问题。目前辽宁沿海经济带建设中环境保护存在的主要问题:第一是近岸海域受到不同程度的污染,个别地区污染严重;第二是近年来海洋资源的开发,使海湾、海岸、海岛、河口等沿海原始生态系统和生态功能受到一定程度的损害;第三是水资源过度开采,造成海水入侵、水资源缺乏,这已成为制约辽宁沿海经济带发展最大的软肋;第四是沿海地区钢铁、石化等企业较多,工业污染负荷重,有的对沿海自然保护区构成威胁。

　　从耕地资源宏观布局来看,辽宁沿海经济带不是辽宁耕地资源的集中分布区。根据土地利用变更调查结果,沿海 6 市,包括丹东、大连、营口、盘锦、锦州和葫芦岛,耕地面积占当年全省耕地总面积的 34.93%,沿海经济带内耕地资源分布的集中程度要低于全省平均水平。而从耕地资源质量情况来看,沿海经济带内存在相当数量的中低产田。不仅如此,由于工业"三废"的排放、农药和化肥的使用,以及不合理采矿和矿产品加工,沿海经济带存在一定数量被污染的耕地。因此,辽宁沿海经济带在耕地转用方面客观上存在着一定的腾挪空间。

　　由此可见,未利用地资源丰富和废弃建设用地较多是制订与实施辽宁沿海经济带开发战略的主要依据,也是确保当前和今后在该地区进行大规模开发的重要硬件支撑,为该地区产业布局和项目建设提供了潜在的广阔空间。辽宁沿海经济带当前的土地利用相对而言比较粗放,这种用地模式无论如何也难以继续下去。未利用地较多本是辽宁沿海经济带的一大资源优势,项目建设理应优先占用这类土地,这也符合自然资源部要求开拓建设用地新空间、向未利用地要地的土地管理新理念。

　　从上述资料分析,实施辽宁沿海经济带建设战略土地法律问题是极其重要的,其关涉实施沿海经济带建设战略的成败。而对于蕴涵大量的沿海滩涂资源的辽宁而言,由于沿海滩涂的开发成本相对较小,所以对于沿海滩涂的利用和开发具有"土地后备"的意义。正是这些因素,也极易导致对于辽宁沿海滩涂的过度开发和利用。从这种意义上看，探索辽宁沿海滩涂的可持续利用的法律法规是必要的，具有现实基础。

欲规避沿海滩涂在利用和开发中存在的潜在风险，就必须构建沿海滩涂可持续利用的模式和机制，同时必须从法治的高度来治理沿海滩涂的利用和保护。探索沿海滩涂可持续利用的法治问题，应该构建一种沿海滩涂在利用和保护之间达到平衡的法律机制。故而从这种意义上看，寻求一种沿海滩涂利用与保护的理论前提是必要的。

2. 沿海滩涂保护与利用的理论前提——自治与管制平衡的双重色彩

沿海滩涂属于地质学上的概念，由于其特殊的地理属性，法律对其调整的理论和模式具有一定的特殊性，在一定程度上衍生了一些新的调整手段和理论，这是对传统的法学理论的突破。由于受到人类征服海洋资源能力的限制和对沿海滩涂利用重视度不足，传统民商法理论没有过多地涉及有关沿海滩涂的法律规范，这是因为：①从《民法》定纷止争、物尽其用的功能来看，财产权利的客体应该是稀缺的物品。20世纪以前，人类虽然对海洋资源进行了多种形式的利用，但是仍然局限于航运和近海捕捞，海洋经济活动总体而言规模有限，人们可以随意对浩瀚之大海进行利用而无须担心与他人产生冲突，包括沿海滩涂在内的海洋资源并不稀缺。在此情形之下，沿海滩涂没有成为法律上的物而专门对其调整。②依照传统的民法理论，物权的客体必须为特定物和独立物，未经特定化因无从支配和公示而无法成为物权的客体。海洋浩瀚无垠，人类对沿海滩涂的控制力明显不足，从而使沿海滩涂设定私权缺乏一定的可行性。

然而，随着人类对海洋利用方式的变化、利用程度的加深和利用手段的日新月异，上述论断不再成立，海洋及其重要资源，包括沿海滩涂已经成为私法调整的对象和私权的客体。特别是随着人类利用海洋方式的变化，出现了海洋养殖权和海洋采矿权等一系列权利群，大量的海洋权利，包括海洋利用和开发权利的私权化趋势日益明显。海洋权利群的复杂化趋势，导致了海洋权利群与传统的国际公法下的权利（如航行权）的冲突与协调问题。在这样的理论趋向背景之下，研究沿海滩涂的开发和利用问题，不仅要坚持生态保护的原则，更要坚持在利用和开发沿海滩涂的同时将生态维护、环境理念、经济价值及国防战略等有机地融合在一起。概言之，沿海滩涂的保护和利用法律机制在性质上属于公权性的私权，兼具自治与管制的双重色彩，需同时受到公法和私法的调整，体现了公法和私法的接轨和融合这一演进趋势。因而，沿海滩涂的保护与利用绝不是在私法下的天马行空般地随意利用和开发，更不是以维护环境、生态为理由而过度地限制沿海滩涂的利用，一种理性的模式应该是寻求"自治"与"管制"之间的平衡。为此，沿海滩涂的保护与利用应该面对沿海滩涂的法律属性、沿海滩涂使用权问题，以及沿海滩涂利用中的环境保护等一系列法律问题。

　　本节拟突破的重点是沿海滩涂保护和利用的制度设计。该制度的设计是否具有理性及可操作性，关系到沿海滩涂的保护与利用法律机制的成败。本书认为，厘清沿海滩涂使用权的法律属性是沿海滩涂保护和利用制度设计是否合理的基础和前提。基于沿海滩涂使用权实行中以保护环境为前提条件、主体受一定经济条件限制等一系列因素的考量，沿海滩涂使用权具有不完全性的属性，即沿海滩涂使用权是一种从国家原始取得的权利，是一种突出公益与兼顾公平性的权利，还需承担一系列公共义务，如保护生态环境、遵守开发利用规划等，开发利用的方式、内容等也都要受到严格限制。这一点被学者称为"一种包含苛严公共义务的权利"。故此，本章的重点在于设计沿海滩涂使用法律制度要融入环境保护、生态维护及军事等限制性的内容。这决定了沿海滩涂使用权的设立、转让、抵押等制度不同于一般民法意义上的物权变动和物权担保模式，而是一种"自治与管制平衡"的模式。

（二）沿海滩涂的法律属性探讨

　　认清楚沿海滩涂在地质学上的状况是法律上明确沿海滩涂属性的前提。对于沿海滩涂所处的地理位置，传统上主要有四种不同的观点：一是指潮间带；二是指潮间带以及与之相连的浅海区域；三是指潮间带以及与之相连的陆地区域；四是指潮间带以及与之相连的陆地和浅海区域。

　　将沿海滩涂看作土地或是海域进行法律调整将产生不同的法律效果。各个国家对于沿海滩涂法律属性的规定是不同的（见表 6-1）。以韩国为例，韩国的国土面积很小，随着经济的快速发展和人口的急剧增加，韩国政府面临着巨大的压力，经济发展遇到了瓶颈。与此同时，韩国政府将视线集中在了广阔的海岸带，海岸带成为开发的对象。由于人口增加、盲目开办工业园、围海造田、超过自然净化能力的开发，海岸带生态系统遭到破坏，甚至连市民接近海岸的权利都遭到侵犯。为了能够解决海岸带发展与环境污染之间的矛盾，韩国政府决定颁布实施相关法规和政策来规范海岸带的可持续开发和利用。一方面，明确海岸带的范围，即海岸带是海、陆的中间地带，具有与海洋、陆地不同的生态、社会、文化及经济特性，并与海洋和陆地互相影响。从海岸带的定义中可以看出，韩国与世界上大部分国家不同，没有将海岸带归于陆地或者是海域，而是在地理范畴上承认它的独立性。另一方面，制定并颁布《韩国海岸带管理法》来具体规定海岸带综合管理规划和海岸带管理计划。但是由于海岸带地理位置的特殊性，即与陆地和海域连接在一起并且没有明确的分界线，所以在对其进行管理的时候必定会出现矛盾。针对这个问题，韩国决定将海岸带海域范围规定为 12 海里，将海岸带陆域范围规定为 0.5 公里。对于港湾区域、渔港区域、工业园区域，决定将沿岸陆域范围扩大到宽度 1 公里。像韩国这样把海岸带作为独立个体来制定相关法律予以规范的国家在世界上是占少数的，但是这有利于对海岸带进行充分的开发和利用。这里我们抛开立法技术不谈，就追求法律调整社会关系的稳定性和可预见性而言，韩国这种对海岸带的立法模式和管理模式其实具有一定的合理性。

表 6-1　沿海滩涂视为土地和海域的不同情形

不同情形	若视滩涂为土地	若视滩涂为海域
所有权归属不同	可以归国家所有，也可以归集体所有	只能归国家所有
登记机关不同	土地管理部门	海洋行政主管部门
划分领域不同	按农用地、建设用地的划分子以管制	按海洋功能区划予以管制
主管部门不同	由土地管理部门对其进行行政管理，核发海域使用证	由海洋行政主管部门对其进行行政管理，核发海域使用证

我国对沿海滩涂的法律调整存在很大的争议和立法上的冲突。沿海滩涂地处土地和海域之间，兼有土地和海洋的属性。我国现行法下，将沿海滩涂界定为海域所产生的法律效果不同于将其界定为土地所产生的法律效果。争议最大的是对于潮间带的法律属性的认定。我国海岸线漫长，沿海滩涂面积极广。随着人口的增加和经济的发展，人们愈加重视对沿海滩涂的利用。在土地资源日渐匮乏的今天，充分利用滩涂资源的意义甚巨。然而在沿海滩涂利用过程中，还存在一些在法律上必须解决的问题，诸如对沿海滩涂使用权利的性质认定不明，沿海滩涂使用的管理政出多门，以致影响对沿海滩涂利用的效率和秩序。界定沿海滩涂在法律上的性质的根本意义在于，明确沿海滩涂的法律属性，进而为确认沿海滩涂使用权利的性质以及开发利用确立法律标准和依据。

在传统民法上，沿海滩涂属于海洋的一部分，而不属于土地。罗马法规定海岸延伸到冬季最高潮所达到的极限，依据自然法而为众所共有的物。这种传统民法对海洋与土地的划分标准，在当代亦无多少变化。沿海滩涂在最高潮时被海水淹没，因而应为海洋的一部分。可见，凡是以海水高潮线作为海域与土地界线的国家，滩涂在其法律上应属于海域的一部分，而不属于土地。我国法律将滩涂界定为土地后，并没有明确划分土地与海域的界线，现有的一些规范所界定的滩涂范围，经常超过低潮线而延伸到浅海中。一般而言，滩涂与土地是有区别的，否则不存在"滩涂形成土地"的情形。但从立法本意来看，滩涂主要指淹没在海水以下的部分，否则便不存在圈围滩涂而形成土地的情形。在我国法律中，滩涂与海域的界线是不明确的，当把滩涂作为土地的一种形态时，这意味着土地与海域的界线也是不明确的。我国土地和海域在法律上的界线，应当是海水的低潮线。法律上的滩涂作为土地的一种形态，应当只是指其位于低潮线以上的部分，其在低潮线以下的浅海中的自然延伸部分，在法律上应当属于海域而非土地。

（三）沿海滩涂使用权的法律属性的界定和流转机制

在海域管理法律体系之下，沿海滩涂使用权是一种从国家取得的原始权利。在我国法律体系下，对沿海滩涂的开发、利用、收益、处分权均是国家所有权的派生。沿海滩涂使用权是一种突出公益与限制性、兼顾经济效益与公平性的权利。由国家所有权派生设定沿海滩涂使用权涉及自然资源的初始分配，因此，一般来说，应当在有序控制下采取公开、竞争的方式进行。如此能更大限度地实现沿海滩涂的使用价值，也较易实现资源配置的公平性。

根据传统的物权理论，设定沿海滩涂使用权可能具有一定的争议性，主要的焦点在于有违背《民法典》基本理论的应有之义的嫌疑。但是，本书以为，国家可以从公共利益和公法理论出发，根据传统的物权理论创设以沿海滩涂为客体的沿海滩涂所有权。所以，一般来说，从法律的角度来探讨沿海滩涂使用权的法律属性的界定和流转机制是可以接受的。

如果将沿海滩涂仅仅视为国家所有和开发利用者享有利益的财产，那么这种眼光是狭隘的。沿海滩涂不仅能产生经济效益，更具有国防、环境保护、科学研究等多方面的公益功能。对某些特殊地理位置的沿海滩涂而言，经济价值与公益价值相比往往处于次要地位，因此在对这类特殊沿海滩涂设定使用权时，经济因素并不是首要衡量和考虑的因素。即使对于经营性开发利用沿海滩涂，也不能唯经济效益独取，在沿海滩涂使用权的确定上也应当突出公益与限制性，并加强管理和控制。沿海滩涂使用权人对国家承担的义务，除了依法缴纳使用金外，还需承担一系列公共义务，如保护生态环境、遵守开发利用规划等，开发利用的方式、内容等要受到严格限制。上述沿海滩涂使用权的法律属性的界定是设计沿海滩涂在市场机制下流转的前提和基础，也是在自治与管制平衡法律机制下的一种应然。故而，在沿海滩涂使用权的设立、转让等问题上一定要设定一种比较严格的限制，同时在沿海滩涂使用权转让过程中课以公法上的法律义务。

一般而言，沿海滩涂使用权的流转包括沿海滩涂使用权的设定、转让以及担保等法律问题。在我国《海域使用管理法》下，本书认为，沿海滩涂使用权的流转法律机制应该是一种受限制的流转机制，即在沿海滩涂使用权的设定、变更、抵押以及消灭过程中，应充分考量环境保护、生态维护以及国家安全等因素。根据传统物权的取得理论，沿海滩涂使用权可通过划拨、申请或竞争等方式取得设立的法律效果。划拨沿海滩涂使用权因生态保护、国防安全、公共利益的需要，经有权机关批准，沿海滩涂使用者无偿取得没有使用期限的沿海滩涂使用权。除此以外，还可以通过招标、拍卖或其他公平竞争的方式来设定沿海滩涂使用权。一些特殊的沿海滩涂用于经营性活动，有关部门必须通过召开论证会，同时，应强调的是国家应建立沿海滩涂使用权登记制度。不管以何种方式取得沿海滩涂使用权均应在法定登记机关予以登记。

就沿海滩涂使用权的转让而言，应该予以严格的法律限制。沿海滩涂使用人本身是沿海滩涂所有人选择的结果，如果选择他人替代自己，首先应取得沿海滩涂所有人的同意，否则沿海滩涂经过多次再转让后，沿海滩涂所有人可能根本不清楚谁在占有和使用沿海滩涂，沿海滩涂所有权可能会名存实亡。在发生沿海滩涂使用权的抵押情形时，只要沿海滩涂使用权依法可以转让，其就具有一定的经济价值，因此也就可以成为抵押的标的。沿海滩涂使用权的抵押标的不是沿海滩涂本身，而是对沿海滩涂的占有、使用和收益权利，此种权利已经与沿海滩涂所有权相分离，形成一种独立的物权。抵押人不能履行债务时，抵押权人申请拍卖的是沿海滩涂使用权而非沿海滩涂所有权，抵押权的实现并不影响国家对沿海滩涂的所有权。因此，沿海滩涂使用权抵押并不是实物抵押，而是具有权利抵押的性质。

上述沿海滩涂使用权流转的法律机制是基于现行法律和传统法学理论而确立的，由于沿海滩涂本身固有的特殊性，沿海滩涂在流转机制的完善和创新上具有一定的空间。从实践的角度看，利用实施沿海经济带建设战略的有利的历史机缘，我国某些沿海经济区可以进行区域性的大胆尝试，不断积累相关立法经验。

（四）沿海滩涂征收法律问题之探讨

1．自治与管制平衡机制下的沿海滩涂征收问题

我国立法受"国家主义"思想影响严重，在沿海滩涂征收过程中一些弱势群体的合法利益没有得到保护。我国法律对沿海滩涂征收没有特别明确的规定，甚至征收、征用不分。我国调整征收关系的法律特点是：第一，对征收的客体界定范围比较窄，是否适用于沿海滩涂的征收并不明确，并且与其他相关法律中的规定不相符。第二，《海域使用管理法》和《中华人民共和国渔业法》（以下简称《渔业法》）对沿海滩涂的规定有漏洞，而且缺乏可操作性。第三，《中华人民共和国行政许可法》的规定不是通常意义上的征收，所以无法解决沿海滩涂的征收问题。针对我国目前的法律在该问题上的缺陷，本书建议制订沿海滩涂征收的具体可行的办法，力求形成一个既具有法律依据，又具有一定程度的可操作性的沿海滩涂征收补偿规范，以实现沿海滩涂被征收后补偿的长效机制和合法机制。

我国《土地管理法》与我国《国家建设征收土地条例》中均没有对沿海滩涂的征收补偿进行详细而具体的规定，根据《渔业法》第13条第2款"国家建设征收集体所有的水面、滩涂，按照《国家建设征收土地条例》的规定办理"可以确定，我国关于沿海滩涂的征收补偿范围，与土地征收补偿相同。由于沿海滩涂的利用与一般土地的利用具有很大的差异性，这样法律适用的简单类推显然是不合适的，也不符合在"自治与管制平衡"理念之下实现沿海滩涂的保护与利用这一要求。

2. 自治与管制平衡下沿海滩涂征收的若干法律举措探讨

（1）沿海滩涂征收后补偿的法制化和多元化

随着市场经济的不断发展和渔民法律意识的增强，由征收渔业水域滩涂养殖权引发的矛盾，特别是对补偿费的争议会越来越多。对于引发的纠纷，要借鉴国际惯例，建立专业的仲裁调解机构，合理调处和裁决征收纠纷。沿海滩涂养殖权征收的补偿方式既可以采取货币补偿，也可以采取实物补偿。借鉴我国其他省份的经验，特别是我国南方某些省份的经验，可以考虑如下方案：土地置换。渔业海域滩涂使用权的补偿标准，建议按原渔业海域滩涂实际占用面积5%—10%的标准，划出垦区土地返还给村级集体经济组织，或按同等土地资产的实际价值补偿给村级集体经济组织。对于按照"谁投资、谁受益"原则，在海塘标坝外面建设的海水养殖围塘，建议在垦区内给予同等面积的围塘或土地返还。货币补偿。对于渔业海域滩涂养殖产品损失的补偿标准，根据渔业海域滩涂的生产力和养殖方式、养殖品种，结合实际给予渔民合理补偿，具体损失补偿标准由当地渔业行政部门负责测算。就业安置。加强对"失海失涂"渔民的再就业培训，优先安排"失海失涂"渔民的岗位技能培训，提高广大"失海失涂"渔民再就业的素质和能力。

（2）沿海滩涂征收补偿标准的市场化和合理化

在市场经济条件下，以市场价格作为沿海滩涂征收的补偿标准是一种比较普遍的做法。市价补偿更符合土地本身的价格，保障农村集体组织和被征收人的财产权益，也可以对政府以较低的费用滥征土地的行为产生一定的约束作用。但是，我国集体土地不能进入市场流通，必须经过国有化的过程，而国有化后的土地出让也仅仅是具有一定年限的使用权。但是，集体土地被征收的是所有权，其所有权价格缺乏市场基础。因此，在现有的法律框架下，征收土地的价格只能是评估价格，而评估价格也只能依据周边相同地块的使用权出让价格资本化。这样才能使征收土地价格反映土地的市场价值，并避免出现征收集体土地的所有权价格远远低于国有化后的土地使用权转让价格。

（3）依法成立一个专门机构，负责沿海滩涂利用中的征收补偿问题

这是针对辽宁沿海滩涂利用中的焦点问题而提出的特别建议，因为该问题往

往与民生、社会稳定等重大问题息息相关。依据宪法和相关法律，补偿是征收合法有效的构成要件，应当在沿海滩涂征收之前完成，而实践中却将本应在征收阶段完成的补偿问题延至以后阶段解决。2021 年《中华人民共和国民法典》（简称《民法典》）开始施行，规定："为了公共利益的需要，依照法律规定的权限和程序可以征收集体所有的土地和单位、个人的房屋及其他不动产。征收集体所有的土地，应当依法足额支付土地补偿费、安置补助费、地上附着物和青苗的补偿费等费用，安排被征地农民的社会保障费用，保障被征地农民的生活，维护被征地农民的合法权益。征收单位、个人的房屋及其他不动产，应当依法给予拆迁补偿，维护被征收人的合法权益；征收个人住宅的，还应当保障被征收人的居住条件。任何单位和个人不得贪污、挪用、私分、截留、拖欠征收补偿费等费用。"《国有土地上房屋征收与补偿条例》规定："市、县级人民政府作出房屋征收决定前，应当按照有关规定进行社会稳定风险评估；房屋征收决定涉及被征收人数量较多的，应当经政府常务会议讨论决定。根据《民法典》和《国有土地上房屋征收与补偿条例》，国家依据公共利益需要，在依法补偿的前提下，对单位和个人的房屋及其他不动产实施征收。因此，征收、补偿法律关系完全是行政法律关系，必须遵守依法行政的要求。根据此规定，辽宁省立法机关，可以设立一个专门的机构，负责沿海滩涂征收补偿。如果没有这样的专门机构，将导致原本属于行政法律关系的征收补偿，事实上由滩涂开发公司和渔民等主体完成，这种做法极易造成不公平。

总之，要解决我国沿海滩涂征收补偿过程中的纠纷，最有效、最根本的对策就是完善立法、提高行政能力。对相关权利人进行合法、合理的补偿，使他们的经济损失降到最低，是进行沿海滩涂征收补偿的根本；而不能也不应该让征收补偿流于形式，即表面上是按照法律进行，而实质上对权利人的补偿却根本不解决实际问题。所以，在完善法律制度的基础上还要提高政府的服务意识以及行政部门依法行政的能力。

（五）沿海滩涂利用中的环境损害救济机制——管制主义

沿海滩涂利用中一个重大的课题是环境保护。而在"自治与管制平衡"机制下，基于环境损害的严重性，本书认为应该强化管制的色彩，即"自治与管制平衡"这架天平应该倾向于管制。美国历史上杰出的法官霍姆斯（Holmes）的实用主义进路是："法律的生命在于经验，而不是在于逻辑"。这里"经验"到底意味着什么？霍姆斯解释了这一问题。他认为法律发展的历史说明了法的形式和实质之间存在着矛盾。从形式方面而言，法律的演进是具有逻辑性的，每一个新的判决都是根据已有的先例推理得出来的。但是，时过境迁，法律规则是由人们的习惯、信仰和人们早些时候的需要等因素构成的这一观念早已被人们抛之脑后。

人类对海洋的利用经历了由单一到综合、由平面到立体的发展历程。随着科技的迅速发展，出现了大批新兴海洋产业，海洋的利用方式的不断创新，人类对海域利用的程度将进一步深化。当环境权无可争议地成为第三代国际人权保护对象时，海洋环境问题也理所当然地被国际社会予以别样的关注。在各类国际公约中，海洋环境公约是发展最迅速、内容最新颖的一类，而沿海滩涂的环境损害自然是其中的一部分。

1. 沿海滩涂利用基金和强制保险机制的尝试

作为重要的湿地资源，沿海滩涂是生态高度敏感区，被称为"生态之肾"。沿海滩涂环境涉及生物多样性、责任复杂性和环境责任的特殊归责性，所以应该引入财务担保制度或强制保险机制。海洋环境保护基金制度是一种在船舶污染海洋环境的民事责任中流行的环境救济机制之一。如果将该法律机制用于沿海滩涂的使用和开发实践中，对强化沿海滩涂的保护与利用具有重要的促进作用。

能否有效平衡保护与开发之间的矛盾，成为沿海滩涂开发成功与否的重要标志。为避免海岸带遍地开花式的开发，合理布局、实施严格的管制是非常必要的。我国某些沿海省市曾尝试建立生态补偿机制，以调动地方的积极性。所谓生态补偿机制是对承担生态服务功能保育的地区，除尽快实施通常意义的生态补偿，即由财政给予直接的公共服务投资或财政资金补贴外，还应给予相应的发展空间补偿。就创新机制而言，本书建议可以创建沿海滩涂污染环境责任的强制保险机制。具体而言，就是凡从事沿海滩涂开发的各类经济组织或个人必须对可能对沿海滩涂环境造成的损害责任进行强制保险，或者提供一定数额的财务担保，否则，沿海滩涂利用者将失去利用和开发沿海滩涂的准入机会。这就是所谓的强制环境保险制度。同时，还可以在已经利用沿海滩涂并且赢利的沿海滩涂开发者中启动沿海滩涂环境污染基金，以备在强制保险或者财务担保不足以补偿沿海滩涂污染受害者之际，对受害者给予进一步补偿。

2. 沿海滩涂利用环境公益诉讼机制

当沿海滩涂遭受环境损害时，在救济程序上引入环境公益诉讼机制，是沿海滩涂保护和利用的又一尝试。对于利用沿海滩涂具有环境污染危险的主体，实施沿海滩涂污染环境责任的强制保险或者财务担保制度。而对于沿海滩涂污染的受害人而言，构筑沿海滩涂环境损害的直接诉讼制度和公益诉讼模式，实现沿海滩涂可持续利用中的环境保护，是另一种沿海滩涂环境保护机制。这样便形成相对完备的具有体系化的沿海滩涂环境损害救济机制。沿海滩涂环境公益诉讼是指社会成员，包括公民、企事业单位、社会团体依据法律的特别规定，在环境受到或者可能受到污染和破坏的情形下，为维护环境共同利益不受损害，针对有关民事主体或者行政机关而向法院提起诉讼的制度。

随着我国沿海经济的快速发展，海岸带的环境污染与环境破坏日益严重，直接导致环境公共利益的损害，而目前的环境公共利益的维护者——国家，却不能有效地制止对环境公共利益的损害。一方面，国家负责保护环境的专门机关鉴于人力、物力、财力和技术手段的限制，对损害环境公共利益的行为缺乏有效的制止。另一方面，一些政府部门和地方政府为发展经济，往往忽视对环境的保护。在公权行使的过程中，其行为本身造成对环境公益的损害，而现有机制本身并没有有效的解决方法，唯有通过制度创新才能克服此不足。因此，建立环境公益诉讼制度是制止严重损害环境公益的客观需要。在沿海经济带建设中，沿海滩涂利用所导致的环境损害概率是比较大的，因此，在实体法的救济机制基础之上，还必须辅之以程序法的独特机制，而在众多救济机制之中，完善我国的环境公益诉讼机制是可选择的途径之一。在环境公益诉讼机制中，应该在谨慎借鉴外国有关环境公益诉讼的立法技术和经验的基础上，结合我国的本土法律环境，明确我国环境公益诉讼模式。该模式至少应该在诉讼举证责任机制、环境公益诉讼法律关系的主体、直接诉讼以及环境公益诉讼的适用范围等方面做出明确的、具有可操作性的规定。

在我国目前的法律体系之下，虽然对于沿海滩涂保护与利用的法律调整不能称为完美，甚至一度出现法律之间互相冲突和抵触的局面，但是我国现行法律对于沿海滩涂的法律规制体现了一种公法与私法争相调整的态势，留给立法者的思考空间是，如何实现公法和私法的和谐相处，这关涉沿海滩涂的保护与利用的成败。而在自治与管制平衡的法律理念之下，重在实现沿海滩涂的保护与利用之间的均衡，即在沿海滩涂的保护与利用中，要充分融入海洋生态维护、经济价值、环境理念及教学科研等因素的制约，故而沿海滩涂使用权并不是一种"常态"的使用权，而是一种受到诸多因素限制的使用权。

正是在这样的诉求下，以追求"自治与管制平衡"为根本法律机制的沿海滩涂的保护与利用模式，应该触及沿海滩涂的法律属性定位、沿海滩涂使用权流转机制、沿海滩涂征收和行政综合管理体制以及沿海滩涂的环境保护机制等一系列问题，但是并不限于上述问题。在公私法的接轨与融合演进趋势之下，沿海滩涂的保护与利用制度的设计受到"自治与管制平衡"法律机制的统帅，是一种富有理性和现实性的选择。

三、现行法下沿海滩涂属性冲突的解决

我国现行法下，将沿海滩涂界定为海域所产生的法律效果不同于将其界定

为土地所产生的法律效果。该问题的实质是沿海滩涂在法律上的性质问题。所谓"滩涂在法律上的性质"，是指滩涂在法律上究竟应作为海域还是土地，并以此为出发点，为确认滩涂使用权利的性质以及主管部门确立一个可以依据的法律标准。

从自然属性来看，滩涂的范围主要在低潮线和高潮线之间的地带，即潮间带，以及向海岸和岸两侧自然延伸的部分，如高潮线以上的滩地以及低潮线以下浅水中的海滩。在法律上，滩涂主要指潮间带，但在不动产登记上或实务中，被界定为滩涂的范围可能略广于潮间带。一般而言，滩涂与土地是有区别的，否则不存在"滩涂形成土地"的情形。但从立法本意来看，其条文中的滩涂主要指淹没在海水以下的部分，否则不存在圈围促淤而形成土地的情形。从事滩涂的开发利用，往往需要在滩涂及其附近浅海修筑建筑物或构筑物，使原来为浅海的部分改变为滩涂或者其他土地。这说明，海域与土地的界线是可以通过人工方式改变的。

通过圈围形成新的滩涂或者其他土地，新的滩涂或其他土地的所有权原则上应当属于国家，因为原先的海域所有权属于国家。但是，投资圈围浅海的单位或个人，应当拥有土地使用权。经人工形成的新滩涂或其他土地的所有权和使用权，按照国家有关土地管理的法律规定，需经土地管理部门确认登记，权利人领取相应的权利证书，如使用权人领取土地使用权证。土地上用益物权分为两大类：一种是在建设用地上设立的土地使用权；另一种是在农用土地上设立的土地承包经营权。这两种用益物权的具体制度内容是有区别的。滩涂既可以为农业目的使用，如养殖；也可以为工业目的用，如晒盐；还可以为旅游等目的使用，如作为海滨浴场的岸上部分。这就是说，根据对滩涂的使用目的不同，滩涂既可以作为农用地，也可以作为建设用地。因此，以"滩涂使用权"一词统括滩涂的权利，很不准确。既然滩涂为土地的一种形态，为农业目的使用滩涂的权利，仍可称之为土地使用权或基地使用权。

在滩涂的开发利用过程中，存在许多以利用滩涂水面为主的情形，如果这些为利用滩涂而修造的水面是在原滩涂上挖掘修造的，自应属于滩涂的一部分而属于土地。但是，当利用水面是从相邻滩涂的浅海中圈围而成，如在浅海中筑堤坝等，将部分海面分割包围起来形成盐田或虾蟹养殖场，这些以水面为主的区域在法律上究竟依旧属于海域还是属于土地形态之一的滩涂，需要法律明确规定。在利用滩涂时，用堤坝围堰而成的区域，尽管其重要部分仍是水面，但只有具备了法律意义上滩涂的性质时，在法律上应当视为土地的延伸。基于滩涂是极为重要的自然资源的考虑，国家一直在鼓励对滩涂的开发利用，法律也应当规范滩涂开发利用的活动。保护滩涂开发利用者的权益，其中最为重要的就是保障滩涂使用收益的权利。从事滩涂开发利用的单位或个人，对国家所有或者集体所有的特定滩涂进行排他性使用和收益的权利，属于以滩涂为客体的用益物权。但在现行法律中，以滩涂为客体的用益物权制度还有待于进一步完善。

从立法的角度看，将沿海滩涂的法律调整归纳到海洋类法律体系之内，不仅符合世界上绝大多数国家的立法例，而且从我国近年来对海洋立法的价值取向看，也迎合了国家海洋战略的需要。国家的海洋能力（即海权）是指国家分配海洋战略资源的效率，这些资源被有目的地整合在一起，以达到国家在海洋或者滨海地区的一种预想的最终状态。海权的获得是通过海洋的有形资源和无形资源的不断融合而实现的，它使国家能够利用其海洋基础资源并利用外部的机会，建立有利于国家发展并且提高国家国际地位的持久性的海洋竞争优势。国家的海洋能力有赖于资源的有效利用，并与组织结构密切相关。海权只有在不断的战略实施中才能变得越来越强大，越来越有价值。故而，在海洋类法律体系下调整沿海滩涂是一种具有前瞻性和战略意义的立法选择。

四、沿海滩涂利用中综合行政管理体制简析

我国现行法律法规体系下对沿海滩涂的规范互相冲突，进而导致沿海滩涂的开发利用比较混乱的局面。我国各沿海地区根据我国的法律所出台的利用沿海滩涂的部门规章或者办法的差异也比较大。

（一）海域管理和滩涂管理的协调问题

辽宁沿海滩涂的实际利用中，法律法规之间的互相冲突导致了沿海滩涂管理上的混乱。潮间带海域滩涂成为争议之地，进而导致"滩涂开发许可证"和"海域使用证"的重复发证。由于在实施招标开发滩涂过程中，滩涂的费用和海域的费用是不同的，导致实践中对滩涂的管理产生矛盾，进而影响相关的利益方。

1. 沿海滩涂的范围界定

《民法典》是规范财产关系的民事基本法律，调整因物的归属和利用而产生的民事关系。《民法典》目的在于定纷止争，主要围绕三个方面规定：一是物的归属，谁是物的主人；二是权利人享有哪些权利；三是物权的保护。《民法典》关于物权界定条款的实质在于确认和保护公民、法人和其他组织合法的财产权利。《民法典》规定，私人的合法财产受法律保护，禁止任何单位和个人侵占、哄抢、破坏。同时，《民法典》也对征收集体所有的土地应予以补偿的原则和内容做了规定。渔业权作为用益物权，意味着渔业生产者依法取得渔业权后，就享有依法占有并使用特定水域滩涂从事养殖或捕捞活动以获取收益的排他性权

利。本书认为，渔业权受到侵害或被占用时可以适用《民法典》加以保护，并依法取得合理的补偿。

2. 规范沿海滩涂发证的程序

申请人在海洋相关部门登记后，必须经县人民政府审核同意后上报省市有关部门公示、批准。这种做法可避免多头发证、重复发证。对用海、用滩者的确认必须引入市场化运作机制，实施公开招标竞争，有节制地开发，确保生态调节功能不与生态功能区划或海洋功能区划相悖。

3. 引入市场化运作机制

近些年，我国一些沿海地方在滩涂的管理使用上进行了很多有益的探索，较为有效的做法是强化资源性资产的统一管理和制度建设，规范经营行为，利用市场机制对滩涂资源进行整合，通过公开竞标和挂牌拍卖公开出售资源经营权和使用权。本书初步对我国江苏、山东和福建三省沿海区域在沿海滩涂利用开发和保护中的地方举措予以考察，这些地方的确积累了相当多的经验，某些举措为今后立法奠定了基础。青岛市对海域使用权实行公开竞购的做法值得在沿海地区广泛推广。青岛市将海域划分为填海造地用海、围海用海、开放式用海、其他用海等五大类 19 个用海类型，根据海岸线和近海海域的自然禀赋和经济价值进行分等定级，实行根据海岸线等级确定岸线出让价格的海域有偿使用制度，居民可以通过竞拍购买海域的使用权。面对稀缺的滩涂资源，应该在明确滩涂国家所有的前提下，按照国家有关法律法规规定，对滩涂资源的占有权和使用权进行重新界定，通过市场化运作优化资源配置。这样，不仅有利于沿海滩涂的有序开发和资源保护，而且可以通过公开挂牌出让沿海滩涂资源经营权，获得大量溢价收入。进而为沿海地区的大开发提供资金来源。因此，要建立滩涂围垦开发新机制，走市场化道路；要对沿海滩涂开发利用制订统一的规划；要建立多元化投融资机制，以政府资金为引导，以社会资金为主体，采取市场化经营模式，加快滩涂围垦。

（二）沿海滩涂可持续利用的综合行政管理体制

为了适应形势的发展，许多沿海国家加强了海岸带的综合管理。特别是美国、法国和韩国，在海岸带综合管理方面走在了前面。1972 年美国颁布了《海岸带管理法》，开始了对海岸带的综合管理；1976 年和 1978 年，美国加利福尼亚州和佛罗里达州分别制定了《海岸带管理条例》和《海岸带管理规划》。1973 年法国颁布了《法国海岸带整治展望》，1979 年又制定了《海岸带保护和整治方针》，提出有组织、有秩序地实施海岸带城市规划，不允许在距海岸线 2 公里以内的陆地上新建过往道路，不准填埋湿地、开垦荒地。韩国是以机构改革的方式将 10 个政府机构中与海洋有关的职能合并在一起，以确保海洋综合管理的实施。世界沿海各国发展海岸带经济的实践和经验证明，对海岸带实施统一、综合的管理正在成为实施海岸带开发利用与保护海岸带环境可持续发展的主要手段。

由于目前我国基本法律对沿海滩涂的规制存在冲突，而且沿海滩涂在征用、补偿、管理过程中缺乏可操作性的依据，建立综合的行政管理模式是当务之急。下列各项举措被证明是非常有效的。这些措施包括：①建立各种专业的海洋信息交流系统；②建立沿海滩涂利用效果评估制度，定期对沿海滩涂的开发利用效果进行评估；③提高公众保护海岸带资源的意识，鼓励公众参与沿海滩涂的管理；第四，加强海洋执法力度，严格执行海域功能区划，健全沿海滩涂环境纠纷的行政解决机制。

由于沿海滩涂的可持续利用涉及的领域和部门繁多，所以构建综合的、高效的沿海滩涂行政管理协调机制十分必要。本书建议要严格执行海域功能区划，加强海洋执法力量建设，深化沿海滩涂经济的投资体制，进一步形成以国家、省市资金为组织、引导和启动资金，多种经济成分共存的机制。加大力度发展私营企业，扶持他们成为沿海经济滩涂开发的生力军。综合开发沿海滩涂资源，必须围绕贸工农一体化，产加销一条龙的工作思路。只有实现滩涂经济规模化、集约化，才能实现滩涂经济发展的最佳环境，而这也是沿海滩涂经济在市场经济条件下发展的必然趋势。从滩涂资源开发的可持续发展来看，它们之间是相互依存，缺一不可的。要更好地、持久地开发利用滩涂，就必须保护好滩涂资源，保护滩涂环境；加大有关开发保护滩涂资源法律法规的执法力度，严肃查处各类违法行为，依法调处滩涂开发管理过程中发生的各种矛盾和问题；严格保护沿海滩涂生态环境，严格执行"谁污染、谁治理"的原则，加强滩涂开发配套项目，如路、桥、水利、防护林体系等基础设施建设，把合理开发利用、节约和保护滩涂资源同保护耕地、保护环境一样重视起来。

第三节　海洋开发与利用过程中的法律问题

一、海域使用权与传统渔业权的冲突及其协调

（一）海域使用权与传统渔业权的冲突的一般情形

伴随科学技术的进步和人类支配海洋能力的增强，海洋在人类生存和发展上已经占有越来越重要的地位。1982 年《联合国海洋法公约》确认了沿海国对于海洋享有的各项权利，其中包括对于内水和 12 海里领海享有与土地一样的主权权

利，以及对于 200 海里的专属经济区和大陆架享有的管辖权利。该公约 1994 年生效，我国 1996 年批准了该公约，因而增加了约 38 万平方公里的蓝色国土。虽然相比陆地面积的总量，增加的海域面积相对值并不大。但是，近代经济是围绕海洋发展起来的，绝大多数重要城市都集中在海洋沿岸，海域所具有的辐射效应，使得它的实际价值远比增加 38 万平方公里的面积更为重要。 海域产权制度是海域利用的基础，也是沿海经济的重要支柱，目前它已经成为各国普遍关注的重点。我国财政部与国家海洋局于 1993 年联合发布了《国家海域使用管理暂行规定》，初步确立了海域使用证和海域使用金制度。在前述规章基础上，2002 年制定《海域使用管理法》，该法参照土地使用管理的经验，以海域使用权制度为核心，确立了海域使用总体规划、海域有偿使用、海域使用论证等海域使用管理制度。2021年实施的《中华人民共和国民法典》确认了海域使用权。除此之外，出于管理需要，还出台了一系列行政规章和政府管理文件。

　　由于受到历史条件和立法技术的制约，我国海洋类法律与先前实施的土地类法律存在某种程度的冲突。其中海域使用权和渔业权之间就存在此情形。一般认为，海域使用权完全符合用益物权的性质和特征，同我国创设的土地承包经营权一样，是一种新型的用益物权。《海域使用管理法》创设了海域使用权这一全新物权类型，可《海域使用管理法》同《渔业法》一样，均为行政性法律，法律效力位阶较低，只能从公权利对私权利的制约出发，通过行政规范而不是民事规则实现权利—义务的配置。在这种立法模式下，对用海活动的调整规则必然存在诸多缺陷，包括无法在物权基本法所确定的物权体系中确定海域使用权的物权地位，无法在私法范畴内建立一整套涉及海域使用权或渔业权归属和流转的民事规则，从而极易引发海域使用权和其他权利类型的冲突。而这些问题和缺陷的唯一解决办法就是通过民事立法，提升海域使用权的效力地位，将《海域使用管理法》所建立的物权类型由物权基本法加以规定，使海域使用权的归属和流转完全适用物权基本法所确定的各种物权规则，从而使海域使用权不致流于空洞化。更为重要的是，现行《土地管理法》和《海域使用管理法》以海岸线为界，其调整范围覆盖了我国全部国土。作为社会主义公有制国家，我国领土、领海和内水均为国家所有。因此，海域使用权制度的制度价值是其他任何一种用益物权制度无法代替的。

　　《海域使用管理法》规定了海洋功能区划制度、海域使用权登记制度和海域有偿使用制度。依照该法，单位和个人取得海域使用权，可以有三种方式，即向国家依法确定的海洋行政主管部门申请取得，通过招标的方式取得，以及通过拍卖的方式取得。《海域使用管理法》和《渔业法》作为我国现行法律，分别建立了我国的海域使用管理法律制度和渔业行政管理法律制度。在我国海域内从事的渔业活动也是一种用海行为，应该同时受到这两部法律的调整。《海域使用管理法》和《渔业法》均为由全国人民代表大会常务委员会审议通过的行政法律，法律效力处于同一位阶，但在调整对象上则有所重叠。《海域使用管理法》和《渔业法》调整对象的重叠之处体现为在我国领海和内水从事养殖用海的行为。产生重合的原因在于现代社会对于海洋的开发利用，已从传统的"渔盐之利、舟楫之便"扩展到海水养殖、矿产勘探开采、滨海旅游、海水利用、海洋能开发、海底管线铺设和围海造地等多种开发利用方式，并涉及海洋权益维护、国防安全和海洋环境保护等重大问题，必须对海域的使用进行统一管理。同时，渔业是开发利用海洋的重要形式，因此，《海域使用管理法》在对海域使用进行统一管理的过程中，必然要和作为渔业行政管理法律基础的《渔业法》发生重叠。《海域使用管理法》颁布和施行的一个重要出发点和归宿点在于要建立海域使用权制度。海域使用权产生于海域所有权，而根据相关国际条约和国内法，国家享有海域所有权的范围只限于领海和内水，但国家进行渔业行政管理的范围远超出此范围，因此，《渔业法》的适用范围肯定要覆盖《海域使用管理法》的适用范围。

渔业权缺乏产生其用益物权性质的所有权基础。自 19 世纪的德国普通法起，民法理论上以对标的物之支配范围为标准，将物权分为所有权和定限物权两大类。所有权是对标的物为永久全面支配之物权，故又称为完全物权；定限物权又称为他物权，指仅能在特定范围内支配标的物的物权，因其具有能限制所有权的作用而得名。事实上，与其将定限物权视为一种对所有权进行限制的权利，不如将其看作所有权实现的一种方式，因为，"近代物权价值化的结果，所有权之有效运用，乃系将利用权转化为供他人利用，以收取对价之权能，他人因此取得利用权"。除此以外，养殖权已被现有的用益物权体系所吸收。根据《海域使用管理法》规定，海域使用权由海域国家所有权派生而来。海域使用权赋予权利人独立的直接占有特定海域进行自主经营、从事海洋开发利用活动并取得其利益，并排除他人包括行政机关的干涉。海域使用权一旦取得，在权力范围内，海域使用权人可以独立地直接占有特定海域，进行自主经营，从事海洋开发利用活动并取得其收益，而无须借助他人的介入，也无须以其他权利的实现为前提。对经登记的海域使用权，包括行政机关在内的其他一切人都负有尊重该权利、不得妨害使用权人行使并实现其权利的义务。由于海域使用权是用益物权，海域使用权赋予养殖人直接支配特定海域内从事养殖活动的权利，养殖人可以依法转让、抵押、继承海域使用权。由于登记的海域使用权具有对抗第三人的效力，养殖者的权利受到不法侵害时，可以寻求《民法典》上的保护等。

（二）解决海域使用权与传统渔业权冲突的法律对策

法哲学长期坚持的是"市民社会—政治国家"的二元社会结构论，以此为基础，确立了"私法—公法"的二元法律体系。古罗马法学家乌尔比安创立的公法、私法二分说，在湮没于中世纪的漫漫历史长河后，又被近现代大陆法系国家的法典化运动所重新认可和接受。然而，随着社会经济的发展，在当代社会尤其是第二次世界大战之后，传统意义上的政治国家逐渐变成了拥有强大经济职能的现代国家，国家介入社会经济生活的广度和深度前所未有地加深，以意思自治为特征的传统私人经济生活领域受到了国家公权力的干预和介入。

海域使用权的权利表征是海域使用权证，而我国《渔业法》对养殖渔业活动进行管理的主要载体是养殖证，因此，海域使用制度和渔业法律制度在实践中的协调就集中体现为海域使用证和养殖证关系的正确处理。海域使用证的法律性质是一种不动产权属文书。所谓"不动产权属文书，即不动产的所有权证、使用权证等，是登记机关颁发给权利人作为其享有权利的证据"。不动产权属文书制度是物权公示公信原则的要求。依不动产登记效力的不同，各国立法例可分为实质主义原则的立法例和形式主义原则的立法例。不管是采用实质主义的登记原则，还是采用形式主义的登记原则，各国都将不动产物权登记作为不动产变动的法定公示手段。本书认为，上述化解海域使用权与传统渔业权冲突的法律对策，实属一种无奈之举，有"治标不治本"之嫌。欲从根本上实现我国海洋类法律体系在理论上和实践上的和谐，除了在海洋类权利群理论上有所创新之外，还要以先进的立法技术统筹海洋事务的立法。总的来说，我国海洋类法律群立法在时间上往往晚于我国土地类或者渔业类法律群，应该属于"新法"，正因为如此，其立法技术、立法理念以及立法理论支撑都应该与时俱进。

二、海域污染法律救济机制探讨

（一）船舶油污损害海洋环境法律救济机制的失灵

法律是实践理性。在船舶油污越来越威胁人类的海洋环境之际，人类开始思量寻求适当法律救济机制来规制船舶油污损害海洋环境这个棘手的问题，但海洋污染问题却常令各国束手无策，从而导致船舶油污损害海洋环境法律救济机制的失灵。国际海事组织（International Maritime Organization，IMO）所制定的诸多海洋船源污染的规范，大多数只受到海运国家的重视，许多欠缺海运机能的沿海国家始终未加入，因此这些国际海事组织公约的规范原本并不能为世界上的多数国家所接受。保护海洋环境的利益，经常与维护航行自由或其他利用海洋的自由相互冲突。船旗国与沿海国的利益有时也不一致，因此也常常需要保持两者的平衡。

按照 1982 年《联合国海洋法公约》(以下简称《海洋法公约》)有关领海之无害通过权的规定,如果一艘外国船舶不遵守 1982 年《海洋法公约》中第 18 条有关无害通过的要求,或违反 1982 年《海洋法公约》第 19(2)(h)条的规定,进行"任何故意且严重的污染行为"(any act of willful and serious pollution),当该船航行于领海时,即可被认为是对公约第 19(1)条所称之沿海国的"和平、良好秩序或安全"形成危害,并因此可以被拒绝给予无害通过权。1982 年《海洋法公约》并未对于公约第 19(2)(h)所称之"故意且严重"(willful and serious)一词加以定义。从该公约生效至今的国际实践表明,第 19(2)(h)预防沿海国的船舶油污损害的功能并不是万能的。

现有法律体系下对船舶油污损害的救济除了公法性质以外,还有民事责任体系的法律体系。这些民事责任体系也昭示了海商法中保护性立法加强的趋势。在船舶油污自然资源损害赔偿法中,自然资源损害事实构成要件的建立并不困难,但是要对自然资源损害索赔,却存在传统法律制度上的障碍。一方面是索赔资格问题,除非有专门的法律授予特定主体(如行政部门或公益团体)提起自然资源索赔的资格,否则由于法律没有规定自然资源的权利主体,没有人拥有船舶油污自然资源损害的索赔权。另一方面,自然资源损害不同于一般财产损害,对自然资源损害估价是个十分复杂的问题。1985 年,Pantoms 油轮污染事故引发的索赔诉讼无疑是传统法律制度无法解决自然资源损害索赔问题的鲜明例证。在索赔资格方面,民事责任公约体系没有对自然资源损害索赔做出规定,公约成员方要实现资源损害赔偿,就必须跨越本地法传统法律制度的障碍,而对于这些成员方来说,障碍的逾越存在诸多束缚。

虽然民事责任公约体系,即 1969CLC(包括 1992CLC)和 1971FUND 在油污损害赔偿国际统一立法的目的得以实现,但公约的统一适用却受到了严重的挑战。这种挑战一方面来自世界头号石油进口大国美国选择在公约体制之外自行其是,于 1990 年颁布了与公约责任制迥异的 1990 年《油污法》(OPA1990);另一方面来自公约本身的局限性。为了克服民事责任公约的缺憾,设立了油污基金制度。基金设立的目的是在 1969 年民事责任公约不能提供保护的范围内,对油污受害人提供损害赔偿;同时对船舶所有人由于 1969 年民事责任公约而承担的额外经济负担给予补偿。而该基金则通过对海上石油运输最大的受益者石油进口公司的摊款而设立。在 1971FUND 的赔偿实践中,财产性损害、清污费用等一般性的赔偿请求,已成为公认的可以获赔的损失,但在"预防措施""环境损害""纯经济损失"等问题上存在争议。这表明民事责任公约包括基金公约体系对海洋环境油污损害的法律救济机制是不完善的。

船舶油污损害海洋环境法律救济机制的失灵,促使法律开始寻求一种新的规则和救济机制。现代化理论认为从传统社会迈向现代化社会是社会发展之必然而又合理的趋势。在英美法系下，权威海商法学者对传统海商法的调整对象的认识也不是一成不变的，认为海商法的范畴也是与时俱进的。船舶油污损害赔偿在早期传统海商法中是不存在的，而晚近的海洋环境油污损害的加剧和人类保护海洋环境的意识的觉醒，在海商法的法律体系下，引发了大量的船舶油污损害民事责任法律规范包括基金公约的催生。然而，在民事责任法律体系拯救船舶油污损害海洋环境略显这样那样的缺失的情形之下，探寻另一种风格的救济机制就成为一种必然。

（二）海域使用权权能的合理性膨胀

1. 《民法典》视域下的海域使用权简析

利益法学主张，利益是法律的产生之源。在利益法学看来，法律命令源于各种利益的冲击。利益以及对利益所进行的衡量是制定法律规则时的基本要素。"利益"的概念是利益法学研究的出发点。由此观之，我国法律对海域使用权进行了规定，而且表明了海域使用权是用益物权之一种。作为一种用益物权，海域使用权的价值在于使用和收益上。由于用益物权的主旨在于权利人对他人之物的使用价值进行支配，其社会功能在于"增进物尽其用的经济效用"，故而海域使用权赋予权利人享有海域的占有、使用和收益的权利当属无疑，这是追求海域所给予的利益的结果。然而从海域使用权产生伊始，因海域使用权制度新颖独特，存在各种争议。在《海域使用管理法》下的海域使用权，虽然立法上界定了海域使用权的概念，但该法在海域使用权的内涵上却存在着缺失，导致对海域使用权的界定各异。从海域使用权的客体看，海域使用权的客体是海域，依照《海域使用管理法》，海域是指中华人民共和国内水、领海的水面、水体、海床和底土；而内水是指中华人民共和国领海基线向陆地一侧至海岸线的海域。

2. 海域使用权在各国立法上并不具有固定的内涵

两大法系下对海域使用权的界定纷繁复杂，各式各样，显示了一定的灵活性。英美国家统一把内水和领海海域视为"水下土地"而予以规定。英美国家无论是海域所有人还是海域使用权人行使权利都受到公共利益的限制，尤其是以不得妨碍公众对海域的公共使用为前提。法国把海域的法律性质归属到"海洋地产"概念中，并将其归属于不动产范畴并适用于不动产法律原则和规则，但是并不像英国和美国那样对海域作整体性的规定，而是区分海域的不同组成部分，海底土地和水面等并进行分别立法与规范。德国民法典中没有直接规定国家对海域的所有权，而是通过联邦法律和州法律来规定海域的法律性质。然而，无论海域使用权如何在立法模式上的变动不居，其使用和收益的功能是恒定的，而航行权功能是人类使用海域航行而获得收益的最原始和最基本的功能。

3. 海域使用权的重要性

1982 年《海洋法公约》生效后，各国纷纷根据新形势调整自己的海洋政策，海洋开发进入了一个新阶段。现代国家在对海洋经济价值进行开发利用的同时，更注重对海洋资源的保护，以保证海洋资源的可持续利用，这是海域的生态环境属性所决定的。由于贸易的发展促进了交通运输业的繁荣，人类发现了海洋作为航运资源的重要性，海上航运为世界各国的经济、政治、文化等的交流做出了不朽的贡献，以至于可以毫不夸张地说，没有海上航运业的发展就不会有今天的西方文明，更不会有今天"全球一体化和地球村"的现象。观察和界定物权客体至少有两种模式，一种是单视角模式，即对物权的客体简单地描述，客体的许多物理、经济的属性被弃置一旁，不进入法律评价客体的视野；另一种是多视角模式，既考虑与客体的水平方面，又注意到客体的垂直方面，以满足权利主体乃至整个社会生活比较复杂、高效益的要求。

物的多视角观察以及对物的特定性和多样性的把握为海域使用权的客体成为坚实的理论基础，海域是一个空间资源概念，是对传统民法中的"物"的概念延伸和发展。我国《海域使用管理法》没有对海域使用权的概念做出概括性界定，但该法却对海域使用权做出了立法界定，人类对海洋的利用，经历了由单一到综合，由平面到立体的发展历程，其中航行权是平面的利用。故而航行权在某种意义上是海域使用权的"使用和收益"功能中的一种。

4. 国际公法下航行权与海域使用权的"互动"

能真正从一个法域迁移到另一个法域的东西充其量不过是一堆毫无含义的词语形式，奢望无异于失望。因而，从法律移植这个术语富有任何意义的角度而言，法律移植都不会发生。从一个法域借用的规则不会具有该规则在原来法域的任何意义。原初的规则一旦跨越了边界，就必然会经历某种变化，影响其作为规则的资质。这样一来，纯粹的命题性陈述与其意义之间的分离阻止了规则本身的迁移。海域使用权的"航行权"权能长期以来备受法学家的冷落，人们对其感知是僵化的。当论及航行权时，常将其置于国际法的背景下，而很少顾及作为海域使用权权能之一种的"航行权"的另类权能。"航行权"的这种另类权能对船舶油污损害海洋环境的治理功能能否得到发扬，显然与国际法上"航行权"是对立的和格格不入的。如何协调二者的冲突是衍生海域使用权权能的合理性膨胀的原动力和逻辑进路。

"航行权"也即"航行自由"，是指船舶在特定水域不受阻碍地自由通行的权利。一般而言，船舶在沿海国管辖的各种水域内享有不同的航行权，在公海上享有航行自由的权利，而且海洋自由以及航行权逐渐成为国际法上确定不移的制度，并为各国所接受。在传统国际法理论下，航行权所涵盖的内容是：①在一国的内水，外国船舶没有航行权，有航行条约者不在此限，而国内船舶拥有航行权；②在沿海国的领海内，外国船舶享有无害通过权，国内船舶则可以自由航行；③在领海之外，一般而言，所有船舶都享有自由航行的权利，但这种自由有一些限制。以上为航行权的基本含义。无论是格劳修斯（Grotius）国际法思想的深远影响还是 1982 年《海洋法公约》对"无害通过权"的界定，似乎都赫然昭示了"航行权"的真理性与永恒性。然而，本书的观点是，在我国目前的法律体系、理念下，在国际社会对海洋环境保护的巨大浪潮中，有坚实的理由对"航行权"进行实质性的修正和根本变革；而这种对"航行权"的重大实质修正赖以依存的理论基础就是海域使用权权能的合理性膨胀。海域使用权权能的合理性膨胀挑战国际法传统理论"航行权"，具有两大业已存在的成熟的理性体系：一种是国际上对船舶油污损害海洋环境进行救济的民事责任公约体系所构建的基金制度，另一种则是在我国法律体系下《民法典》和《海域使用法》分别对海域使用权的关注，使得海域使用权作为用益物权之一种的法律"位阶"有所提高，这样为了凸显用益物权的社会功能，海域使用权权能的合理性膨胀必定在预防和规制船舶油污损害海洋环境上得以发挥效用。

正是在这种特定的语境下，海域使用权权能的合理性膨胀的法律含义是：对于从事石油运输的船舶（即油轮）而言，在某一国家的领海航行时或者为了靠泊而经过该国领海或者内水进入该国的某港口时，将不再无条件地享有传统国际法所赋予的"航行权"或"无害通过权"，而是必须向该国或者该国政府所授权的某一机构缴纳一定的费用或者价金以取得"航行权"，该费用或者价金相当于"航行费"，而该种航行权也相当于一种特殊的"海域使用权"。换言之，作为这种特殊的海域使用权的权利人，油轮的所有人或者石油进口商必须向国家或者国家所授权的特定机构支付一定的价款，才能取得航行的权利。该种权利的实质是海域使用权向传统国际法上的航行权的扩张和修正的结果，而海域使用权权能的合理性膨胀的目的是能够预防船舶油污损害海洋环境并提供法律救济手段。之所以是合理性膨胀，即该权能只是适用于符合一定吨位的油轮和从事石油进口满足一定数额的石油进口商，而对非油轮的船舶所有人是不适用的。依据海域使用权权能的合理性膨胀理论所获得的款项而成立的基金，可以称之为"航行权基金"。当发生船舶油污损害海洋环境时，依据目前的民事责任公约体系和基金法律体系仍不能使得油污受害人得到充分、有效的赔偿的情形下，可以启动"航行权基金"，来满足对油污受害人的损害赔偿救济。

修正"航行权"的理由透视：其是海域使用权权能合理性膨胀的一种应然。

用益物权作为物权制度的一个重要组成部分，调节着人们在商品生产和商品交换中对物的支配关系，为解决资源的所有与利用之间的矛盾，提供了一条十分便捷的途径。用益物权还可以发挥财产效用，提高资源利用率；同时能够保障人类生存利益，实现社会公平。然而海域使用权似乎与船舶油污损害海洋环境毫无关联，而一旦海域使用权权能发生合理性膨胀，二者便会发生紧密地联系。海域使用权权能的合理性膨胀，是对船舶油污损害海洋环境进行法律救济的"经验"的高度概括和升华。假若僵硬地固守海域使用权与国际法上"航行权"的势不两立，虔诚地奉行这种"逻辑"，显然海域使用权权能的合理性膨胀不能在防范和规制船舶油污损害海洋环境方面发挥其法律的效力。

随着人类开发利用海洋能力的提高，法律对海洋的调整也日益健全。1982 年《海洋法公约》第 2 条赋予了领海的法律含义。依据《奥本海国际法》，虽然领海是沿岸国领土的一部分，在该国的属地最高权之下，但是领海是对一切国家商船的无害航行开放的（沿海航行除外）。每一个国家依据国际习惯法都有权利要求准许其商船在平时无害通过任何其他国家的领海。这种权利是公海自由原则的一种结果。因此，任何国家都不能对外国船舶因单纯通过其领海而征收通行费。虽然沿岸国为了领海内航行的安全，在建筑和维护灯塔及其他设施上可能要耗费金钱，但它不能使单纯通过的外国船舶负担这种费用。

沿海国有权制定法律和规章，尤其是在运输和航行方面，而行使无害通过权的外国船舶应遵守这些法律和规章。1982 年《海洋法公约》就无害通过权列举了一些相关事项。然而，令人感到尴尬的是，1982 年《海洋法公约》所构建的"无害通过权"并没有在摒除船舶油污损害海洋环境这一顽症上发挥应有的积极意义。该公约的缔约国或参加国对实行"无害通过权"的认识及其行使条件和限制的理解并不相同，以至于 1982 年《海洋法公约》生效后，世界上发生的严重船舶油污损害海洋环境事故发生后，该公约往往无能为力，而只是"事后"反思。在现实渊源和哲理渊源的共同作用下，后现代法学思潮也在船舶油污损害海洋环境的防范方面跃跃欲试。但是，后现代主义破多立少，无法为未来国际海洋环境保护法的发展前景做出令人满意的描绘，更不能提出变革现代国际海洋环境保护法制度的有效措施，其现实意义十分有限。

但是，航行权私权化理论突破了传统的一元化思维模式，强调多维度、多视角、多元化地研究国际海洋环境保护法现象和国际海洋环境保护法学问题，为国际海洋环境保护法界探索国际海洋环境保护法的未来提供了新思维、新视野和新范式，有利于促进国际海洋环境保护法的繁荣与发展，实现对当代国际海洋环境保护法发展模式的最优设计和最佳选择，以促进人类社会文明的进步。该理论主张多元的国际海洋环境保护法规则和模式，应该是国际海洋环境保护法的立法模式应当呈现多元化。本书所设计的海域使用权的制度设计即是明显的佐证。海域使用权的范畴在传统法学视角下，本应该属于用益物权的体系，发挥着用益物权的功能；但在后现代法学思潮下所推崇的国际海洋环境保护法立法模式应该呈现多元化的理念下，海域使用权权能可以发生某种理性的扩张和膨胀，在预防和规制船舶油污损害海洋环境领域有着巨大的法律功能的热量。

从比较保守的观点来看，海域使用权的私法性比较强烈，属于私法的范畴；而国际法上的航行权则是一种公法范畴的概念，这一概念根深蒂固，不容轻易发生异化。但所谓的公法与私法的划分从来都不是绝对的，私法和公法之间并不是泾渭分明的。法律应当规范人类的共同生活，并相应地总是在一个特定的人类群体之内有效，这个群体的成员知道法律的效力和可执行性。的确，正如杰塞普所说的那样，人类的问题具有共性，解决国内问题的经验和方法，可以用于处理类似的国际问题，反过来，处理国际问题的经验和方法也可以用于解决类似的国内问题；"钟摆"在二者之间来回摇摆。不可否认，国际法与国内法是两个具有不同性质的法律体系；同样也不能否认，他们有"亲族或血缘（kin—ship）"关系。但必须强调的是，由于二者各有其特殊性，所以，所有这些类比适用都绝不能等同于照搬。

正如迈克尔所说，国际法借用国内法来源的方法并不是全部引进现成的、完全配备一套规则的私法制度。引进国内法制度的一些概念要顾及国际法的特殊情况和适用国际法的具体需要。显而易见，国际法作为一种较不发达的法律体系，它不是，也不可能完美无缺。粗略研究已经足以说明，私法对国际法的影响是清晰的，依据劳特派特的总结，这种影响对国际法的理论与实践的意义在于，以私法为标准或类推适用私法可以加强国际法的法律特征，并能应付国际法上无法可依的问题；接近私法一般原则，就等于认识了至今在国际关系中发挥着作用的含糊不清的公平和正义原则。同时，对国内法某些制度的进一步的研究将给国际法的发展带来原动力。显然，在私法与公法互动、相互影响的法律现实中，在现存国际民事责任公约体系包括基金制度体系对船舶油污损害海洋环境的法律救济存在缺憾的前提下，海域使用权的功能发生某种程度的变异，从而使船舶油污损害海洋环境法律救济机制发生更新，这也是很自然的，是基于法律现实的一种现象。

（三）海域使用权权能合理性膨胀的制度设计

当环境权无可争议地成为"第三代国际人权"保护对象之时，海洋环境问题理所当然地被国际社会予以别样的关注。在各类国际公约中，海洋环境公约是发展最迅速、内容最新颖的一类，而船舶油污损害赔偿公约只是众多海洋公约的一部分。一般而言，船舶油污损害赔偿公约的立法原则是无过错责任原则、相对充分、完全赔偿的原则、船东责任限制与货主分担责任原则以及预防污染原则。这些国际立法和国内立法在赔偿主体、赔偿范围、强制保险与国际油污损害赔偿基金，以及赔偿责任限制与免责等诸多方面构筑了独具特色的船舶油污损害赔偿公约的赔偿机制。

国际社会在 1969CLC 公约和 1971FUND 公约的框架下，建立了一套较为完善的船舶油污民事赔偿的法律机制。这种机制要求油轮船东进行强制责任保险或取得其他财务保证，并按照收到的摊款石油量建立油污基金，使得油污受害人可以同时对船舶所有人和保险人主张 1969CLC 公约所规定的船东责任限额内的赔偿；并且，若损失超过了船舶所有人的责任限额，受害人还可以向油污基金要求责任限额之外的赔偿。我国在 1999 年修订《海洋环境保护法》时增加"国家建立船舶油污保险、油污损害赔偿基金制度"的规定。两个公约共同构建的国际油污损害赔偿制度，充分实现了为油污受害人提供迅速充分的赔偿的目的。公约体系确立的船舶所有人为主、国际基金为补充的双层赔偿机制，由赔偿主体承担严格责任，为切实保障受害人权益创造了条件，并在船舶所有人和货主之间的责任分配上，实现了较好的平衡。但公约体系的缺憾也是存在的，主要是油污损害赔偿范围问题，在"环境损害""纯经济损失"以及"预防措施"等方面存在严重的分歧和不稳定性。这样必然导致船舶油污受害人不能获得适当赔偿的情形大为增加。

船舶油污损害赔偿基金制度将是我国海洋环境保护和损害赔偿领域的一项法律制度创新。实践表明，一项好的法律制度，除了在制度创立时进行科学的制度创设外，还需要对该项制度的实践作不断地总结，根据情势变更及时做出修正，以使该项制度逐渐趋于完善。我国船舶油污损害海洋环境基金制度的完善，可以充分借鉴国外的相关立法。在美国，"溢油赔偿责任信托基金"具有先行支付应急反应费用的功能，被称为"应急资助"（emergency funding）或者"溢油反应资助"（funding spill response）。这是"溢油赔偿责任信托基金"的首要功能。"溢油赔偿责任信托基金"中设"应急基金"（emergency fund）。发生溢油时，保障联邦现场协调员（federal on—scene coordinator）能够立即采取行动。为保证基金的来源，美国立法对基金的来源做出明确的规定。

海域使用权权能的合理性膨胀为船舶油污损害海洋环境基金制度法律体系的塑构提供了理论基础。现有民事责任公约体系构成了第一层的船舶油污损害赔偿机制，基金公约体系构成了第二层的船舶油污损害赔偿机制，而海域使用权权能的合理性膨胀所衍生的航行权基金则构筑了第三层的船舶油污损害赔偿机制。这就是所谓的船舶油污损害海洋环境赔偿基金制度的"三层赔偿机制"。此"三层赔偿机制"是海域使用权权能的合理性膨胀对船舶油污损害海洋环境法律救济制度的塑构。航行权基金的取得是法定的，凡是油轮的所有人和石油进口商，应当依据当航次所载的石油量来向航行的领域的所属国家或机构缴纳一定的价金,以获取海域使用权,即航行权。该航行权的价金成立航行权基金。为了使航行权基金能够稳定地发挥其社会功能,宜将该种基金设计成政府性基金。

我国石油及其制成品的进口量逐年增加,现已成为石油进口大国之一,但因我国未加入基金公约,所以石油进口商并不分摊船舶油污损害赔偿责任。石油进口商的利润极高,却不承担任何的油污责任,这显然是不公平的,也是我国船舶油污损害赔偿偏低的原因之一。所以,建立中国自己的油污损害赔偿基金已成当务之急。建立船舶油污损害赔偿基金,需遵循《海洋环境保护法》第 66 条规定的船舶油污损害赔偿责任由船东和货主共同承担风险的原则。借鉴 1971FUND 公约和美国做法,并结合我国国情,我国船舶油污损害赔偿基金的设立宜采取以下做法:由财政部统一在全国征收船舶油污损害赔偿基金摊款;基金依据代位求偿权获得的追偿权;基金本金的利息收入;船舶非法排放或者溢出油类货物或者燃油的行政罚款。

(四) 航行权的私权化趋势

作为用益物权之一的海域使用权一向是民法体系的一个范畴。但在本书的视野里,为了某种特定的法律目的,即法律出于对海洋环境油污损害的救济之目的,海域使用权权能发生了合理性膨胀,衍生了航行权基金。海域使用权权能的合理性膨胀的理念,使得国际法上的"航行权"受到空前的挑战。海域使用权权能的合理性膨胀在构建船舶油污损害海洋环境法律救济机制的同时,也留给本书某种肤浅的遐思:在现有法律体系下,海域使用权固然具有公法的色彩,但基本是隶属于私法上的概念;而航行权则基本上属于公法上的概念。海域使用权权能的合理性膨胀对船舶油污损害海洋环境基金制度的塑构,是私权对公法上权利的侵袭和遏制的结果。但如从反向的视角来考察,由于国际法上公认的航行权受到了海域使用权的作用,使得航行权发生了向私权方向的嬗变,即航行权的私权化。

有学者在研究海洋石油勘探开发权及其与航行权的协调这一现实性很强的课题时,认为海洋权利的私法化是私法领域一项颇为激动人心的制度演进历程。海洋作为一种有用之物,却长期游离于私法的范畴之外,不能成为私法上财产权利的标的物,也不能成为人们依据民法而可以取得的财产。海洋经济强大的发展势头,促使人类使用海域的过程呈现出方式多元化和功能深入化的趋势。更何况在现有的技术条件和公示登记制度下,在海域上设立私权已变得可行。我国通过的《民法典》使得海域使用权的新颖性再一次得到基本法的强化,这为海域使用权权能的合理性膨胀奠定了法理基础。社会的发展,使得民法规范愈趋复杂,对此民事立法者不应有畏难情绪;市场经济有无穷的变化,交易者不怕麻烦,民事立法者就不能怕麻烦，应当通过创设新的规则为交易活动的展开提供制度保障，切忌用简单的规则去扼杀交易者的空间。

法律是有国界的，承载着国家利益。人类为了拯救日益恶化的海洋环境，构建备受关注的船舶油污损害海洋环境法律救济机制，国际社会共同努力设计出了油污民事责任公约体系和基金制度法律体系。以海域使用权为根基，设计出合理膨胀的海域使用权制度，对于构建船舶油污损害海洋环境基金制度具有实用的价值；而海域使用权权能的合理性膨胀对传统国际法上"航行权"的挑战，彰显了作为公法意义上的航行权的私法化趋势。

参 考 文 献

[1] 蔡宝刚. 经济现象的法律逻辑[M]. 哈尔滨：黑龙江人民出版社，2004.

[2] 蔡定剑. 历史与变革——新中国法制建设的历程[M]. 北京：中国政法大学出版社，1999.

[3] 陈佳贵. 经济改革发展中的若干重大问题研究[M]. 北京：社会科学文献出版社，2006.

[4] 陈甦. 科学发展观与法制建设[M]. 北京：社会科学文献出版社，2006.

[5] 程虹. 制度变迁的周期[M]. 北京：人民出版社，2000.

[6] 程极明. 大国经济发展比较研究[M]. 北京：人民出版社，1997.

[7] 崔民选. 中国能源发展报告(2011)[M]. 北京：社会科学文献出版社，2011.

[8] 崔民选. 中国能源发展报告(2014)[M]. 北京：社会科学文献出版社，2014.

[9] 董辅初. 中华人民共和国经济史[M]. 北京：经济科学出版社，1999.

[10] 费孝通. 乡土中国生育制度[M]. 北京：北京大学出版社，1998.

[11] 付子堂. 法律功能论[M]. 北京：中国政法大学出版社，1999.

[12] 高德步. 产权与增长：论法律制度的效率[M]. 北京：中国人民大学出版社，1998.

[13] 高鸿业、刘良凤. 20世纪西方经济学的发展[M]. 北京：商务印书馆 2004.

[14] 公丕祥. 中国的法制现代化[M]. 北京：中国政法大学出版社，2004.

[15] 龚六堂. 经济增长理论[M]. 武汉：武汉大学出版社，2000.

[16] 顾功耘. 全球化背景下的经济法制建设[M]. 北京：人民法院出版社，2002.

[17] 郭熙保. 发展经济学经典论著选[M]. 北京：中国经济出版社，1998.

[18] 韩立新，阚琳琳. 论提单所证明之海上货物运输合同的性质——兼论提单对第三人的效力[J]. 中国海商法年刊，2003：69-82.

[19] 韩立新. 船舶碰撞造成油污损害民事赔偿责任的承担[J]. 中国海商法年刊，2003：215-226

[20] 何丽新. 无单放货法律问题研究[M]. 北京：法律出版社，2006.

[21] 何炼成. 中国经济发展新论[M]. 北京：中国社会科学出版社，2005.

[22] 何勤华. 西方法学流派[M]. 北京：中国政法大学出版社，2003.

[23] 贺万忠. 际货物多式运输法律问题研究[M]. 北京：法律出版社，2002.

[24] 胡正良. 2006. 设立我国船舶油污损害赔偿基本的法律问题研究[J]. 海大法律评论，2006（1）：33-41.

[25] 黄进. 中国区际法律问题研究[M]. 北京：法律出版社，2001.

[26] 黄文艺. 全球结构与法律发展[M]. 北京：法律出版社，2006.

[27] 黄之英. 中国法治之路[M]. 北京：北京大学出版社，2000.

[28] 黄志雄. WTO 体制内的发展问题与国际发展法研究[M]. 武汉：武汉大学出版社，2004.

[29] 柯华庆. 合同法基本原则的博弈分析[M]. 北京：中国法制出版社，2006.

[30] 李步云. 法理学[M]. 北京：经济科学出版社，2000.

[31] 李飞. 中华人民共和国港口法释义[M]. 北京：法律出版社，2003.

[32] 李国安. 国际融资担保的创新与借鉴[M]. 北京：北京大学出版社，2005.

[33] 李海. 船舶物权之研究[M]. 北京：法律出版社，2002.

[34] 李昊，常鹏翔，叶金强等不动产登记程序的制度建构[M]. 北京：北京大学出版社，2005.

[35] 李双元. 中国与国际私法统一化进程[M]. 武汉：武汉大学出版社，1998.

[36] 李永军. 海域使用权研究[M]. 北京：中国政法大学出版，2006.

[37] 刘国华，吴博. 共享经济 2.0：个人、商业与社会的颠覆性变革[M]. 北京：企业管理出版社，2015.

[38] 王安建，王高尚. 能源与国家经济发展[M]. 北京：地质出版社，2008：4.

[39] 邢继俊. 低碳经济报告[M]. 北京：电子工业出版社，2010.

[40] 杨东平. 中国环境发展报告(2009)[M]. 北京：社会科学文献出版社，2009：344.

[41] 朱达. 能源——环境的经济分析与政策研究[M]. 北京：中国环境科学出版社，2000.

[42] [德] 霍恩. 法律科学与法哲学导论[M]. 罗莉，译. 北京：法律出版社，

2005.

[43] [德] 卡尔•拉伦茨. 法学方法论[M]. 陈爱娥，译. 北京：商务印书馆，2004.

[44] [法] 勒内•达维. 英国法与法国法：一种实质性比较[M]. 潘华仿，等，译. 北京：清华大学出版社，2002.

[45] [印] 阿鲁•萨丹拉彻. 分享经济的爆发[M]. 周恂，译. 上海：文汇出版社，2017.